ANTI-MACHIAVEL,

OU

ESSAI DE CRITIQUE

SUR LE

PRINCE

DE

MACHIAVEL,

Publié par

Mr. DE VOLTAIRE

A BRUXELLES,
Chez R. FRANCOIS FOPPENS,
M. DCC. XL.

PREFACE

DE

L'EDITEUR.

JE crois rendre service aux hommes en publiant l'*Essai de Critique sur Machiavel*. L'illustre Auteur de cette réfutation est une de ces grandes ames que le Ciel forme rarement pour ramener le genre humain à la vertu par leurs préceptes & par leurs exemples. Il mit par écrit ces pensées, il y a quelques années, dans le seul dessein d'écrire des vérités que son cœur lui dictoit. Il étoit encore très jeune, il vouloit seulement se former à la sagesse, à la vertu; il comptoit ne donner des leçons qu'à soi-même, mais ces leçons qu'il s'est données, méritent d'être celles de tous les Rois, & peuvent être la source du bonheur des hommes. Il me fit l'honneur de m'envoier son Manuscrit, je crus qu'il étoit de mon devoir de lui demander la permission de le publier. Le poison de Machiavel est trop public, il falloit que l'antidote le fût aussi. On s'arrachoit à l'envi les copies manuscrites, il en couroit déjà de très fautives, & l'Ouvrage alloit paraître défiguré, si je n'avois eu le soin de fournir cette copie exacte, à laquelle j'espere que les Libraires à qui j'en ai fait présent, se conformeront. On sera sans doute étonné quand j'apprendrai aux Lecteurs que celui qui écrit en Français d'un style si noble, si énergique, & souvent si pur, est un jeune Etranger, qui n'étoit jamais venu en France. On trouvera même qu'il s'exprime beaucoup mieux qu'Amelot de la Houssaye, que je fais imprimer à côté de la réfutation. C'est une chose inutile, je l'avoüe; mais c'est ainsi que celui dont je publie l'Ouvrage, a réussi dans toutes les choses auxquelles il s'est appliqué. Qu'il soit Anglais, Espagnol ou Italien, il n'importe, ce n'est pas de sa patrie, mais de son Livre dont il s'agit ici. Je le crois mieux fait & mieux écrit que celui de Machiavel, & c'est un bonheur pour le genre humain qu'enfin la vertu ait été mieux ornée que le vice.

Maître de ce précieux dépôt, j'ai laissé exprès quelques expressions qui ne sont pas Françaises, mais qui méri-

tent

tent de l'être, & j'ôfe dire que ce Livre peut à la fois perfectionner notre Langue & nos mœurs. Au rette, j'avertis
que tous les Chapitres ne font pas autant de réfutations de
Machiavel, parce que cet Italien ne prêche pas le crime
dans tout fon Livre. Il y a quelques endroits de l'Ouvrage que je préfente, qui font plûtôt des réflexions fur Machiavel que contre Machiavel; voilà pourquoi j'ai donné
au Livre le titre d'*Effai de Critique fur Machiavel.*

L'illuftre Auteur aiant pleinement répondu à Machiavel, mon partage fera ici de répondre en peu de mots à la
Préface d'Amelot de la Houffaye.

Ce Traducteur a voulu fe donner pour un Politique;
mais je puis affûrer que celui qui combat ici Machiavel,
eft véritablement ce qu'Amelot veut paraître.

Ce qu'on peut dire peut-être de plus favorable pour A-
melot, c'eft qu'il traduifit le *Prince* de Machiavel, & en
foutint les maximes, plûtôt dans l'intention de débiter fon
Livre que dans celle de perfuader. Il parle beaucoup de
raifon d'Etat dans fon Epître Dédicatoire; mais un homme, qui, aiant *été* Sécretaire d'Ambaffade, n'a pas eu le
fecret de fe tirer de la mifére, entend mal, à mon gré, la
raifon d'Etat.

Il veut juftifier fon Auteur par le témoignage de Jufte-
Lipfe, qui avoit, dit-il, autant de piété & de Religion que
de favoir & de politique. Sur quoi je remarquerai 1. que
Jufte-Lipfe & tous les Savans dépoferoient en vain en faveur d'une doctrine funefte au genre humain; 2. que la
piété & la Religion, dont on fe pare ici très mal à propos,
enfeignent tout le contraire; 3. que Jufte-Lipfe, né Catholique, devenu Luthérien, puis Calvinifte, & enfin re-
devenu Catholique, ne paffa jamais pour un homme religieux, malgré fes très mauvais Vers pour la Ste. Vierge; 4.
que fon gros Livre de politique eft le plus méprifé de fes
Ouvrages, tout dédié qu'il eft aux Empereurs, Rois & Princes; 5. qu'il dit précifément le contraire de ce qu'Amelot
lui fait dire. ,, Plut à Dieu, dit Jufte-Lipfe, page 9. de
,, l'Edition de Plantin, que Machiavel eft conduit fon
,, Prince au temple de la vertu & de l'honneur ! mais en
,, ne fuivant que l'utile, il s'eft trop écarté du chemin
roïal de l'honnête, *Utinam Principem fuum recta duxiffet
ad Templum virtutis & honoris, &c.* Amelot a fupprimé
exprès ces paroles, la mode de fon tems étoit encore de citer

ter mal à propos; mais alterer un passage aussi essentiel, ce n'est pas être pedant, ce n'est pas se tromper, c'est calomnier. Le grand homme dont je suis l'Editeur, ne cite point; mais je me trompe fort, ou il sera cité à jamais par tous ceux qui aimeront la raison & la justice.

Amelot s'efforce de prouver que Machiavel n'est point impie, il s'agit bien ici de piété! Un homme donne au monde des leçons d'assassinat & d'empoisonnement, & son Traducteur ôse parler de sa dévotion!

Les Lecteurs ne prennent point ainsi le change. Amelot a beau dire que son Auteur a beaucoup loüé les Cordeliers & les Jacobins, il n'est point ici question de Moines; mais de Souverains, à qui l'Auteur veut enseigner l'art d'être méchans, qu'on ne savoit que trop sans lui.

D'ailleurs croiroit-on bien justifier Mirivits, Cartouche, Jaques Clement ou Ravaillac, en disant qu'ils avoient de très bons sentimens sur la Religion? & se servira-t-on toujours de ce voile sacré pour couvrir ce que le crime a de plus monstrueux? César Borgia, dit encore le Traducteur, *est un bon modèle pour les Princes nouveaux*, c'est-à-dire, pour les Usurpateurs; mais premiérement tout Prince nouveau n'est point Usurpateur. Les Medicis étoient nouvellement Princes, & on ne pouvoit leur reprocher d'usurpation. Secondement, l'exemple de ce bâtard d'Alexandre VI. toujours détesté & souvent malheureux, est un très mechant modéle pour tout Prince. Enfin, la Houssaye prétend que Machiavel haïssoit la tyrannie; sans doute tout homme la déteste, mais il est bien lâche & bien affreux de la détester & de l'enseigner.

Je n'en dirai pas davantage, il faut écouter le vertueux Auteur, dont je ne ferois qu'affaiblir les sentimens & les expressions.

NB. Je soussigné ai déposé le Manuscrit Original entre les mains de Monsieur *Cyrille le Petit*, Desservant de l'Eglise Françoise à la Haye, lequel Manuscrit Original est conforme en tout au Livre intitulé *Essai de Critique sur Machiavel*; toute autre Edition étant défectueuse, & les Libraires devant suivre en tout la présente Copie.

A la Haye, ce 12.
Octobr e 1740.

F. DE VOLTAIRE.

* 3   AVANT-

AVANT-PROPOS

DE

L'AUTEUR DE L'ESSAI

DE CRITIQUE

SUR

LE PRINCE

DE MACHIAVEL.

LE Prince de Machiavel est en fait de Morale ce qu'est l'Ouvrage de Spinosa en matière de Foi. Spinosa sapoit les fondemens de la Foi, & ne tendoit pas moins qu'à renverser l'édifice de la Religion; Machiavel corrompit la Politique, & entreprit de détruire les préceptes de la saine Morale. Les erreurs de l'un n'étoient que des erreurs de spéculation, celles de l'autre regardoient la pratique. Cependant il s'est trouvé que les Théologiens ont sonné le tocsin & crié aux armes contre Spinosa, qu'on a réfuté son Ouvrage en forme, & qu'on a constaté la Divinité contre ses attaques, tandis que Machiavel n'a été que harcelé par quelques Moralistes, & qu'il s'est soutenu malgré eux & malgré sa pernicieuse Morale, sur la chaire de la Politique, jusqu'à nos jours.

J'ose prendre la défense de l'humanité contre le Monstre qui veut la détruire, j'ose opposer la raison & la justice au sophisme & au crime, & j'ai hazardé mes réflexions sur le Prince de Machiavel Chapitre à Chapitre, afin que l'antidote se trouve immédiatement auprès du poison.

J'ai toujours regardé le Prince de Machiavel comme un des Ouvrages les plus dangereux qui se soient répandus dans le monde; c'est un Livre qui doit tomber naturellement entre les mains des Princes, & de ceux qui se sentent du goût pour la Politique. Il n'est que trop facile qu'un jeune homme ambitieux,

dont

dont le cœur & le jugement ne sont pas assez formés pour distinguer sûrement le bon du mauvais, soit corrompu par des maximes qui flatent ses passions.

Mais s'il est mauvais de séduire l'innocence d'un Particulier qui n'influe que legérement sur les affaires du monde, il l'est d'autant plus de pervertir des Princes qui doivent gouverner des peuples, administrer la Justice, & en donner l'exemple à leurs Sujets, être par leur bonté, par leur magnanimité & leur miséricorde les images vivantes de la Divinité.

Les inondations qui ravagent des contrées, le feu du tonnerre qui réduit des villes en cendres, le poison de la peste qui désole des provinces, ne sont pas aussi funestes au monde que la dangereuse Morale, & les passions effrénées des Rois. Les fleaux célestes ne durent qu'un tems, ils ne ravagent que quelques contrées, & ces pertes, quoique douloureuses, se réparent; mais les crimes des Rois font souffrir bien long-tems des peuples entiers.

Ainsi que les Rois ont le pouvoir de faire du bien lorsqu'ils en ont la volonté, de même dépend-t-il d'eux de faire du mal lorsqu'ils l'ont résolu; & combien n'est point déplorable la situation des peuples, lorsqu'ils ont tout à craindre de l'abus du pouvoir souverain, lorsque leurs biens sont en proie à l'avarice du Prince, leur liberté à ses caprices, leur repos à son ambition, leur sûreté à sa perfidie, & leur vie à ses cruautés? C'est-là le tableau tragique d'un Etat, où regneroit un Prince comme Machiavel prétend le former.

Je ne dois pas finir cet Avant-propos sans dire un mot à des personnes, qui croient que Machiavel écrivoit plûtôt ce que les Princes font, que ce qu'ils doivent faire; cette pensée a plû à beaucoup de monde, parce qu'elle est satyrique.

Ceux qui ont prononcé cet arrêt décisif contre les Souverains, ont été séduits sans doute par les exemples de quelques mauvais Princes contemporains de Machiavel cités par l'Auteur, & par la vie de quelques Tyrans qui ont été l'opprobre de l'humanité. Je prie ces Censeurs de penser que comme la séduction du trône est très puissante, il faut plus qu'une vertu commune pour y résister, & qu'ainsi il n'est point étonnant que dans un ordre aussi nombreux que celui des Princes, il s'en trouve de mauvais parmi les bons. Parmi les Empereurs Romains, où l'on compte des Nérons, des Caligulas, des Tibéres, l'Univers se ressouvient avec joie des noms consacrés par les vertus des Titus, des Trajans, & des Antonins.

* 4

II

Il y a ainsi une injustice criante d'attribuer à tout un Corps ce qui ne convient qu'à quelques-uns de ses Membres.

On ne devroit conserver dans l'Histoire que les noms des bons Princes, & laisser mourir à jamais ceux des autres avec leur indolence, leurs injustices & leurs crimes. Les Livres d'Histoire diminueroient à la vérité de beaucoup, mais l'humanité y profiteroit, & l'honneur de vivre dans l'Histoire, de voir son nom passer des siécles futurs jusqu'à l'éternité, ne seroit que la récompense de la vertu. Le Livre de Machiavel n'infecteroit plus les Ecoles de Politique, on mépriseroit les contradictions dans lesquelles il est toujours avec lui-même, & le monde se persuaderoit que la véritable Politique des Rois, fondée uniquement sur la justice, la prudence & la bonté, est préferable en tout sens au système décousu & plein d'horreur, que Machiavel a eu l'impudence de présenter au Public.

PREFACE
DU PRINCE
DE MACHIAVEL
PAR
AMELOT DE LA HOUSSAYE.

COMME Machiavel est un Auteur, qui n'est
ni à l'usage, ni à la portée de beaucoup de
gens, il ne faut pas s'étonner, si le Vulgaire
est si prévenu contre lui. Je dis, prévenu,
car de tous ceux, qui le censurent, vous trouverez, que les uns avouent, qu'ils ne l'ont jamais lû ; &
que les autres, qui disent l'avoir lû, ne l'ont jamais entendu : comme il y paroît bien par le sens litéral, qu'ils
donnent à divers passages, que les Politiques savent bien
interpréter autrement. De sorte qu'à dire la vérité, il
n'est censuré, que parce qu'il est mal entendu ; & il n'est
mal entendu de plusieurs, qui seroient capables de le
mieux entendre, que parce qu'ils le lisent avec préoccu-
pation : au-lieu que s'ils le lisoient comme juges, c'est-à-
dire, tenant la balance égale entre lui & ses adversaires,
ils verroient, que les maximes, qu'il debite, sont, pour
la plûpart, absolument nécessaires aux Princes, qui, au
dire du grand Cosme de Médicis, ne peuvent pas toujours gouverner leurs Etats avec le chapelet en main 1. *Il
faut supposer*, dit Wicquefort *, *qu'il dit presque par tout
ce que les Princes font, & non ce qu'ils devroient faire.* C'est
donc condamner ce que les Princes font, que de condamner

---

1. *Che gli stati non si tenevano
con pater-nostri.* Machiavel au livre 7. de son histoire. François,
qui fut depuis Grand-Duc de Toscane, étant à la Cour d'Espagne,
ne répondit à un Gentilhomme,
qui ne trouvoit pas juste je ne sai
quoi qu'il lui commandoit, par
ces paroles d'Ezechiel : *Numquid*
*via mea non est aequa, & non ma-
gis via vestra prava sunt.* (Ezech.
cap. 18.) pour lui apprendre qu'il y a
des choses, qui paroissent injustes
aux particuliers, parce qu'ils ne
connoissent pas les raisons, qui
obligent le Prince à les commander.
* *Livre* 1. de son Ambassadeur,
section 7.

* 5

damner ce que Machiavel dit, s'il est vrai, qu'il dise ce qu'ils font, ou, pour parler plus juste, ce qu'ils sont quelquefois contraints de faire. Car *l'Homme*, dit-il dans le Chapitre 15. de son Prince, *qui voudra faire profession d'être parfaitement bon, parmi tant d'autres, qui ne le font pas, ne manquera jamais de périr. C'est donc une nécessité, que le Prince, qui veut se maintenir, apprenne à pouvoir n'être pas bon, quand il ne le faut pas être* ꝝ. Et dans son Chapitre 18. après avoir dit, que le Prince ne doit pas tenir sa parole, lors qu'elle fait tort à son intérêt, il avoüe franchement, que *ce précepte ne seroit pas bon à donner, si tous les hommes étoient bons; mais qu'étant tous méchans & trompeurs, il est de la sûreté du Prince de le savoir être aussi* *. Sans quoi il perdroit son Etat, & par conséquent sa réputation; étant impossible, que le Prince, qui a perdu l'un, conserve l'autre. Mais puisque je suis tombé sur ce Chapitre 18, qui est assurément le plus chatoüilleux, & le plus dangereux de tous ses Ecrits, il me semble nécessaire de dire ici par occasion, comment il faut entendre l'instruction, qu'il y donne à son Prince. *Il n'est pas besoin,* lui dit-il, *que tu ayes toutes les qualitez que j'ai dites, mais seulement que tu paroisses les avoir. Tu dois paroître clément, fidéle, affable, intégre & religieux, en sorte qu'à te voir & à t'entendre l'on croye, que tu n'es que bonté, que fidélité, qu'intégrité, que douceur & religion. Mais cette derniére qualité est celle, qu'il t'importe davantage d'avoir extérieurement.* Voilà sur quoi est fondée l'opinion qu'a le Vulgaire, que Machiavel étoit un impie, & même un Athée. Et véritablement les apparences y sont pour les esprits foibles. Mais, à bien peser le sens de ses paroles, il ne dit nullement ce qu'on l'accuse de dire, *qu'il ne faut point avoir de Religion*: mais seulement, que, si le Prince n'en a point, comme il peut arriver quelquefois, il doit bien se garder de le montrer, la Religion étant le plus fort lien, qu'il y ait entre lui & ses sujets, & le manque de Religion le plus juste, ou du moins le plus spécieux prétexte, qu'ils puissent avoir, de lui refuser l'obéissance ꝝ.

Or

ꝝ. Plutarque dit; s'il falloit absolument remplir tous les devoirs, & observer toutes les regles de la Justice, pour bien regner, Jupiter même n'en feroit pas capable.

* *Voiez les Notes des Chapitres* 15. & 18.

ꝝ. *Ne violaturos profani Principis imperium*, dit Tacite Ann. 14. c'est-à-dire: Que l'on ne souffrir,

Or il vaut incomparablement mieux, qu'un Prince soit hipocrite, que d'être manifestement impie, le mal caché étant beaucoup moindre que le mal universellement connu. Tout le monde voit l'impiété, mais très peu s'apperçoivent de l'hipocrisie. Et c'est, à mon avis, ce que Machiavel veut dire, quand il ajoute, que *tous les hommes ont la liberté de voir, mais que très-peu ont celle de toucher : que chacun voit ce que le Prince paroît être, mais que presque personne ne connoit ce qu'il est en effet.* Nous voïons bien ce qui est devant nos yeux, disoit un Chevalier Romain à Tibére, mais nous aurions beau faire, nous re verrions jamais ce que le Prince a dans les replis de son cœur 4. D'ailleurs, il faut considérer, que Machiavel raisonne en tout comme Politique, c'est-à-dire selon l'Intérêt-d'Etat, qui commande aussi absolument aux Princes, que les Princes à leurs Sujets 5 : jusque-là même que les Princes, au dire d'un habile Ministre * de ce siécle, aiment mieux blesser leur conscience, que leur Etat. Et c'est tout ce que Juste-Lipse, qui avoit autant de piété & de religion, que de savoir & de politique, trouve à redire à la doctrine de Machiavel, dont il avoüe franchement; qu'il fait plus de cas, que de tous les autres Politiques modernes 6; ce qu'il se fût bien gardé de dire, s'il eût tant-soit-peu soupçonné Machiavel d'impiété, ou d'athéïsme. Ajoutez à cela, que Machiavel, qui avoit besoin de la faveur de la Maison de Médicis, n'eût jamais

mais

---

feira jamais d'être gouverné par un Prince sans Religion. Le Chancelier de l'Hopital disoit, que la Religion avoit plus de force sur l'esprit des hommes, que toutes leurs passions; & que le nœud, dont elle les lioit tous ensemble, étoit incomparablement plus fort, que tous les autres liens de la Société Civile.

4. *Spectamus, quæ coram habentur, abditos Principis sensus exquirere illicitum, anceps ; nec ideo adsequare.* (Tac. Ann. 6.)

5. Nous obéïssons au Prince, dit Cicéron, & lui au tems. *Nos Principi servimus, ipse temporibus.*

Ep. lib. 9.

* M. de Villeroi Secretaire d'Etat, sous Henri IV.

6. *Qui asper, aut horridiventarum, non me terret, aut terret, in quos, si vere legendum est Clebell illud convenire. Infestia in plerisque, & sermonum multitudo. Nihil quod antea tamen Machiavelli ingenium non contemno, acre, subtil, igneum. Sed nimis sæpe deflexit, & dum commodi (c'est-à-dire l'Intérêt-d'Etat) illas semitas latente sequitur, aberravit à regia via.* Dans la Préface de sa Doctrine Civile.

mais ôté dedier son Prince à Laurent de Médicis, du vivant du Pape Léon X. son oncle, si ç'eût été un livre
impie; ni adresser encore, quelques années après, son
Histoire de Florence au Pape Clément VII. avec une E-
pitre, où il lui dit, qu'il *espere, que Sa Sainteté le couvrira
du bouclier de son approbation Pontificale* 7, s'il eût passé
pour un homme sans religion. Et je dirai en passant, que
ceux, qui liront le Chapitre 12. du premier livre de ses
Discours où il montre, combien il importe de maintenir
le culte divin; & le Chapitre premier du troisiéme livre,
où il loüe les Ordres de S. François & de S. Dominique,
comme les Restaurateurs de la Religion Chrétienne, que
la mauvaise vie des Prélats avoit toute defigurée; recon-
noîtront, que tout sage-mondain qu'il étoit, il avoit de
très-bons sentimens de la Religion, & que par conséquent il faut interprêter plus équitablement, qu'on ne fait,
de certaines maximes d'Etat, dont la pratique est devenue presque absolument nécessaire, à cause de la méchanceté, & de la perfidie des hommes. Joint que les
Princes se sont tellement rafinez, que celui, qui voudroit aujourd'hui proceder rondement envers ses Voïsins,
en seroit bien-tôt la dupe.

Je pourrois dire encore bien des choses en faveur de Machiavel, mais comme c'est une Préface que je fais, & non
pas une Apologie, je le laisse à defendre à ceux, qui y
ont plus d'intérêt que moi, ou qui en sont plus capables:
me contentant d'ajouter à ce que j'ai dit ici de lui, ce qu'il
est bon que le Lecteur sache au sujet de la traduction de
son *Prince.*

Elle est si fidéle, que je pourrois me vanter, qu'il seroit assez difficile d'en faire une, qui le fût davantage;
& si claire, que je ne crois pas, qu'il s'y trouve rien,
qu'il faille le lire plus d'une fois, pour l'entendre, quoiqu'il y ait dans l'original quelques endroits qui ne sont pas
tout-à-fait intelligibles. Dans le siécle passé il en parut
une, en Latin, d'un certain Silvestre *Tegli* de *Foligno*,
mais si périphrasée, que Machiavel qui a une expression
laconique, y est à peine reconnoissable.

Quand il addresse la parole à son Prince, il lui parle
tou-

---

7. *Sperando, che farò dalle armate legioni del suo santissimo giudicio
aiutato & difeso.*

toujours par *Tu*, & jamais par *Vous*, qui eſt la maniére de
parler des anciens Romains, dont je vois qu'il a voulu
garder le caractére, & dans ſon *Prince*, & dans ſes Diſcours
ſur Tite-Live. C'eſt pourquoi j'ai cru le devoir imiter en
cela ſoit parce que, ce *Tu*, a quelque choſe de plus fort,
& même de plus noble; ſoit auſſi parce que les meilleurs
Auteurs, que nous aions en nôtre Langue, comme
Amiot, & Coëffeteau, qui en valent plus de mille autres
de ce ſiécle, ont parlé de la ſorte. Joint que je n'ai pas
pû croire, qu'il me fût permis d'ôter à Machiavel une
façon de parler, qui lui ſied ſi bien; ni à ma traduction un
air de liberté, qui la fait mieux reſſembler à ſon original.

Outre pluſieurs Nôtes, tirées des autres Oeuvres de
Machiavel, & des Hiſtoires de Nardi & de Guichardin,
j'ai mis au deſſous du texte divers paſſages de Tacite, qui
ſervent de preuve, de confirmation, ou d'exemple à ce
que Machiavel a dit. Et cela fait une eſpéce de concordan-
ce de la Politique de ces deux Auteurs, par où l'on verra, que l'on ne ſauroit ni approuver, ni condamner l'un
ſans l'autre: De ſorte que ſi Tacite eſt bon à lire pour
ceux, qui ont beſoin d'apprendre l'art-de-gouverner, Machiavel ne l'eſt guére-moins; l'un enſeignant, comment
les Empereurs Romains gouvernoient, & l'autre, comment il faut gouverner aujourd'hui.

Quelqu'un me demandera peut-être, ſi je crois,
que Céſar Borgia, que Machiavel propoſe à imiter, ſoit un
bon modéle? Je répons, que c'en eſt un très-bon pour
les Princes nouveaux, c'eſt-à-dire, pour ceux, qui de Particuliers ſont devenus Princes par uſurpation; mais que
c'en eſt un très-mauvais pour les Princes héréditaires. Or
il eſt manifeſte par deux endroits du 7. Chapitre de ce livre, que Machiavel ne propoſe ſon Céſar Borgia pour
exemple, qu'aux uſurpateurs, qui véritablement ne ſauroient conſerver l'Etat uſurpé, ſans être cruels, du-moins
au commencement; par ce qu'ils ont pour ennemis tous
ceux, qui ne trouvent pas leur compte à ce changement;
& que ceux même, qui l'ont procuré ne leur ſont pas
longtems, amis, faute d'obtenir tout ce qu'ils demandent;
au lieu que les Princes heréditaires, pour peu qu'ils gouvernent bien, n'ont pas beſoin d'uſer de rigueur, ni violence, pour ſe maintenir parmi des ſujets, accoutumez
de longue-main à la domination du même ſang. Et quant

au Duc de Valentinois (c'est le titre que portoit Borgia,)
je confesse, que c'étoit un très-méchant homme, & qui
méritoit mille morts [*]; mais il faut avoüer aussi, qu'il
étoit & grand Capitaine, & grand Politique, & de qui
l'on peut dire justement ce que Paterculc dit de Cinna,
qu'il fit des actions, qu'un homme-de-bien n'ôseroit jamais
faire, mais qu'il vint à bout de diverses entreprises qui ne
se pouvoient exécuter, que par un très-vaillant homme [**].

Au reste, je dirai, que Machiavel, qu'on fait passer
par-tout pour un Maître de tyrannie, l'a détestée plus que
pas-un homme de son tems, ainsi qu'il est aisé de voir par
le Chapitre 10. du premier livre de ses Discours, où il
parle très-fortement contre les Tyrans. Et Nardi [*], son
contemporain, dit, qu'il fut un de ceux, qui firent des
panégiriques de la Liberté & du Cardinal Jules de Médicis, qui après la mort de Leon X. feignoit de la vouloir
rendre à sa Patrie; & qu'il fut soupçonné d'être complice
de la Conjuration de *Jacopo da Diacetto, Zanobi Buondel-
monti, Luigi Alamanni, & Cosimo Rucellai*, contre ce Cardinal, à-cause de la liaison étroite, qu'il avoit avec eux,
& les autres *Libertins* (c'est ainsi que les partisans des Médicis appelloient ceux, qui vouloient maintenir Florence
en liberté.) Et probablement ce fut ce soupçon, qui em-
pêcha, qu'il ne fût récompensé de son Histoire de Florence, quoiqu'il l'eût composée par l'ordre du même Cardinal, comme il le marque tout-au-commencement de
son Epitre dédicatoire. Voilà tout ce que je crois qu'il est
nécessaire de savoir concernant sa personne & ses
Ecrits, dont je laisse à chacun de juger tout ce qu'il lui
plaira.

---

[*]. *Cæsarem Borgiam, vel mille neces meritum*, dit Onufre Panvini,
dans la Vie du Pape Jules II.

[**]. *De que vere dici potest, ausum eum, quæ nemo auderet bonus; per-
fecisse, quæ à nullo, nisi fortissimo perfici possent*, Hist. 2.

[*] Livre 3. de son Histoire de Florence.

[†] Ibidem.

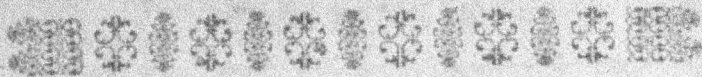

NICOLAS MICHIAVEL,

Citoien & Secretaire de Florence,

Au Très-Illustre

LAURENT de MEDICIS,

Duc d'Urbin, Seigneur de Pesaro, &c. *

CEux, qui veulent gagner les bonnes-graces d'un Prince, ont coutume de lui offrir ce qu'ils ont de plus
rare chez eux, ou ce dont ils savent qu'il fait son plaisir
ordinaire; d'où vient, qu'on lui presente souvent des chevaux, des armes, des étoffes-d'or, des diamans, & d'autres choses semblables, qui méritent de lui appartenir.
Pour moi, après avoir cherché ce que je pourrois vous
donner pour gage de ma très-humble obéissance, je n'ai
rien trouvé chez moi, qui me fût si cher, que la connoissance des actions des grands-hommes, la-quelle j'ai ac-
quise par un long usage des affaires modernes, & par la
lecture continuelle des anciennes. Aiant donc ramassé en
un petit volume les réflexions, que j'ai faites à loisir sur
toutes ces choses, je vous le presente, non pas que je le
croie digne de vous, mais parce que vôtre bonté me fait
espérer, que vous l'agréerez; attendu que je ne puis vous
faire un plus grand don, que de vous donner les moiens
d'apprendre en très-peu de tems tout ce que j'ai appris en
tant d'années, que j'ai été à l'école de l'adversité. Or je
n'ai point embelli cet ouvrage de paroles empoulées & ma-
gnifiques, ni de pas-un autre de ces agrémens, dont plusieurs ont coutume de parer leurs Ecrits, parce que je ne
veux pas que le mien plaise par un autre endroit, que par
l'importance & la solidité de son sujet. Et que l'on n'im-
pute

* *C'étoit le Pere de Catherine, Reine de France. Ce Prince mourut en
1519.*

pute point à préfomption, fi un homme de baffe condition
ôfe donner de leçons de Gouvernement aux Princes;
car comme ceux, qui deffeignent les païs, fe mettent en-
bas dans une plaine, pour mieux découvrir la hauteur
des montagnes, & la qualité des autres lieux élevez; &,
au contraire, montent au fommet des montagnes, pour
confidérer la conftitution des lieux bas: de même il faut
être Prince, pour bien connoître le caractère des peuples,
& *Populaire*, pour bien favoir celui des Princes. Recevez
donc ce petit livre d'auffi bon cœur que je vous l'offre.
Si vous le lifez avec attention, vous y verrez le defir extrême que j'ai, que vous parveniez à la puiffance, que
la Fortune, & vos grandes qualitez, vous permettent. Et
fi, du lieu éminent, où vous êtes; vous regardez quelquefois en-bas, vous connoîtrez, que c'eft à tort, que
je fouffre une fi rude & fi longue perfécution de la Fortune.

ESSAI

ESSAI DE CRITIQUE

SUR LE

PRINCE

DE

MACHIAVEL.

CHAPITRE I.

Des différens Gouvernemens, & comment on peut devenir Souverain.

TOUS les Etats, & toutes les Seigneuries, qui ont eu, & qui ont autorité sur les hommes, ont été, & sont des Républiques, ou des Principautés. Les Principautés

AVANT de marquer les différences des Gouvernemens, Machiavel auroit dû, ce me semble, examiner leur origine, & discuter les raisons qui ont pû engager des hommes libres à se donner des Maîtres.

Peut-être qu'il n'auroit pas convenu dans

1. Cête division est fondée sur la doctrine de Tacite, qui opose la Principauté

                                                                                                                                                                 te, qui opose la Principauté roit pas convenu dans

                                            &   A   un

pautés sont, ou héréditai-
res dans une même famille,
qui domine depuis long-
temps[1] ; ou nouvelles. Les
nouvelles sont ou toutes
nouvelles, comme l'étoit celle
de François Sforce à Milan :
ou sont comme des membres
incorporés à l'Etat hérédi-
taire du Prince, qui les a-
quert, tel qu'est le Roiaume
de Naples à l'égard du Roi
d'Espagne. Ces Etats, ain-
si aquis, ont coutume d'a-
voir un Prince, ou d'être
en liberté, & l'on se les a-
quert

& la République comme les
deux contraires. Res dissocia-
biles Principatum & Libertatem. (In Agricola.) Romam
à principio Reges habuere, Libertatem L. Brutus instituit.
(Ann. 1.) Haud facile Liber-
tas & Domini miscentur.
(Hist. 4.) Toute Républi-
que est bien Principauté. Il
Serenissimo Principe fù saper,
dit la République de Venise
dans ses Edits. Mais toute
Principauté n'est pas République.

2. C'est en ce sens, que
Galba disoit à Pison, In gen-
tibus, quæ regnantur, certa
dominorum domus. (Tac. Histor. 1.) & Mucien à Vespasien. Non contra Cali, aut
Claudii, vel Neronis, fun-
datam longo imperio domum
exsurgimus. (Hist. 2.)

un Livre, où l'on se pro-
posoit de dogmatiser le
crime & la tyrannie, de
mettre au jour ce qui
devoit la détruire. Il y
auroit eu mauvaise gra-
ce à Machiavel de dire
que les peuples ont trou-
vé nécessaire à leur re-
pos & à leur conser-
vation d'avoir des Ju-
ges pour régler leurs
différends ; des Protec-
teurs pour les mainte-
nir contre leurs Enne-
mis dans la possession de
leurs biens ; des Sou-
verains pour réunir tous
leurs différens intérêts
en un seul intérêt com-
mun ; qu'ils ont d'abord
choisi ceux d'entre eux
qu'ils ont cru les plus
sages, les plus équita-
bles, les plus désintéres-
sés, les plus humains, les
plus vaillans pour les
gouverner.

C'est donc la justice
qui doit faire le princi-
pal objet d'un Prince,
c'est donc le bien des
peuples qu'il gouverne,
qu'il doit préférer à tout
autre intérêt. Le Souve-
rain, bien loin d'être le
Maître absolu des peu-
ples qui sont sous sa
domination, n'en est
que le premier Magis-
trat.

Cet-

quert par les armes d'autrui, ou par les siennes : par le bonheur, ou par la vertu.

Cette origine des Souverains rend l'action des Usurpateurs plus atroce encore, qu'elle ne le seroit en ne considérant simplement que leur violence. Ils foulent aux pieds cette première Loi des hommes qui les réunit sous un Gouvernement pour en être protegés, & c'est contre les Usurpateurs que cette Loi est établie.

Il n'y a que trois manières légitimes pour devenir maître d'un Païs, ou par succession, ou par l'élection des peuples qui en ont le pouvoir, ou lorsque par une guerre justement entreprise, on fait la conquête de quelques Provinces sur l'Ennemi. Voilà le pivot, sur lequel rouleront mes réflexions dans le cours des recherches suivantes.

CHAPITRE II.

Des Etats héréditaires.

JE me passerai de parler des Républiques, dont j'ai traité ailleurs * amplement, & je m'arêterai seulement à la Principauté. Je dis donc, qu'il est bien plus facile de conserver des Etats Héréditaires, que des Etats nouvellement conquis. Parce qu'il sufit de ne

Les hommes ont un certain respect pour tout ce qui est ancien, qui va jusqu'à la superstition ; & quand le droit d'héritage se joint à ce pouvoir que l'antiquité a sur les hommes, il n'y a point de joug plus fort, & qu'on porte plus aisément. Ainsi, je suis loin de contester à Machiavel ce que tout le monde lui accordera, que les

* Dans ses Discours sur Tite-Live.

1. Tacite dit, qu'un Empire aquis par la violence ne se

Roïaumes héréditaires sont les plus aisés à gouverner.

J'ajouterai seulement que les Princes héréditaires sont fortifiés dans leur possession par la liaison intime, qui est entre eux & les plus puissantes familles de l'Etat, dont la plûpart sont redevables de leurs biens ou de leur grandeur, à la Maison souveraine, & dont la fortune est si inséparable de celle du Prince, qu'ils ne peuvent la laisser tomber sans voir que leur chute en seroit la suite certaine & nécessaire.

De nos jours, les troupes nombreuses & les armées puissantes que les Princes tiennent sur pied, en paix comme en guerre, contribuent encore à la sûreté des Etats. Elles contiennent l'ambition des Princes voisins, ce sont des épées nues, qui tiennent celles des autres dans le fourreau.

Mais ce n'est pas assez que le Prince soit, comme dit Machiavel, ... *di ordinaria industria*; je voudrois encore qu'il songeât à rendre son peuple heureux. Un peu-

---

ne point outrepasser l'ordre établi par ses Ancêtres ², *& de s'acommoder aux tems.* En

se sauroit conserver par les voies de la douceur & de la modestie. *Non posse Principatum scelere quæsitum subita modestia, & prisca gravitate retineri.* (Hist. 1.) Or la rigueur, qu'il faut tenir d'ordinaire pour conserver un Etat conquis, est souvent cause qu'on le perd par la révolte des sujets, qui viennent à perdre la patience. *Atque illi*, dit Tacite, *quamvis servitio sueti, patientiam abrumpunt.* (Ann. 12.)

2. Cela revient à ce qu'on disoit à Néron, que n'étant plus enfant, mais en âge de regner, il ne lui faloit plus d'autre Maitre, ni d'autre Gouverneur que l'éxemple de ses Prédécesseurs. *Finitam Neronis pueritiam, & robur juventæ adesse. Exueret Magistrum, satis amplis doctoribus instructus Majoribus suis.* (Ann. 14.) Tacite dit, que Tibére, au commencement de son regne, se faisoit une loi d'imiter en tout la conduite d'Auguste, *Neque fas Tiberio infringere dicta ejus.* (Ann. 1.) *qui omnia facta, dictaque ejus, vice legis observem.* (Ann. 4) & qu'il n'osoit pas montrer sa sévérité à un peuple, qu'Auguste avoit traité si doucement. *Populum per tot annos molliter ba-*

En sorte que si un Prince est médiocrement habile, il se maintiendra toujours dans son État, à moins qu'il n'y ait une force excessive, qui l'en prive. Encore le recouvrera-t-il, quelque fort que soit l'Usurpateur. Témoin le Duc de Ferrare, qui n'a tenu contre les Vénitiens en l'an 1484. & contre le Pape Jules II. en 1510. que parce qu'il étoit établi de longue main dans ce Duché. Car comme le Prince naturel a moins d'ocasions &

babitum, nondum audebat ad duriora vertere. (Ann. 1.) Que Vononés fut méprisé & chassé par les Parthes, parce qu'il tenoit une conduite toute contraire à celle de leurs autres Rois. *Accendebat dedignantes & ipse, diversus à Majorum institutis.* (Ann. 2.) Et qu'au contraire Italus plaisoit aux Cherusces d'autant plus qu'aiant été élevé à Rome, il ne laissoit pas de s'accommoder à leurs débauches, comme s'il eût toujours été nouri parmi eux. *Lætus Germanis adventus, atque eo magis, quod sæpius violentiam ac libidines grata barbaris usurparet.* (Ann. xi.)

3. Nous ne nous soulevons pas contre la Maison d'Auguste, qui a tenu si long-tems l'Empire, disoit Mu-

peuple content ne songera pas à se révolter, un peuple heureux craint plus de perdre son Prince qui est en même tems son bienfaiteur, que ce Souverain même ne peut appréhender pour la diminution de sa puissance. Les Hollandais ne se seroient jamais révoltés contre les Espagnols, si la tyrannie des Espagnols n'étoit parvenue à un excès si énorme, que les Hollandais ne pouvoient devenir plus malheureux.

Le Roiaume de Naples & celui de Sicile ont passé plus d'une fois des mains des Espagnols à celles de l'Empereur, & de l'Empereur aux Espagnols; la conquête en a toujours été très facile, puisque l'une & l'autre domination leur sembloit rigoureuse, & que ces peuples esperoient toujours trouver des libérateurs dans leurs nouveaux Maîtres.

Quelle différence de ces Napolitains aux Lorrains! Lorsqu'ils ont été obligés de changer de domination, toute la Lorraine étoit en pleurs. Ils regretoient de perdre les Rejettons de ces

A 3 Ducs,

& de raisons d'ofenser ses sujets, il faut qu'il en soit plus aimé : & si des vices extraordinaires ne le font haïr, ils ont naturelement de l'inclination pour lui. Outre que la possession ancienne, & non interrompüe, de la domination leur ôte l'envie & la commodité d'atenter contre lui, 4 dautant que toute mutation d'Etat laisse toujours de quoi en faire d'autres [*]. 5

Ducs, qui depuis tant de siécles furent en possession de ce Païs, & parmi lesquels on en compte de si estimables par leur bonté, qu'ils mériteroient d'être l'exemple des Rois. La mémoire du Duc Léopold étoit encore si chère aux Lorrains, que quand sa Veuve fut obligée de quitter Luneville, tout le peuple se jetta à genoux au-devant du carosse, & on arrêta les chevaux à plusieurs reprises. On n'entendoit que des cris, & on ne voioit que des larmes.

Mucien à Vespasien (Tac. Hist. 2.) pour inférer, qu'il ne faloit pas craindre, que l'Empire retournât jamais à Vitellius, quand une fois on le lui auroit ôté.

4. Car, au dire de Tacite, il y a toujours moins d'inconvenient à garder le Prince que l'on a, qu'à en chercher un autre. *Minore discrimine sumi Principem, quàm quari.* (Hist. 1.)

[*] Ou la porte ouverte à d'autres.

5. Car, au dire de Paterculus, l'on enchérit toujours sur les premiers éxemples. *Non enim ibi consistunt exempla unde cœperunt, sed quamlibet in tenuem recepta tramitem, latissimè evaganli sibi viam faciunt.* (Hist. 2.) Qu'une mutation en entraine toujours d'autres aprés soi, Tacite en donne de beaux éxemples. *Libertatem & Consulatum L. Brutus instituit. Dictaturæ ad tempus sumebantur. Neque Decemviralis potestas ultra biennium. Neque Tribunorum Militum Consulare jus diu valuit. Non Cinnæ, non Sullæ longa dominatio : & Pompeii Crassique potentia citò in Cæsarem : Lepidi, atque Antonii arma in Augustum cessere.* (Ann. 1.) C'est-à-dire : Brutus fit succeder la Liberté & le Consulat à la Roïauté. Et quelque fois on créoit un Dictateur, mais son pouvoir finissoit aussitot que le peuple étoit hors de danger. Les Décemvirs ne durérent pas plus de deux ans. Les Tribuns des Soldats prirent la place des Consuls, mais ne la gardérent pas long-tems. La domination
de

de Cinna, ni la Dictature de Silla ne furent pas de longue durée. La puissance de Crassus & de Pompée fut bientôt réunie en la personne de César, & l'autorité de Lepidus & d'Antoine en celle d'Auguste. Voilà un enchaînement de mutations. En voici un autre. *Sulla Dictator abolitis vel conversis prioribus, cum plura addidisset, otium ei rei haud in longum paravit. Statim turbidis Lepidi rogationibus, neque multo post Tribunis reddita licentia quoquò vellent populum agitandi. Jamque non modò in commune, sed in singulos homines latæ quæstiones . . . Exin continua per viginti annos discordia, non Mos, non Jus.* (Ann. 3.) C'est-à-dire: Le Dictateur Silla changea, ou abolit les Loix de Graccus & de Saturninus, pour établir les siennes. Mais elles furent de peu de durée. Car Lepidus & les Tribuns recommencérent bientôt à semer des broüilleries parmi le peuple [*], en sorte qu'on faisoit autant de réglemens, qu'il y avoit d'hommes . . . Et depuis, il n'y eut ni droit, ni coutume, par l'espace de vingt ans, que durérent les dissensions du peuple & du Sénat.

[*] Ou à broüiller les affaires.

CHAPITRE III.

Des Etats mixtes.

Mais toute Principauté nouvelle a des difficultés à surmonter. Sielle n'est pas toute nouvelle, mais seulement mixte, par l'adjonction d'un membre nouveau, ses mutations naissent premièrement d'une difficulté naturelle qui se rencontre dans toutes les nouvelles dominations 1, qui est,

1 *Novum & mutantem Principem*, dit Tacite. (Ann. 1.)

LE quinzième Siécle où vivoit Machiavel, tenoit encore à la barbarie. Alors on préferoit la funeste gloire des Conquerans, & de ces actions frappantes qui imposent un certain respect par leur grandeur, à la douceur, à l'équité, à la clémence, & à toutes les vertus. A présent, je vois qu'on préfere l'humanité à tou-

A 4

est, que les hommes changent volontiers de Prince, dans l'espérance d'en trouver un meilleur. Espérance, qui leur fait prendre les armes contre celui qui gouverne. Mais ils ne tardent guére à s'en trouver mal. Il y a une autre nécessité naturelle

2. *Partbos præsentibus mobiles, absentium æquos.* (Ann. 6.) Toutes les Nations sont de même, *servitii ingenio*, par un caprice ordinaire à la servitude, dit Tacite. (Ann. 12.)

3. Croiés vous, disoit un Sénateur Romain, que la Tirannie soit morte avec Néron? On l'avoit crue éteinte par la mort de Tibére & de Caligula, & pourtant nous en avons vu un troisiéme plus cruel qu'eux. *An Neronem extremum dominorum putatis? Idem crediderant, qui Tiberio, qui Caio superstites fuerunt: cùm interim intestabilior & sævior exortus est.* (Hist. 4.) Claudius avoit donc bien raison de dire aux Ambassadeurs de Parthes, qui étoient venus lui demander un meilleur Roi que le leur, que de si fréquens changemens ne valoient rien, & qu'il faloit s'accommoder le mieux qu'on pouvoit aux humeurs des Rois. *Ferenda Regum ingenia, neque usui crebras mu-*

toutes les qualités d'un Conquerant, & l'on n'a plus guéres la démence d'encourager par des loüanges, des passions cruelles qui causent le bouleversement du Monde.

Je demande ce qui peut porter un homme à s'aggrandir? En vertu de quoi il peut former le dessein d'élever sa puissance sur la misère & sur la destruction d'autres hommes? Et comment il peut croire qu'il se rendra illustre, en ne faisant que des malheureux? Les nouvelles conquêtes d'un Souverain ne rendent pas les Etats qu'il possédoit déjà, plus opulens; ses peuples n'en profitent point, & il s'abuse, s'il s'imagine qu'il deviendra plus heureux. Combien de Princes ont fait par leurs Généraux conquerir des Provinces qu'ils ne voient jamais? Ce sont alors des conquêtes en quelque façon imaginaires, c'est rendre bien des gens malheureux pour contenter la fantaisie d'un seul homme, qui souvent ne mériteroit pas d'être connu.

Mais

rurelle & ordinaire, qui fait, que le Prince est toûjours contraint d'ofenser ses nouveaux sujets, soit en les chargeant de gens de guerre, ou par mille autres maux qu'entraine aprés soi une aquisition nouvelle 4. D'où il arrive, que tu as enfin pour ennemis tous ceux que tu as ofensés en te saisissant de la Principauté: & que tu ne saurois conserver l'amitié de ceux, qui t'y ont aidé, faute de les pouvoir con-

mutationes. (Ann. 12.) Tous les sujets doivent prendre les sentimens de ce Senateur Romain, qui disoit, qu'il admiroit le passé, sans condamner le présent, & que bien qu'il souhaitât de bons Princes, il ne laissoit pas de suporter patiemment ceux qui ne l'étoient pas, se souvenant toujours de la nécessité de vivre selon les tems, où l'on est. *Se meminisse temporum, quibus natus sit: ulteriora mirari, præsentia sequi, bonos Imperatores voto expetere, qualescumque tolerare.* (Hist. 4.) Paroles, que Machiavel a raison d'apeller sentence d'or. (Disc. lib. 3 cap. 6.)

4 *Res dura, & Regni novitas me talia cogunt*

Moliri, & late fines custodire tueri.

Dit la Reine de Cathage chés Virgile. (Æneid. 1.)

Mais supposons que ce Conquerant soumette tout le monde à sa sa domination, ce monde bien soumis, pourrat-il le gouverner? Quelque grand Prince qu'il soit, il n'est qu'un être très borné; à peine pourra-t-il retenir le nom de ses Provinces, & sa grandeur ne servira qu'à mettre en évidence sa véritable petitesse.

Ce n'est point la grandeur du Païs que le Prince gouverne, qui lui donne de la gloire: ce ne seront pas quelques lieuës de plus de terrein qui le rendront illustre; sans quoi, ceux qui possédent le plus d'arpens, devroient être les plus estimés.

L'erreur de Machiavel sur la gloire des Conquerans pouvoit être générale de son tems; mais sa méchanceté ne l'étoit pas assûrément. Il n'y a rien de plus affreux que certains moiens qu'il propose pour conserver des conquêtes; à les bien examiner, il n'y en aura pas un qui soit raisonnable ou juste. *On doit*, dit-il, *éteindre la race des Princes qui re-*

A 5

contenter en tout ce qu'ils atendoient de toi , ni de pouvoir user de rigueur envers eux, à cause que tu leur es obligé. Car quelque puissante Armée que l'on ait , on a toujours besoin de la faveur des gens du Pais pour entrer dans une Province. C'est pour cela, que Louis XII. Roi de France aiant pris Milan tout-à-coup, le perdit aussi de même. Parce que ce peuple, qui lui avoit ouvert les portes , se trouvant frustré de ses espérances, ne mit guère à se dégoûter du nouveau Prince: s Il est bien vrai , qu'un pais recouvré après une révolte ne se perd pas facilement une seconde fois, dautant que le Prince, pour se vanger de la rebellion, hésite moins à pourvoir à sa sûreté par la punition des Coupables, & par une fur-

5. Tacite dit, que les Parthes reçurent Tiridate à bras ouverts, espérant d'en être mieux traités que d'Artabanus, & que peu de tems après ils haïrent Tiridate autant qu'ils l'avoient aimé, & rapellerent celui, qu'ils avoient tant haï. *Qui Artabanum ob sævitiam execrati come Tiridatis ingenium sperabant......,ad Artabanum vertere, &c.* (Ann. 6.)

regnoient avant votre conquête. Peut-on lire de pareils préceptes , sans frémir d'horreur? C'est fouler aux pieds tout ce qu'il y a de sacré dans le Monde, c'est ouvrir à l'intérêt le chemin de tous les crimes. Quoi ! si un Ambitieux s'est emparé violemment des Etats d'un Prince , il aura le droit de le faire assassiner, empoisonner ! Mais ce même Conquerant, en agissant ainsi, introduit une pratique dans le Monde , qui ne peut tourner qu'à sa ruine. Un autre , plus ambitieux & plus habile que lui , le punira du Talion, envahira ses Etats, & le fera perir avec la même cruauté qu'il fit perir son predécesseur. Le Siécle de Machiavel n'en fournit que trop d'exemples. Ne voiton pas le Pape Alexandre VI. prêt d'être déposé pour ses crimes ; son abominable Bâtard, César Borgia, dépouillé de tout ce qu'il avoit envahi , & mourant misérablement ; Galéas Sforce, assassiné au milieu de l'Eglise de Milan; Loüis Sforce, U-fur-

surveillance rigoureuse sur les actions de ceux, dont il a du soupçon [6]. *Si donc le Duc Loüis* * *n'eut qu'à faire du bruit sur les Confins du Milanez, pour le faire perdre, la première fois, à la France, il falut liguer tout le monde contre elle, & chasser ses armées de l'Italie, pour le lui ôter une seconde fois. Et cela arriva par les raisons que j'ai dites. Il nous reste maintenant à dire, quels remèdes le Roi de France avoit, ou pouroit avoir un Prince, qui seroit en sa place, pour mieux conserver la Conquête. Je dis donc, que les Etats, qui s'unissent à un Etat héréditaire de celui, qui les aquert, sont de même Province, & de même langue, ou n'en sont pas.*
Quand

surpateur, mort en France dans une cage de fer ; les Princes d'Yorck & de Lancastre, se détruisant tour à tour ; les Empereurs de Gréce, assassinés les uns par les autres, jusqu'à ce qu'enfin les Turcs profiterent de leurs crimes, & exterminerent leur faible puissance ? Si aujourd'hui parmi les Chrétiens il y a moins de révolutions, c'est que les principes de la saine Morale commencent à être plus répandus : les hommes ont plus cultivé leur esprit, ils en sont moins féroces ; & peut-être est-ce une obligation qu'on a aux gens de Lettres qui ont poli l'Europe.

La seconde maxime de Machiavel, est que le Conquerant doit établir sa résidence dans ses nouveaux Etats. Ceci n'est point cruel, & paraît même assez bon à quelques égards ; mais l'on doit considerer que la plûpart des Etats des grands Princes sont situés de manière qu'ils ne peuvent pas trop bien en abandonner le centre, sans que tout
l'Etat

---

[6] Tacite dit, que Rhadamiste aiant repris l'Arménie, d'où il avoit été chassé par ses sujets, il les traita avec une rigueur extraordinaire, les regardant comme des rebelles, qui n'atendoient que l'occasion, pour se revolter encore. *Vacuam rursus Armeniam invasit, truculentior quàm antea, tanquam adversus defectores, & in tempore rebellaturos.* (Ann. 12.)

* *Loüis Sforce surnommé le More.*

Quand ils en font, il est très-facile de les garder, sur tout s'ils n'étoient pas libres auparavant: & il n'y a qu'à exterminer la famille du Prince qui les dominoit. Car du reste, pourvu que l'on conserve les anciennes coûtumes, & qu'il n'y ait point d'antipatie naturelle, les hommes vivent paisiblement ensemble. Témoin la Bourgogne, la Bretagne, la Gascogne & la Normandie, qui sont depuis si long-tems unies à la France. Car bien qu'elles aient un langage un peu diférent, leurs mœurs sont semblables, & par conséquent compatibles. Et quiconque les voudroit conserver, aprés les avoir aquises, il faudroit faire deux choses. L'une, extirper toute la race de leur ancien Prince. L'autre, ne point changer leurs Loix, ni augmenter les Tailles. Et par ce moien l'Etat conquis & l'Etat héréditaire feront bientôt un même Corps. Mais lors qu'on aquert des Etats, qui ont la Langue, les mœurs, & les coûtumes diférentes, c'est là qu'il y a bien des difficultés, & qu'il faut beaucoup de bonheur & d'industrie pour les conserver. » Et l'un des meil-*

7. *Ex diversitate morum cre-*

l'Etat s'en ressente. Ils font le premier principe d'activité dans ce Corps, ainsi ils n'en peuvent quitter le centre, sans que les extrémités languissent.

La troisiéme maxime de politique, est qu'il faut envoier des Colonies pour les établir dans les nouvelles conquêtes, qui serviront à en assûrer la fidélité.

L'Auteur s'appuie sur la pratique des Romains; mais il ne songe pas que si les Romains, en établissant des Colonies, n'avoient pas aussi envoié des Légions, ils auroient bientôt perdu leurs conquêtes; il ne songe pas qu'outre ces Colonies & ces Légions, les Romains savoient encore se faire des Alliés. Les Romains dans l'heureux tems de la République étoient les plus sages Brigands qui aient jamais désolé la terre. Ils conservoient avec prudence ce qu'ils acqurent avec injustice: mais enfin, il arriva à ce peuple ce qui arrive à tout Usurpateur; il fut opprimé à son tour.

Exa-

meilleurs expédiens seroit, que celui, qui les aquert, y alât demeurer. Ce qui rendroit la possession plus assurée & plus durable. Témoin le Turc, qui quoi qu'il eût pu faire, n'eût jamais conservé la Gréce, s'il n'y fût alé demeurer. Car quand on est sur les Lieux, on voit naitre les désordres, & l'on y peut remédier sur le Champ : Au lieu qu'étant absent, on ne les sait, que lors qu'ils sont grands, & qu'il n'y a plus de reméde. De plus, la Province n'est pas pillée par tes Officiers, & les sujets aiant la commodité de recourir promtement au Prince, ils en ont plus de raison de l'aimer, s'ils sont bons ; & de le craindre, s'ils*

crebra bella , dit Tacite. (Hist. 5.)

8. (Ann. 14.) Il dit, que de legers remédes ont calmé de grands mouvemens, Modicis remediis primos motus consedisse. Et c'est en ce sens qu'on disoit à Tibére , qu'il n'avoit qu'à se montrer aux mutins, & qu'ils rentreroient dans leur devoir dés qu'ils le verroient. Ire ipsum , & opponere Majestatem Imperatoriam debuisse, cessuris ubi Principem vidissent. (Ann. 1.)

Examinons à présent si ces Colonies , pour l'établissement desquelles Machiavel fait commettre tant d'injustices à son Prince, si ces Colonies sont aussi utiles que l'Auteur le dit. Ou vous envoiez dans le Païs, nouvellement conquis, de puissantes Colonies, ou vous y en envoiez de faibles. Si ces Colonies sont fortes, vous dépeuplez votre Etat considérablement, ce qui affaiblit vos forces ; si vous envoiez des Colonies faibles dans ce Païs conquis, elles vous en garantiront mal la possession : ainsi, vous aurez rendu malheureux ceux que vous chassez, sans y profiter beaucoup.

On fait donc bien mieux d'envoier des troupes dans les Païs que l'on vient de se soumettre, lesquelles, moïennant la discipline & le bon ordre, ne pourront point fouler les peuples, ni être à charge aux villes où on les met en garnison. Cette politique est meilleure ; mais elle ne pouvoit être connue du tems

s'ils sont méchans. D'entre les Etrangers, ceux, qui voudroient assaillir cet Etat, en sont retenus par la dificulté qu'il y a de l'ôter à un Prince, qui y fait sa demeure. L'autre remède est d'envoier des Colonies dans un ou deux Lieux, qui soient comme les Clefs de cet Etat; ou bien il faut y tenir beaucoup de Milice. Or les Colonies coûtent peu au Prince, qui d'ailleurs n'offense que ceux, à qui il ôte les Terres & les Maisons, pour les donner aux nouveaux habitans. Outre que ceux, qu'il ofense, ne faisant qu'une très-petite partie de l'Etat, & restant pauvres & dispersés, ils ne lui peuvent jamais nuire: & que tous les autres, qui ne sont point ofensés, se tiennent en repos d'autant plus volontiers, qu'ils craignent qu'il ne leur en arive autant qu'à ceux, qui ont été dépouillés, s'ils font quelque faute. D'où je conclus, que les Colonies, outre qu'elles ne coûtent rien, sont plus fideles, & ofensent moins: & que les Ofensés étant pauvres & dispersés, ils ne sauroient nuire. Où il est à remarquer, qu'il faut amadouer les hommes, ou s'en défaire, parce qu'ils se vangent des ofenses legères, & qu'ils

tems de Machiavel. Les Souverains n'entretenoient point de grandes armées, les troupes n'étoient pour la plûpart qu'un amas de Bandits, qui pour l'ordinaire ne vivoient que de violences & de rapines. On ne connaissoit point alors ce que c'étoit que des troupes continuellement sous le Drapeau en tems de paix, des étapes, des casernes, & mille autres réglemens qui assûrent un Etat pendant la paix, & contre ses Voisins, & même contre les soldats païés pour le defendre.

Un Prince doit attirer à lui, & protéger les petits Princes ses Voisins, semant la dissention parmi eux, afin d'élever, ou d'abaisser ceux qu'il veut. C'est la quatriéme maxime de Machiavel, & c'est ainsi qu'en usa Clovis; il a été imité par quelques Princes non moins cruels. Mais quelle diférence entre ces Tyrans & un honnête homme, qui seroit le Médiateur de ces petits Princes, qui termineroit leurs différends à l'a-

qu'ils ne se sauroient vanger des grandes. De sorte
que l'ofense, qui se fait à
l'homme, lui doit être faire d'une manière qu'il n'en
puisse tirer vangeance. Mais
si au lieu de Colonies, on
emploie de la milice, la dépense est bien plus grande,
& consume tous les reve-
nus de cet Etat en garnisons.
Si bien que l'aquisition tourne à dommage au Prince,
qui, outre cela, ofense beaucoup plus de gens, d'autant
qu'il nuit à tout cet Etat,
où il faut qu'il change de
tems en tems les logemens de
son armée. Incommodité,
qu'un chacun ressent, &
qui fait, qu'un chacun lui
devient ennemi. Et ce sont
là ceux, qui lui peuvent
nuire davantage, comme
étant ennemis domestiques.
Cete garde est donc aussi
inutile, qu'est utile celle des
Colonies. Le Prince, qui
aquert une Province, qui
a des coûtumes diferentes
de celles de son Etat, doit
encore se faire Chef & Protecteur des Voisins moins
puissans, & s'étudier à a-
foiblir les plus puissans: &
sur tout empêcher absolu-
ment, qu'il n'entre dans céte Province quelque Etranger aussi puissant que lui.
Car il arive toujours, qu'il
y en est mis quelqu'un par
les

l'amiable, qui gagne-
roit leur confiance par
sa probité & par les
marques d'une impar-
tialité entière dans leurs
démélés, & d'un des-
intéressement parfait
pour sa personne! Sa
prudence le rendroit le
Pere de ses Voisins, au
lieu de leur Oppres-
seur, & sa grandeur
les protégeroit, au lieu
de les abymer.

Il est vrai d'ailleurs
que des Princes qui ont
voulu élever d'autres
Princes avec violence,
se sont abymés eux-
mêmes; notre siécle en
a fourni des exemples.

Je conclus donc que
l'Usurpateur ne mérite-
ra jamais de gloire;
que les assassinats seront
toujours abhorrés du
genre humain; que les
Princes qui commet-
tent des injustices &
des violences envers
leurs nouveaux Sujets,
s'aliéneront tous les es-
prits, au lieu de les ga-
gner; qu'il n'est pas
possible de justifier le
crime, & que tous
ceux qui en voudront
faire l'apologie, raison-
neront aussi mal que
Machiavel. Tourner
l'art du raisonnement
con-

les Mécontens de la Province, soit par ambition, ou par peur ; Témoin les Romains, qui furent introduits dans la Grèce par les Etoliens, & qui, par contre le bien de l'humanité, c'est se blesser d'une épée qui ne nous est donnée que pour nous défendre.

tout où ils mirent le pié, y furent toujours apellés par les Provinciaux. Et ce qui arive d'ordinaire, c'est qu'aussi-tôt qu'un Etranger puissant entre dans une Province, tous ceux de la Province, qui sont moins puissans s'unissent volontiers avec lui, par un motif de haine contre celui, qui étoit plus puissant qu'eux. Tout ce dont il a à se garder, est, qu'ils ne deviennent trop forts, & qu'ils ne prennent trop d'autorité. Et, pour cet éfet, il doit emploier ses propres forces, & les leurs ; à abaisser ceux qui sont puissans, pour demeurer, lui seul, arbitre de toute la Province. Et quiconque ne saura pas métre cela en œuvre, perdra bien tôt ce qu'il aura aquis, & n'aura point de repos tant qu'il le gardera. Les Romains pratiquoient admirablement ces Maximes dans les Provinces conquises. Ils y envoioient des Colonies, ils entretenoient les moins puissans, sans laisser croître leur puissance. Ils abaissoient ceux, qui en avoient trop, & ne soufroient point, que les Etrangers puissans se missent en crédit. La Grèce nous en fournit un bel éxemple. Ils maintinrent ceux d'Acaie & d'Etolie, ils chassèrent Antiochus de la Macédoine, puis avilirent les Macédoniens. Et quelques services que rendissent ceux d'Acaie & d'Etolie, ils ne leur permirent jamais d'acroître leur Etat ; quelque remontrance que fit Filippes, ils ne le voulurent point recevoir pour ami, sans l'abaisser, & Antiochus, avec toute sa puissance, ne put jamais les faire consentir à lui laisser aucune part dans cête Province. En quoi les Romains firent ce que doivent faire tous les Princes sages, qui ont à pourvoir, non seulement aux maux présens, mais encore aux maux à venir. Car en les prévoiant de loin, il est aisé d'y remédier ; au lieu que si l'on atend, qu'ils soient proches, le remède n'est plus à tems, dautant que la maladie est devenue incurable. Les Médecins disent, que

que la fiévre étique est facile à guérir, & dificile à
connoître : au lieu que dans la suite du tems elle devient
facile à connoître, & dificile à guérir, quand elle n'a
pas été conñüe, ni traitée dans son commencement. Il
en est de même des afaires-d'Etat. Si l'on connoit de
loin les maux qui se forment (ce qui n'apartient
qu'à l'homme prudent) on les guérit bien-tôt. Mais,
si faute de les avoir connus, ils viennent à croître
à un point qu'un chacun les connoisse, il n'y a plus de
remède. Comme les Romains prévoioient de loin
les inconvéniens, ils y remédiérent toujours si à propos, qu'ils n'eurent jamais besoin d'esquiver la guerre,
sachant, que de la diférer, ce n'est point l'éviter, mais
plutôt procurer l'avantage d'autrui. Ils la firent donc
à Filippes & à Antiocus en Grece, pour n'avoir pas
à la faire avec eux en Italie 9. Et quoiqu'ils pussent
alors éviter l'une & l'autre guerre, ils ne le voulurent pas [*]. Contraires en cela aux Sages modernes,
qui disent à tous propos, qu'il faut jouir du bienfait
du tems : au lieu qu'eux aimoient mieux éxercer leur
valeur & leur prudence. Car le tems aporte du changement à toutes choses, & peut amener le bien comme le mal,
& le mal comme le bien. Mais retournons à la France, & éxaminons, si elle a rien fait de tout ce que j'ai
dit. Je ne parlerai point de Charles VIII. Mais seulement de Louis XII. comme de celui, de qui l'on a
mieux vu les demarches, pour avoir dominé plus
longtems en Italie. Et vous verrés, comme il a fait tout
le

9 Fuit proprium Populi
Rom. longe à domo bellare, dit
Cicéron. Tibére garda toujours cête maxime, destinata
retinens, consiliis & astu res
externas moliri, arma procul habere. (Tac. Ann. 6.) Les Romains en usoient ainsi pour
conserver la liberté & les richesses de l'Italie: au lieu que
si les Etrangers y eussent mis
le pié, ils eussent pû se servir
des Armes & des richesses du
Païs. Ce qui eût afoibli les
Romains. Et c'est pour cela
qu'Annibal disoit à Antiochus, que les Romains ne
pouvoient être vaincus qu'en
Italie.

[*] On aimant mieux éxercer
leur valeur & leur prudence,
que de joüir du bienfait du tems,
comme les Sages de ce tems-
ci le conseillent.

B

le contraire de ce qui se doit faire pour conserver un Etat diféreni de mœurs & de coûtumes. Loüis fut introduit en Italie par l'ambition des Vénitiens, qui vouloient, par ce moïen, gagner la moitié de la Lombardie. Je ne veux point blâmer la résolution que ce Roi prit. Car voulant commencer de mêtre le pié en Italie, & d'ailleurs n'y aiant point d'amis, ce lui étoit une nécessité d'y aquerir ceux qu'il pouvoit, d'autant plus que toutes les portes lui en étoient fermées, à cause des deportemens de son Prédécesseur. Et cête entreprise lui auroit réussi, s'il n'eût point fait de fautes. Aprés qu'il eut aquis la Lombardie, il regagna d'abord la réputation, que Charles avoit perdüe. Gennes fit joug, Florence, le Marquis de Mantoüe, le Duc de Ferrare, les Bentivoles, la Comtesse de Forli, les Seigneurs de Faïence, de Pesaro, de Rimini, de Camérin & de Piombin, les Luquois, les Pisans, les Siennois, & tous les autres, recherchérent son amitié. Et ce fut alors que les Vénitiens pûrent s'apercevoir de la folie, qu'ils avoient faite de rendre Loüis le Maître des deux tiers de l'Italie, pour aquerir seulement deux Villes en Lombardie. Voïons maintenant, combien il étoit aisé à ce Roi de conserver sa reputation, s'il eût observé les régles que j'ai dites, & maintenu la sûreté de tous ses Confédérés, qui, pour être en grand nombre, & tous foibles, & aiant à craindre, les uns le Pape, & les autres, Venise, étoient contraints de se tenir unis avec lui, & par leur moïen, [*] il pouvoit facilement s'assurer de ceux, qui étoient plus forts. Mais à peine fut il à Milan, qu'il fit le contraire, en donnant du secours au Pape Aléxandre, pour envahir la Romagne: sans s'apercevoir, qu'il s'afoiblissoit lui même en perdant ses amis, & ceux, qui s'étoient jetés entre ses bras: & qu'il agrandissoit le Pape, en lui laissant aquerir tant de Temporel, avec le Spirituel, qui rend déja son autorité si grande. Et aprés cête premiére faute, il fut obligé de continuer jusqu'à ce que, pour mêtre fin à l'ambition d'Aléxandre, & l'empêcher

de

[*] Ou, par où il pouvoit facilement, &c.

de devenir Maître de la Toscane, il falut, qu'il passât en Italie. Or il ne se contenta pas d'avoir agrandi le Pape, & de s'être aliéné ses amis, il fit encore la
folie de partager le Roiaume de Naples avec le Roi
d'Espagne. De sorte qu'au lieu qu'il étoit auparavant
l'Arbitre de l'Italie, il y prit un Compagnon, afin
que les Ambitieux de cête Province, & ceux qui seroient mécontens de lui eussent à qui recourir: & pendant qu'il pouvoit laisser à Naples un Roi Tributaire,
il l'en chassa pour y en métre un, qui le pût chasser
lui même: Veritablement le desir d'aquérir est naturel
& très-ordinaire 10, & toutes les fois que les hommes
peuvent s'agrandir, ils en sont loüés 11, ou du moins
ils n'en sont pas blamés. Mais quand ils ont le desir
d'aquerir, sans en avoir les forces, c'est là qu'est
l'erreur, & qu'ils sont dignes de blâme. Si donc la
France pouvoit attaquer Naples avec ses forces, elle le devoit faire: & si elle ne le pouvoit pas, elle ne devoit point partager ce Roiaume. Le partage
qu'elle fit de la Lombardie avec les Vénitiens étoit
excusable, parce qu'il lui servit à mettre le pié en
Italie. Mais celui de Naples est à blamer, dautant
que rien ne la contraignoit à le faire. Loüis fit donc
cinq fautes; Il ruina les foibles; il augmenta la puissance d'un puissant en Italie; il y introduisit un E-
tranger très-puissant; il n'y vint point demeurer;
il n'y envoia point de Colonies. Si est-ce qu'il eût
encore pû réparer ces fautes, s'il n'en eût pas fait
une sixiéme, qui fut de dépouiller les Vénitiens. Il
est bien vrai, que s'il n'eût pas agrandi le Pape, ni
mis

---

10. *Vetus ac jam pridem
insita Mortalibus potenciæ
cupido.* (Hist. 2.)

11. C'est comme l'enten-
doit Mucien, quand il disoit
à Vespasien, je t'apelle à
l'Empire, tu en es le Maître, si tu veux, & ce se-
roit lâcheté de le laisser à
un autre, sous qui d'ailleurs
ta vie ne seroit pas en sûreté. *Ego te ad imperium vo-
co. In tua manu positum
est ..... Torpere ultra, & per-
dendam remp. relinquere, so-
por & ignavia videretur,
etiam si tibi, quàm iohones-
ta, tam tuta servitus esset.*
(Hist. 2.)

B 2

mis le Roi d'Espagne en Italie, il eût été à propos, &
même nécessaire de les abaisser. Mais aïant fait les
demarches que j'ai dites, il ne devoit jamais consentir
à leur ruïne. Car puissans comme ils étoient, ils eussent toujours empêché les autres d'aprocher de la Lombardie, à moins que ce n'eût [*] été pour leur aider à en
devenir les Maitres. Or les autres se fussent bien gar-
dés d'ôter cête Province à la France, pour la leur donner, ni de les ataquer tous deux. Quelqu'un me dira, que Loüis ceda la Romagne au Pape Aléxandre,
& Naples à l'Espagne, pour éviter la guerre. Mais
je repons, que l'on ne doit jamais laisser ariver un
désordre, pour fuïr une guerre, parce qu'en éfet on ne
la fait point, mais on la difère à son dommage. Et si
d'autres m'aléguent, que Loüis avoit donné sa parole
au Pape de faire cête entreprise en sa faveur, pour obtenir une dispense de mariage pour lui, & un Chapeau
pour l'Archevêque de Roüen, je leur répondrai dans le
Chapitre de la foi de Princes *. Au reste, Loüis a
perdu la Lombardie pour n'avoir rien observé de tout
ce qu'ont fait les autres, qui ont pris des Provinces,
& voulu les garder, ainsi que je le fis bien dire au
Cardinal de Roüen à Nantes, lors que le Duc de
Valentinois (c'est comme l'on apelloit Cesar Borgia
fils du Pape Alexandre) s'emparoit de la Romagne.
Car ce Cardinal me disant, que les Italiens n'entendoient rien au Métier de la guerre, je lui répondis,
qu'il paroissoit bien, que les François n'entendoient
rien aux Afaires-d'Etat, [†] eux, qui laissoient prendre
un si grand acroissement au Pape. Et l'expérience a
montré que c'est la France, qui a fait le Pape & le
Roi d'Espagne si puissans [‡] en Italie, & que ce sont
eux, qui l'y ont ruïné. D'où je tire une conclusion
générale, presque infaillible, que le Prince, qui en
rend un autre puissant, se perd lui même. Car celui, qui est devenu puissant, se défie toujours de l'industrie, ou de la force de celui qui l'a rendu tel.

[*] Si ce n'eût
* Chap. 18.
[†] Ou que si les François
entendoient la Raison d'Etat,
ils ne soufriroient que le Pape
devint si puissant.
[‡] Grans.

CHA-

****

CHAPITRE IV.

Comment on conserve le Trône.

VU les dificultés qu'il y a de conserver un E-tat nouvellement acquis, quelqu'un pouroit s'étonner, comment Aléxandre-le-Grand étant devenu Maître de l'Asie en peu d'onnées, & puis étant mort aussi-tôt qu'il s'en fut mis en possession, ses successeurs s'y maintinrent, sans avoir à surmonter d'autres dificultés, que celle, que leur propre ambition fit naître parmi eux, au lieu que selon toutes les aparences ces peuples devoient secoüer leur joug. Je dis à cela, que tous les Etats, dont il nous reste quelque mémoire se trouvent gouvernés en deux manières diférentes, ou par un Prince absolu, qui, par grace, emploïe les Ministres qu'il veut, pour lui aider à gouverner son E-tat : ou par un Prince, & par les Grans du Païs, qui ont part au Gouvernement, non par la grace & la permission du Prin-ce,

POur bien juger du génie des Nations, il faut les comparer les unes avec les autres. Machiavel fait en ce Chapitre un parallèle des Turcs & des Français, très différens de coutumes, de mœurs & d'opinions. Il examine les raisons qui rendent la conquête de ce premier Empire difficile à faire, mais aisée à conserver ; de même qu'il remarque ce qui peut contribuer à faire subjuguer la France sans peine, & ce qui, la remplissant de troubles continuels, menace sans cesse le repos du Possesseur.

L'Auteur n'envisage les choses que d'un point de vûe, il ne s'arrête qu'à la constitution des Gouvernemens. Il parait croire que la puissance de l'Empire Turc & Persan n'est fondée que

B 3 sur

ce , mais à raison de leur ancienne origine. Ces Grans ont des Etats & des sujets particuliers, qui les reconnoissent pour leurs vrais Seigneurs, & ont une afection naturelle pour eux. Dans les Etats qui sont gouvernés par le Prince seul, le Prince a plus d'autorité, parce qu'il n'y a que lui dans toute l'étendue de son païs, qui soit reconnu pour Maître, & si l'on obéit à quelque autre, ce n'est point par aucune afection particulière que l'on ait pour lui, mais parce que c'est le Ministre & l'Oficier du Prince. Cête diférence de Gouvernement se voit aujourd'hui entre la Turquie & la France. La Turquie est gouvernée par un seul Seigneur, tous les autres sont des Esclaves, & ce Seigneur, qui divise sa Monarchie en Provinces, y envoie des Gouverneurs, qu'il change quand & comme il lui plait. Au contraire la France a une multitude d'anciens Seigneurs, qui ont leurs propres sujets, & en sont aimés. Et le Roi ne leur sauroit ôter leurs prééminences sans risquer beaucoup. A bien considérer ces deux Etats, on verra, qu'il est très-

sur l'Esclavage général de ces Nations, & sur l'élevation unique d'un seul homme qui en est le Chef. Il est dans l'idée qu'un Despotisme sans restriction, bien établi, est le moien le plus sûr qu'ait un Prince pour regner sans trouble, & pour résister à ses Ennemis.

Du tems de Machiavel on regardoit encore en France les Grands & les Nobles comme de petits Souverains qui partageoient en quelque manière la puissance du Prince ; ce qui donnoit lieu aux divisions, fortifioit les Partis, & fomentoit de fréquentes révoltes. Je ne sais cependant si le Grand-Seigneur n'est pas exposé plûtôt à être détrôné qu'un Roi de France. La différence qu'il y a entre eux, c'est qu'un Empereur Turc est ordinairement étranglé par les Janissaires, & que les Rois de France qui ont péri, ont été assassinés par des Fanatiques. Mais Machiavel parle plûtôt en ce Chapitre de révolutions générales, que

très-difficile d'aquerir celui du Turc, mais aussi, qu'il seroit très-facile de le conserver quand on l'auroit conquis. Les dificultés de le conquerir consistent en ce que le Conquerant ne sauroit être apellé par les Grans de l'Etat, ni espérer, que la révolte de ceux, qui sont dans le Ministére, lui facilite jamais la Conquête. Car étant tous esclaves, & Créatures du Prince, ils en sont plus dificiles à corrompre : Et quand même ils se laisseroient corrompre, cela serviroit peu, dautant que, pour les raisons que j'ai dites, ils ne pourroient atirer les peuples à eux. Ainsi, quiconque veut ataquer les Turcs, doit s'atendre à les trouver unis, & plus espérer de ses propres forces, que de leurs désordres. Mais si une fois ils étoient si bien défaits dans une Bataille, qu'ils ne pussent remêtre une armée sur pié, il n'y auroit plus rien à craindre que du côté de la famille du Prince, qu'il faudroit exterminer. Après quoi il ne resteroit personne, de qui l'on dût avoir peur, les autres n'aiant point de crédit parmi le peuple. Et comme, avant la

que de cas particuliers : il a deviné à la vérité quelques ressorts d'une machine très composée ; mais il me semble qu'il n'a pas examiné les principaux.

La différence des Climats, des alimens & de l'éducation des hommes établit une différence totale entre leur façon de vivre & de penser ; de là vient qu'un Moine Italien paraît d'une autre espéce qu'un Chinois Lettré. Le tempérament d'un Anglais, profond, mais hypochondre, est tout-à-fait different du courage orgueilleux d'un Espagnol, & un Français se trouve avoir aussi peu de ressemblance avec un Hollandais, que la vivacité d'un singe avec le flegme d'une tortuë.

On a remarqué de tout tems que le génie des peuples Orientaux est un esprit de constance. Leurs anciennes coutumes, leur Religion, différente de celle des Européans, les oblige encore en quelque façon à ne point favoriser l'entreprise de ceux qu'ils appellent

les

la victoire, le Vainqueur ne pouvoit rien espérer d'eux, aussi n'en a-t-il rien à craindre après. Il en est tout autrement des Etats gouvernés comme la France. Il est aisé d'y entrer, en gagnant quelque Grand du Roiaume, parce qu'il se trouve toujours des Mécontens, & des Brouillons. Ceux-là, dis-je, pour les raisons aléguées, te peuvent bien fraier le chemin à cet Etat, & t'en faciliter la Conquête, mais tu trouves mille dificultés à le conserver, soit de la part de ceux, qui t'ont aidé; ou de ceux, que tu as oprimés. Et il ne te sufit pas d'exterminer la race du Prince [*] parce que les Grans, qui restent, se font Chefs de parti; & faute de les pouvoir contenter ou exterminer tous, tu perds cet Etat à la première occasion. Or si l'on considère, quel étoit l'Etat de Darius, on le trouvera tout semblable à celui du Turc. C'est pourquoi Aléxandre eut besoin de l'assaillir tout entier, & d'ôter la Campagne à Darius, après la défaite & la mort de qui il demeura paisible possesseur, de cet Etat, par les rai-

[*] Et ce n'est pas assés, que tu extermines, &c.

les Infidèles, au préjudice de leurs Maîtres, & d'éviter avec soin tout ce qui pourroit porter atteinte à leur Religion & bouleverser leur Gouvernement. Voilà ce qui chez eux fait la sûreté du Trône, plûtôt que celle du Monarque; car ce Monarque est souvent détrôné, mais l'Empire n'est jamais détruit.

Le génie de la Nation Française, tout différent des Musulmans, fut tout-à-fait, ou du moins en partie, cause des fréquentes révolutions de ce Roiaume. La légereté & l'inconstance a fait le caractére de cette aimable Nation. Les Français font inquiets, libertins, & très enclins à s'ennuier de tout; leur amour pour le changement s'est manifesté jusque dans les choses les plus graves. Il parait que ces Cardinaux, hais & estimés des Français, qui successivement ont gouverné cet Empire, ont profité des maximes de Machiavel pour rabaisser les Grands, & de la connaissance du génie

raifons marquées ci-deffus.
Et fi fes Succeffeurs euffent été bien unis, ils l'euffent pu garder fans peine,
dautant qu'il n'y arriva
point d'autres tumultes,
que ceux, qu'ils fufcitèrent
eux mêmes. Mais pour les
Etats gouvernés comme la
France, il eft impoffible de
les poffeder fi paifiblement.
Témoin les fréquentes ré-
voltes des Efpagnes, des
Gaules & de la Grèce con-
tre les Romains, qui ve-
noient toutes de ce qu'il y
avoit quantité de Princi-
pautés dans ces Etats. Car
tant que cête multitude de
Seigneurs fubfifta, la domination des Romains fut
toûjours chancelante : Au
lieu qu'ils devinrent paifi-
bles poffeffeurs, après que,
par une puiffance de lon-
gue durée, ils eurent dé-
truit ces Seigneurs. Et depuis venant à fe battre entre eux, chacun trouva
moien de s'oproprier quelque partie de ces Provin-
ces, felon l'autorité qu'il y
avoit acquife, & ce d'au-
tant plus que ne reftant
plus perfonne du fang de
l'ancien Seigneur, on ne re-
connoiffoit plus que les Romains. Tout cela bien con-
fidéré, l'on ne s'étonnera
point de la facilité qu'eut
Aléxandre à conferver l'A-
fie,

nie de la Nation, pour
détourner ces orages
fréquens, dont la légé-
reté des Sujets mena-
çoit fans ceffe les Sou-
verains.

La politique du Car-
dinal de Richelieu n'a-
voit pour but que d'a-
baiffer les Grands pour
élever la puiffance du
Roi, & pour la faire
fervir de bafe à toutes
les parties de l'Etat. Il
y réuffit fi bien, qu'au-
jourd'hui il ne refte
plus de veftiges en
France de la puiffance
des Seigneurs & des
Nobles, & de ce pou-
voir dont les Grands
abufoient quelquefois.

Le Cardinal Mazarin
marcha fur les traces
de Richelieu : il effuia
beaucoup d'oppofi-
tions ; mais il y réuffit.
Il dépouilla de plus le
Parlement de fes pré-
rogatives ; de forte que
cette Compagnie n'eft
aujourd'hui qu'un fan-
tôme, à qui il arrive
encore quelquefois de
s'imaginer qu'il pour-
roit bien être un Corps,
mais qu'on fait ordinai-
rement repentir de cet-
te erreur.

La même politique
qui porta les Miniftres
B 5 à

fie, ni des dificultés , que Pirrhus & divers autres eurent à garder leurs Conquêtes. Ce qui ne vint ni du peu, ni du beaucoup de valeur du Vainqueur, mais [*] de la diverfité de l'Etat conquis.

[*] Ou, ce qu'il ne faut a-tribuer ni à la bonne, ni à la mauvaise conduite du Vainqueur, mais à &c.

1. Machiavel en donne un bel éxemple dans le Chapitre 12. du Livre 3. de fes Difcours. *Si, dit-il, on confidére quels étoient les Voifins de la Ville de Florence, & ceux de la Ville de Venife, l'on ne s'étonnera pas de voir, que Florence, bien qu'elle ait plus dépenfé dans fes guerres, que Venife, a toutefois moins aquis. Car cela ne vient que de la diverfité de leurs Voifins. Florence n'était environnée que de Villes libres, & par conféquent oftinées à défendre leur liberté : Au lieu que celles, qui confinoient avec Venife avoient coûtume de vivre fous un Prince, & conféquemment fans liberté. Or les peuples, acoûtumés à la fervitude, n'ont pas grande répugnance à changer de Maître, au contraire l'envie leur en prend fouvent: Ainfi, il a été plus aifé à la République de Venife de vaincre fes Voifins, quoiqu'ils fuffent plus puiffans, que ceux de Florence.*

à l'établiffement d'un Defpotifme abfolu en France, leur enfeigna l'adreffe d'amufer la légéreté & l'inconftance de la Nation pour la rendre moins dangereufe. La bagatelle & le plaifir donnerent le change au génie des Français; de forte que ces mêmes hommes qui avoient fi long-tems combattu le grand Céfar, qui fecoüerent fi fouvent le joug fous les Empereurs, qui appellerent les Etrangers à leur fecours du tems des Valois, qui fe liguerent fous Henri IV. qui cabalerent fous les Minorités ; ces Français, dis-je, ne font occupés de nos jours qu'à fuivre le torrent de la mode, à changer très foigneufément de goût, à méprifer aujourd'hui ce qu'ils ont admiré hier, à mettre l'inconftance & la légéreté en tout ce qui dépend d'eux, à changer de maitreffes, de lieux & d'amufemens. Ceci n'eft pas tout; car de puiffantes armées & un très grand nombre de fortereffes affürent à jamais la poffeffion de ce Roïau-

Roïaume à ses Souverains, & ils n'ont à présent rien à redouter des guerres intestines, non plus que des entreprises de leurs Voïsins.

❀❀❀❀❀❀❀❀❀❀❀❀❀❀❀❀

CHAPITRE V.

Des Etats conquis.

SI l'Etat conquis est accoutumé à la Liberté, & à ses Loix, il y a trois moïens de le conserver. Le premier est de le ruiner *. Le second, d'y aler demeurer. Le troisiéme, de lui laisser ses propres Loix, à condition de païer un Tribut, & d'obéir à un petit nombre de personnes, que tu y établiras pour te le conserver 1. A quoi ces gens-là métront toute leur indu-

* C'est la Maxime des Turcs.

1. C'est ce qu'Artabanus, Roi des Parthes, fit à Seleucie, dont il changea le Gouvernement populaire en Oligarchie, comme aprochant davantage de la Roïauté. Qui plebem Primoribus tradidit, ex suo usu. (Comme il étoit de son intérêt, dit Tacite) Nam populi Imperium juxta Libertatem, paucorum dominatio Regiæ libidini propior est. (Ann. 6.)

IL n'est point, selon Machiavel, de moïen bien assûré pour conserver un Etat libre qu'on aura conquis, que de le détruire ; c'est le moïen le plus sûr pour ne point craindre de révolte. Un Anglais eut la démence de se tuer, il y a quelques années, à Londres ; on trouva un billet sur sa table, où il justifioit son action, & où il marquoit qu'il s'étoit ôté la vie pour ne jamais devenir malade. Voilà le cas d'un Prince qui ruine un Etat pour ne le point perdre. Je ne parle point d'humanité ; avec Machiavel ce seroit profaner la vertu. On peut confondre Machiavel par lui-même, par cet intérêt, l'ame de son Livre, ce Dieu de la politique & du crime.

Vous dites, Machiavel,

industrie, comme ne pouvant se maintenir que par ta puissance & ta protection. Et sans doute un Prince gardera mieux une ville accoutumée à vivre en liberté, en la gouvernant par ses propres citoiens, qu'en faisant autrement. Témoin les Lacédémoniens & les Romains. Les premiers établirent un Conseil Oligarchique à Atenes & à Thebes, & néanmoins ils perdirent ces deux Villes. Les autres conservérent Capoüe, Cartage, & Numance, parce qu'ils ruinérent ces villes. Au contraire aiant voulu tenir la Gréce, comme Sparte l'avoit tenüe, c'est-à-dire, en lui laissant ses Loix & sa liberté, cela ne leur réüssit pas. De sorte qu'ils furent contraints de détruire plusieurs Villes de cête Province pour la garder. D'où je conclus, que le meilleur moien de conserver celles qu'on a conquises est de les ruiner : & que celui, qui devient Maître d'une ville, auparavant libre, & ne la détruit pas, ne doit s'atendre qu'à en être ruiné lui-même, dautant qu'elle a toujours pour pretexte de se révolter le nom de sa liberté, & ses anciennes Coutumes, que ni le tems,

vel, qu'un Prince doit détruire un Païs libre, nouvellement conquis, pour le posséder plus sûrement. Mais repondez-moi, à quelle fin a-t-il entrepris cette conquête? Vous me direz que c'est pour augmenter sa puissance & pour se rendre plus formidable. C'est ce que je voulois entendre, pour vous prouver qu'en suivant vos maximes, il fait tout le contraire ; car il lui en coute beaucoup pour cette conquête, & il ruine ensuite l'unique Païs qui pouvoit le dedommager de ses pertes. Vous m'avoüerez qu'un Païs saccagé, dépourvû d'habitans, ne saurait rendre un Prince puissant par sa possession. Je crois qu'un Monarque, qui possederoit les vastes Déserts de la Lybie & du Barca, ne seroit guéres redoutable, & qu'un milion de panthéres, de lions & de crocodiles ne vaut pas un million de Sujets, des villes riches, des ports navigables remplis de vaisseaux, des citoiens industrieux, des troupes, & tout ce que fournit un Païs bien

peu-

ri les bien-faits ne lui font jamais oublier. Et si l'on ne défunit, ou éxtermine les habitans [2], elle réclame sa liberté dans toutes les ocasions, comme a fait Pise, qui étoit depuis tant d'années sous le joug des Florentins, Mais quand ce sont des Villes, ou des Provinces acoutumées à vivre sous un Prince, & qu'il ne reste plus personne de son sang : comme d'un côté elles sont faites à obéir, & que de l'autre la Maison de leur ancien Prince est éteinte, elles ne s'acordent pas entre elles à en faire un autre. D'ailleurs, faute de savoir se rendre libres, elles sont plus lentes à prendre les armes : &

2. *Quoties concordes agunt, dit Tacite, (ibidem) spernitur Partbus: ubi dissensere, dum sibi quisque contra amulos subsidium vocant, accitus in partem, adversum omnes valuscit. Et dans l'onziéme de ses Annales, deditur Seleucia, septimo post defectionem anno, non sine dedecore Parthorum, quos una Civitas tamdiu eluserit.* Une ville avoir tenu sept ans contre toute la puissance des Parthes, seulement parceque ses habitans étoient bien unis, cela montre la nécessité de les défunir.

peuplé. Tout le monde convient que la force d'un Etat ne consiste point dans l'étendue de ses bornes, mais dans le nombre de ses habitans. Comparez la Hollande avec la Russie, vous ne voiez qu'Isles marécageuses & stériles qui s'elevent du sein de l'Océan, une petite République qui n'a que 48. lieües de long sur 40. de large ; mais ce petit Corps est tout nerf. Un peuple immense l'habite, & ce peuple industrieux est très puissant & très riche ; il a secoüé le joug de la domination Espagnole, qui étoit alors la Monarchie la plus formidable de l'Europe. Le Commerce de cette République s'étend jusqu'aux extrémités du Monde, elle figure immédiatement après les Rois, elle peut entretenir en tems de guerre une armée de cinquante mille combattans, sans compter une flotte nombreuse & bien entretenue.

Jettez d'un autre côté les yeux sur la Russie. C'est un Païs immense qui se présente à votre vûe ; c'est un mon-

& par conséquent il est plus aisé à un Prince de s'en emparer. Mais les Républiques ont plus de vie, plus de haine, plus de ressentiment, & de vangeance, & le souvenir de l'ancienne Liberté n'y sauroit mourir. Ainsi, le meilleur est de les détruire, ou d'y demeurer. monde, semblable à l'Univers lorsqu'il fut tiré du Chaos. Ce Païs est limitrophe d'un côté de la grande Tartarie & des Indes, d'un autre de la Mer noire & de la Hongrie : ses frontiéres s'étendent jusqu'à la Pologne, la Lithuanie & la Courlande ; la Suéde le borne du côté du Nord-Oüest. La Russie peut avoir trois cens milles d'Allemagne de large, sur plus de six cens milles de longueur. Le Païs est fertile en bleds, & fournit toutes les denrées nécessaires à la vie, principalement aux environs de Moscou, & vers la petite Tartarie ; cependant avec tous ces avantages il ne contient tout au plus que quinze millions d'habitans.

Cette Nation, qui commence à présent à figurer en Europe, n'est guères plus puissante que la Hollande en troupes de mer & de terre, & lui est beaucoup inférieure en richesses & en ressources.

La force d'un Etat ne consiste point dans l'étendue d'un Païs, ni dans la possession d'une vaste solitude, ou d'un immense désert ; mais dans la richesse des habitans, & dans leur nombre. L'intérêt d'un Prince est donc de peupler un Païs, de le rendre florissant, & non de le dévaster & de le détruire. Si la méchanceté de Machiavel fait horreur, son raisonnement fait pitié ; & il auroit mieux fait d'apprendre à bien raisonner, que d'enseigner sa politique monstrueuse.

Un Prince doit établir sa résidence dans une République nouvellement conquise ; c'est la troisiéme maxime de l'Auteur. Elle est plus modérée que les autres ; mais j'ai fait voir dans le troisième Chapitre les difficultés qui peuvent s'y opposer.   Il

Il me femble qu'un Prince, qui auroit conquis une République après avoir eu des raifons juftes de lui faire la guerre, pourroit fe contenter de l'avoir punie, & lui rendre enfuite la liberté. Peu de perfonnes penferoient ainfi : pour ceux qui auroient d'autres fentimens, ils pourroient s'en conferver la poffeffion, en établiffant de fortes garnifons dans les principales places de leur nouvelle conquête, & en laiffant d'ailleurs joüir le peuple de toute fa liberté.

Infenfés que nous fommes ! Nous voulons tout conquerir, comme fi nous avions le tems de tout poffeder, & comme fi le terme de notre durée n'avoit aucune fin. Notre tems paffe trop vite, & fouvent lorfqu'on ne croit travailler que pour foi-même, on ne travaille que pour des fucceffeurs indignes, ou ingrats.

CHAPITRE VI.

Des Nouveaux Etats, que le Prince aquert par fa valeur & fes propres armes.

QUe perfonne ne trouve étrange, fi dans ce que je vais dire & du nouveau Prince, & de la Principauté nouvelle, j'aléguerai de très-grans éxemples. Car étant l'ordinaire des hommes de fuivre le chemin batu, & d'imiter les actions d'autrui : comme l'on ne peut pas tenir entièrement la même route, ni même ariver toujours à la perfection de ceux,

SI les hommes étoient fans paffion, Machiavel feroit pardonnable de leur en vouloir donner ; ce feroit un nouveau Promethée qui raviroit le feu célefte pour animer des automates. Les chofes n'en font point là, aucun homme n'eft fans paffions. Lorfqu'elles font moderées, elles font l'ame de la Société ; mais lorfqu'on leur

ceux, que l'on imite : l'homme prudent doit toujours suivre les traces des plus excellens personages, afin que s'il ne les égale pas, ses actions aient du moins quelque ressemblance aux leurs : faisant comme les bons tireurs, qui trouvant, que le but est trop éloigné, & connoissant la vraie portée de leur Arc, visent beaucoup plus haut, que n'est le but, non pas pour envoier leur flèche si haut, mais pour pouvoir fraper au but en le mirant ainsi. Je dis donc, que les Principautés nouvelles, & qui ont un nouveau Prince, sont plus ou moins dificiles à conserver, selon que ce Prince est plus ou moins habile. Or comme de Particulier d'être devenu Prince, c'est une marque de valeur, ou de bonheur, il semble, que l'un ou l'autre aide à surmonter beaucoup de dificultés. Neanmoins, celui, qui s'est le moins fié à la fortune, s'est toujours maintenu plus longtams, & cela est encore plus facile à celui, qui, faute d'avoir d'autres Etats, est contraint d'aler demeurer dans sa nouvelle Principauté. Quant à ceux, qui sont devenus Princes par propre valeur, les plus ex-cel-

leur lâche le frein, elles en sont la destruction.

De tous les sentimens qui tyrannisent notre ame, il n'en n'est aucun de plus funeste pour ceux qui en sentent l'impulsion, de plus contraire à l'humanité, & de plus fatal au repos du monde, qu'une ambition déréglée, qu'un desir excessif de fausse gloire.

Un Particulier, qui a le malheur d'être né avec des dispositions semblables, est plus miserable encore que fou. Il est insensible pour le présent, il n'existe que dans les tems futurs, rien dans le Monde ne peut le satisfaire ; l'absinthe de l'ambition mele toujours son amertume à la douceur de ses plaisirs.

Un Prince ambitieux est plus malheureux qu'un Particulier ; car sa folie étant proportionnée à sa grandeur, n'en est que plus vague, plus indocile, plus infatiable. Si les honneurs, si la grandeur servent d'aliment à la passion des Particuliers, des Provinces & des Roiau-

cellens sont *Moïse*, *Cirus*, *Romulus*, *Téfée*, &c. Et bien qu'il ne faille rien dire de *Moïse*, qui n'a fait qu'éxécuter les chofes, que *Dieu* lui avoit ordonnées, fi eft-ce qu'il mérite d'être admiré, pour cête feule grace, qui le rendoit digne de parler avec *Dieu*. Mais pour *Cirus*, & les autres, qui ont aquis ou fondé des Roïaumes, tout en eft admirable. Et fi l'on confidére leurs actions, & leurs inftitutions particuliéres, elles fe trouveront peu diférentes de celles de *Moïse*, qui avoit eu un fi grand Précepteur. Et à bien éxaminer leur vie, il fe verra, que la fortune ne leur avoit fourni, que l'ocafion qui leur donna lieu d'établir la forme de Gouvernement qu'ils jugérent à propos. Et faute d'ocafion leur valeur eût été fans fruit, & faute de valeur l'occafion fe fût perdüe. Il falloit donc, que *Moïse* trouvât les *Ifraëlites* efclaves en *Egipte*, afin qu'ils fuffent d'humeur à le fuivre, pour fortir de fervitude. Il falloit, que *Romulus* fût enlevé d'*Albe*, & expofé dés fa naiffance, pour qu'il devint Fondateur & Roi de *Rome*. Il falloit, que *Cirus* trouvât les

Roïaumes nourriffent l'ambition des Monarques; & comme il eft plus facile d'obtenir des charges & des emplois que de conquerir des Roïaumes, les Particuliers peuvent encore plûtôt fe fatisfaire que les Princes.

Machiavel leur propofe les exemples de Moïfe, de Cyrus, de Romulus, de Théfée, & d'Hiéron. On pourroit groffir facilement ce catalogue par ceux de quelques Auteurs de Secte, comme de Mahomet en Afie, de Mango Kapac en Amerique, d'Odin dans le Nord, de tant de Sectaires dans tout l'Univers.

La mauvaife foi avec laquelle l'Auteur ufe de ces exemples, mérite d'être relevée. Machiavel ne fait voir l'ambition que dans fon beau jour, fi elle en a un; il ne parle que des Ambitieux qui ont été fecondés de la fortune, mais il garde un profond filence fur ceux qui ont été les victimes de leurs paffions; cela s'appelle en impofer au monde, & l'on ne fauroit difconvenir que Machiavel ne

C joûe

les Perses mécontents de la Domination des Mèdes, & les Mèdes abatardis par une longue paix. Tésée ne pouvoit pas montrer son industrie, si les Aténiens n'eussent été dispersés *. *Ces occasions rendirent donc ces hommes hureux, & leur sagesse a fait qu'ils ont connu l'occasion, par où leur Patrie est devenue si hureuse, & si considérable. Ceux qui deviennent Princes par la même voie, que ces Anciens, rencontrent de la dificulté à le devenir, mais aussi se maintiennent facilement. Les dificultés, qu'ils ont à essuier, viennent en partie, des nouveaux Usages, qu'ils sont contraints d'établir, pour fonder leur Etat, & métre leur personne en sûreté. Car il n'y a point d'entreprise plus dificile, plus douteuse, que celle de vouloir introduire de nouvelles Loix. Parce que l'Auteur a pour ennemis tous ceux, qui se trouvent bien des anciennes, & pour tièdes défenseurs ceux même, à qui les nouvelles tourneroient à profit. Et cête tiédeur vient en partie de la peur qu'ils ont de leurs adversaires, c'est-à-dire, de ceux, qui sont*

* C'est qu'il les assembla dans l'enceinte d'une Ville.

joüe en ce Chapitre le rolle de Charlatan du crime.

Pourquoi, en parlant du Légilateur des Juifs, du premier Monarque d'Athenes, du Conquerant des Mèdes, du Fondateur de Rome, de qui les succès repondirent à leurs desseins, Machiavel n'ajoute-t-il point l'exemple de quelques Chefs du parti malheureux, pour montrer que si l'ambition fait parvenir quelques hommes, elle en perd le plus grand nombre? N'y a-t-il pas en un Jean de Leyde, Chef des Anabaptistes, tenaillé, brulé, & pendu dans une cage de fer à Munster? Si Cromwel a été heureux, son fils n'a-t-il pas été détrôné? n'a-t-il pas vû porter au gibet le corps exhumé de son pere? Trois ou quatre Juifs, qui se sont dirs Messies depuis la destruction de Jerusalem, n'ont-ils pas peri dans les supplices? & le dernier n'a-t-il pas fini par être valet de cuisine chez le Grand-Seigneur, après s'être fait Musulman? Si Pepin detrôna son Roi avec l'approbation du Pape,

font contens des anciennes: en partie de l'incredulité des hommes, qui n'ont jamais bonne opinion des nouveaux établiſſemens, qu'après en avoir fait une longue expérience. D'où il arive, que toutes les fois que ceux qui ſont ennemis, ont ocaſion de remuer, ils le font chaudement: & que [*] les autres ne réſiſtent qu'avec tiédeur. De ſorte que le Prince eſt de part & d'autre en danger. C'eſt pourquoi il eſt beſoin, pour bien entendre [†] ce point, de voir, ſi ces Légiſlateurs ſe ſoutiennent d'eux mêmes, ou s'ils dépendent d'autrui, c'eſt-à-dire, ſi pour conduire leur entrepriſe, il faut qu'ils prient, & en ce cas ils échotient toujours: ou s'ils peuvent ſe faire obéir par force, & pour lors ils ne manquent preſque jamais de réüſſir. De là vient, que tous les Princes, que j'ai nommés, ont vaincu aiant les armes à la main, & ont péri étant déſarmés. Car, outre les raiſons déduites, l'eſprit des peuples eſt changeant. Il eſt aiſé de leur perſuader une choſe, mais il eſt dificile de les entretenir

[*] Au lieu que
[†] Diſcuter

Pape, Guiſe *le Balafré*, qui vouloit détrôner le ſien avec la même approbation, n'a-t-il pas été aſſaſſiné? Ne compte-t-on pas plus de trente Chefs de Secte, & plus de mille autres Ambitieux qui ont fini par des morts violentes?

Il me ſemble d'ailleurs que Machiavel place aſſez inconſidérément Moïſe avec Romulus, Cyrus & Theſée. Moïſe étoit inſpiré; s'il ne l'avoit pas été, on ne pourroit le regarder alors que comme un Impoſteur qui ſe ſervoit de Dieu, à peu près comme les Poëtes emploient leurs Dieux pour ſervir de machines quand il leur manque un dénoûement. Moïſe, regardé comme un inſtrument unique de la Providence, ainſi qu'il l'étoit, n'a rien de commun avec les Légiſlateurs qui n'ont eu que la ſageſſe humaine en partage; mais Moïſe, enviſagé ſeulement comme homme, n'eſt pas comparable aux Cyrus, aux Theſées, aux Hercules. Il ne conduiſit ſon Peuple que dans un Déſert, il ne bâtit point de ville,

C 2   il

tenir dans céte persuasion.
Il faut donc métre si bon ordre, que lors qu'ils ne croient plus, on leur puisse faire croire par force. Moïse¹, Cirus, Téfée & Romulus, n'euffent jamais pû faire obferver longtems leurs Loix, s'ils euffent été défarmés, ainfi qu'il eft arivé de notre tems au Jacobin Jérome Savonarole, qui fe perdit, faute d'avoir la force de faire perfévérer dans leur Créance ceux qui avoient cru fes paroles, & de les faire croi-

1. Quiconque lira la Bible de fens raffis, dit Machiavel, (au 30. Chapitre du Livre 3. de fes Difcours) verra, que Moïfe, pour rendre fes loix inviolables, fut forcé de faire mourir une infinité d'hommes, qui par envie s'opofoient à fes deffeins. Moïfe aiant affemblé les Ifraëlites, il leur dit ces paroles. *Hæc dicit Dominus, Deus Ifraël. Ponat vir gladium fuper femur fuum: Ite, & redite de porta ufque ad portam per medium Caftrorum, & occidat unufquifque fratrem & Amicum, & proximum fuum. Feceruntque filii Levi juxta fermonem Moyfi, cecideruntque in die illa quafi viginti tria millia hominum.* (Exodi 32.)

il ne fonda point de grand Empire, il n'inftitua point de commerce, il ne fit point naitre les Arts, il ne rendit point fa Nation florifiante; il faut adorer en lui la Providence, & examiner la prudence des autres.

J'avoüe en général & fans prévention, qu'il faut beaucoup de génie, de courage, d'adreffe pour égaler les Théfées, les Cyrus, les Romulus, les Mahomets; mais je ne fais fi l'épithete de vertueux leur convient. La valeur & l'adreffe fe trouvent également chez les Voleurs de grandchemin & chez les Héros: la différence qui eft entre eux, c'eft que le Conquerant eft un Voleur illuftre, & que l'autre eft obfcur; l'un reçoit des lauriers & de l'encens pour prix de fes violences, & l'autre la corde.

Quiconque veut affujettir fes égaux, eft toujours fanguinaire & fourbe. Les Chefs des Fanatiques des Cévennes fe difoient infpirés de l'Efprit Saint, & faifoient

croire aux *Incrédules* 2. Ces sortes de gens rencontrent d'abord de grans obstacles, & même de grans dangers sur leur route, & il leur faut un grand courage pour les surmonter. Mais aussi quand ils l'ont fait, & qu'ils commencent d'être en vénération par la mort de leurs envieux, ils deviennent puissans, bureux & respectés.

A ces grans exemples, j'en veux ajouter un moindre, mais qui aura quelque raport aux précédens, & tiendra lieu de divers autres. C'est celui d'Hiéron, qui de Particulier devint Prinze de Siracuse, sans en devoir autre chose à la Fortune que l'ocasion, en ce que ceux de Siracuse étant oprimés, ils le firent leur Capitaine. Par où il se rendit depuis digne

2. Machiavel dit, qu'il avoit persuadé au peuple de Florence, qu'il parloit avec Dieu. (Disc. lib. 1. cap. xi.) *Nardi* dit, que ceux du parti de Savonarole étoient apellés à Florence, *Piagnoni*, c'est-à-dire, les Pleureux, ou les Hipocrites : Et ses ennemis, *Arrabiati*, c'est-à-dire, les Enragés, ou les Indisciplinables. (Histor. Fior. lib. 2.)

soient massacrer sur l'heure ceux que *l'Esprit* avoit condamnés. Ces Scélerats, qui dans leurs montagnes se joüoient ainsi de Dieu & des hommes, étoient très valeureux ; ils eussent été regardés comme des Dieux du tems de Fohé & de Zoroastre.

Lorsque les hommes étoient sauvages, un *Roland*, un *Cavalier*, un *Jean de Leyde* auroient été des *Alcides*, & des *Oziris* ; aujourd'hui un *Oziris*, un *Alcide* ne trouveroient pas à se signaler dans le monde.

Il me reste à faire quelques réflexions sur l'exemple d'Hiéron de Siracuse, que Machiavel propose à ceux qui s'éleveront par le secours de leurs amis & de leurs troupes.

Hiéron se défit de ses amis & de ses soldats qui l'avoient aidé à l'exécution de ses desseins ; il lia de nouvelles amitiés, & il leva d'autres troupes. Je soutiens en dépit de Machiavel & des Ingrats, que la politique d'Hiéron étoit très mauvaise, & qu'il y a beaucoup plus de prudence à se fier à des

C 3   trou-

digne de devenir leur Prin-
ce. Et les Ecrivains, qui
ont parlé de lui, difent,
que, dans fa fortune pri-
vée, il ne lui manquoit
rien pour regner qu'un
Roiaume. Il caffa l'ancien-
ne Milice, il en crea une
nouvelle. Il quitta fes an-
ciens amis, en fit de nou-
veaux, & après qu'il fe
fut fait des amis & des
foldats entièrement dévoués
à lui, il lui fut aifé de
bâtir fur ces fondemens. Si
bien qu'il eut beaucoup de
peine à aquérir, mais peu
à conferver.

troupes dont on a ex-
périmenté la valeur, &
a des amis dont on
a éprouvé la fidélité,
qu'à des inconnus, def-
quels l'on n'eft point
afsûré.

Je dois cependant a-
vertir de faire attention
aux fens différens que
Machiavel affigne aux
mots. Qu'on ne s'y trom-
pe pas, lorfqu'il dit, *fans*
l'occafion la vertu s'anéan-
tit. Cela fignifie chez lui
que fans des circonftan-
ces favorables, les Four-
bes & les Téméraires
ne fauroient faire ufage
de leurs talens; c'eft le chiffre du crime qui
peut uniquement expliquer les obfcurités de cet
Auteur. Les Italiens appellent la Mufique, la
Peinture, la Géometrie, la *virtu*; mais la *virtu*
chez Machiavel, c'eft la perfidie.

Il me femble en général pour conclure ce
Chapitre, que la feule occafion où un Particulier peut fans crime s'elever à la Roiauté, c'eft
lorfqu'il eft né dans un Roiaume électif, ou lorfqu'il délivre fa patrie.

Sobieski en Pologne, Guftave Vaza en Suè-
de, les Antonins à Rome, voilà les Héros de
ces deux efpèces. Que Céfar Borgia foit le
modèle des Machiaveliftes, le mien eft Marc-
Aurele.

❀❀❀❀❀❀❀❀❀❀❀❀❀❀❀❀

CHAPITRE VII.

Du Gouvernement d'un Etat nouvellement acquis.

COmme ceux, qui de Particuliers deviennent Princes seulement par bonheur, ont peu de peine à le devenir, ils en ont beaucoup à se maintenir. Ils ne trouvent point d'achopement en chemin, parce qu'ils volent au Trône plutôt qu'ils n'y vont : Mais quand ils y sont assis, c'est alors qu'ils voient éclorre toutes les dificultés. Or ces Princes sont ceux, à qui un Etat est donné, ou pour de l'argent, ou en pure grace, tels qu'étoient ceux, que fit Darius pour sa sûreté, & pour sa gloire, en divers endroits de la Grèce, & de l'Hellespont ; & ces Empereurs, qui de Particuliers parvenoient à l'Empire par la faveur des soldats corrompus. Ceux-ci ne se maintiennent que par la volonté & la fortune de ceux, qui les ont agrandis. Or ce sont deux choses très-sujètes à changement. Et d'ailleurs, ils ne savent, ni ne peuvent conserver

COmparez le *Prince* de Fenelon avec celui de Machiavel, vous verrez dans l'un de la bonté, de l'équité, toutes les vertus. Il semble que ce soit une de ces Intelligences pures, dont on dit que la sagesse est préposée pour veiller au Gouvernement du Monde ; vous verrez dans l'autre la sceleratesse, la perfidie, & tous les crimes.

Il semble que notre nature se rapproche de celle des Anges, en lisant le *Télemaque* de Fenelon ; il paroit qu'elle s'approche des Démons de l'Enfer lorsqu'on lit le *Prince* de Machiavel.

César Borgia, ou le Duc de Valentinois, est le modèle sur lequel l'Auteur forme son *Prince*, & qu'il a l'impudence de proposer pour exemple à ceux qui s'élevent dans le monde par le secours de leurs

C 4   amis,

ferver ce rang. Car fi ce n'eft pas un homme de grand efprit, comment faura-t-il commander, aiant toujours vêcu dans une fortune privée? Et quand il fauroit commander, comment le pourroit-il, n'aiant point de Milice, qui lui doive être amie, ni fidèle? De plus, il en eft des Etats, qui naiffent tout à coup, comme de toutes les autres chofes, qui naiffent, & qui croiffent fubitement. Ils ne peuvent avoir de fi fortes racines, ni de fi bonnes correspondances, que la première adverfité ne les ruine, fi ceux, qui font devenus fubitement Princes, de la manière que j'ai dit, ne font affés habiles, pour trouver d'abord les moiens de conferver ce que la fortune leur a mis entre les mains, & faire dés qu'ils font devenus Princes les fondemens, que les autres ont faits avant que de l'être. Je veux raporter deux éxemples de mon tems fur les deux maniéres de devenir Prince, par mérite, ou par bonheur. L'un de François Sforce, qui d'homme privé devint Duc de Milan par fa grande habileté, & conferva fans peine, ce qui lui en avoit tant coûté à aquerir. L'autre eft

amis, ou de leurs armes.

Il eft donc très néceffaire de connoitre quel étoit Céfar Borgia, afin de fe former une idée du Héros, & de l'Auteur qui le célèbre. Borgia fit affaffiner fon frere, fon Rival de gloire & d'amour, chez fa propre fœur; il fit maffacrer les Suiffes du Pape, par vengeance contre quelques Suiffes qui avoient offenfé fa mere; il dépouilla plufieurs Cardinaux pour affouvir fa cupidité; il enleva la Romagne au Duc d'Urbin fon poffeffeur; il fit mettre à mort le cruel d'Orco, fon fous-Tyran; il fit perir, par la plus exécrable trahifon, à Sinigaglia quelques Princes dont il croioit la vie contraire à fes intérêts; il fit noier une Dame Vénitienne dont il avoit abufé. Mais que de creautés ne fe commirent point par fes ordres, & qui pourroit compter tous fes crimes? Tel étoit l'homme que Machiavel préfere à tous les grands Génies de fon tems, & aux Héros de l'Antiquité, & dont il trouve la Vie, digne de fervir d'exemple à ceux

est de *César Borgia*, apellé communement le *Duc de Valentinois*, qui aquit un Etat par la fortune de son Pére, & le perdit aussi tôt que son Pére fut mort, quoiqu'il eût fait tout ce qu'un homme habile & prudent devoit faire, pour s'enraciner dans un Etat, qu'il tenoit de la fortune d'autrui. Car celui, qui n'a pas jeté les fondemens, avant que d'être Prince, y peut supléer par une grande adresse, après l'être devenu, comme je l'ai dit: Mais l'Architecte & l'Edifice courent toujours grand risque. Si l'on considére tous les progrés du *Valentinois*, on verra, qu'il avoit préparé de grans fondemens à sa future puissance. Et je crois, qu'il n'est pas superflu d'en parler, ne trouvant point de meilleur éxemple à proposer à un Prince nouveau, que le sien. Car si les mesures, qu'il avoit prises, ne lui réüssirent pas, ce ne fut point par sa faute, mais par une extraordinaire Malignité de la Fortune. Son Pére rencontra force dificultés à le faire grand. 1. Il voïoit, qu'il ne lui pouvoit donner aucun Etat, qui ne fût à l'Eglise, & que s'il en démembroit quelques Villes,

ceux qu'éleve la fortune. Mais je dois combattre *Machiavel*, dans un plus grand détail, afin que ceux qui pensent comme lui, ne trouvent plus de subterfuges. *César Borgia* fonda le dessein de sa grandeur sur la destruction des Princes d'Italie. Pour usurper les biens de mes Voisins, il faut les affoiblir, & pour les affoiblir, il faut les brouiller; telle est la Logique des Scélerats.

Borgia vouloit s'assurer d'un appui, il fallut donc qu'*Alexandre VI*. accordât dispense de mariage à *Louis XII*. pour en recevoir du secours. C'est ainsi que ceux qui doivent édifier le monde, n'ont fait servir souvent l'intérêt du Ciel que de voile à leur propre intérêt. Si le mariage de *Louis XII*., étoit de nature à être rompu, le Pape l'auroit dû rompre, supposé qu'il en eût le pouvoir; si ce mariage n'étoit pas de nature à être rompu, rien n'auroit dû y déterminer le Chef de l'Eglise Romaine.

Il falloit que *Borgia* se fit des Créatures, aussi cor-

C 5

les, le Duc de Milan, & les Vénitiens, qui tenoient déja Faïence & Rimini sous leur protection, ne le souffriroient pas. 2. Que les Armes d'Italie, dont il eût pû se servir, étoient entre les mains de ceux, qui devoient craindre l'agrandissement du Pape, savoir, les Ursins & les Colonnes, avec leurs Adhérans, & qu'ainsi il ne s'y pouvoit pas fier. Il faloit donc rompre ces obstacles, & déconcerter les Etats d'Italie, pour en pouvoir sûrement usurper une partie. Et cela lui fut aisé à cause des Vénitiens, qui, pour d'autres raisons, invitoient les François à repasser en Italie. Ce qu'il facilita lui même, en cassant le premier Mariage du Roi Louis. Ce Roi étant donc venu en Italie à la prière des Vénitiens, & du consentement d'Aléxandre VI. il fut à peine à Milan, que, pour sa réputation, il entra dans les desseins du Pape, & lui donna du Monde, pour envahir la Romagne, dont le Valentinois s'empara en éfet, malgré les Colonnes. Mais à la conserver, & à passer plus avant, il trouvoit deux obstacles, l'un de la part des Ursins, de qui il s'étoit

corrompit-il les Factions des Urbins par des présens; mais ne cherchons point des crimes à Borgia, & paisons-lui ses corruptions, ne fût-ce que parce qu'elles ont du moins quelque fausse ressemblance avec les bienfaits. Borgia vouloit se défaire de quelques Princes de la Maison d'Urbin de Vitetotzo, d'Oliviero di Fermo, &c. & Machiavel dit qu'il eut la prudence de les faire venir à Sinigaglia, où il les fit périr par trahison. Abuser de la foi des hommes, user de ruses infames, se parjurer, assassiner, voilà ce que le Docteur de la sceleratesse appelle prudence; mais je demande s'il y a de la prudence à montrer comme on peut se parjurer? Si vous renversez la bonne foi & le serment, quels seront les garants que vous aurez de la fidélité des hommes? Donnez-vous des exemples de trahison, craignez d'être trahi; en donnez-vous d'assassinat, craignez la main de vos disciples. Borgia établit le cruel d'Orco, Gouverneur de la

toit servi, craignant, qu'ils ne lui manquassent au besoin, & non seulement qu'ils ne l'empêchassent d'aquerir, mais encore qu'ils ne lui ôtassent ce qu'il avoit aquis. L'autre de la part de la France, de qui il apréhendoit aussi d'être abandonné. Car quant aux Ursins, il avoit reconnu, qu'après la prise de Faïence, ils s'étoient comportés mollement au Siége de Bologne. Et comme après s'être emparé du Duché d'Urbin, le Roi le fit désister de l'invasion de la Toscane, il jugea si bien des intentions de la France, qu'il résolut de ne plus dépendre de la Fortune, ni des armes d'autrui. Et la première chose qu'il fit, fut d'afoiblir les Ursins & les Colonnes, en atirant à son service ceux de leurs Adhérans, qui étoient Gentils-hommes, auxquels il donna de gros apointemens, des emplois, & des Gouvernemens selon leur qualité. De sorte qu'en peu de mois ils tournèrent vers lui toute l'afection qu'ils portoient au parti contraire. Après cela, aiant dispersé les Colonnes, il atendit l'ocasion de perdre les Ursins, laquelle lui vint bien à point, & fut par lui hu-

la Romagne, pour réprimer quelques desordres. Borgia punir avec barbarie dans d'autres de moindres vices que les siens! le plus violent des Usurpateurs, le plus faux des Parjures, le plus cruel des Assassins, le plus lâche des Empoisonneurs, condamner aux plus affreux supplices quelques Filous, quelques Esprits remuans qui copioient le caractère de leur nouveau Maitre en mignature & selon leur petite capacité! Ce Roi de Pologne, dont la mort vient de causer tant de troubles en Europe, agissoit bien plus conséquemment & plus noblement envers ses Sujets Saxons.

Les Loix de Saxe condamnoient tout Adultère à avoir la tête tranchée. Je n'approfondis point l'origine de cette Loi barbare, qui parait plus convenable à la jalousie Italienne qu'à la patience Allemande. Un malheureux Transgresseur de cette Loi est condamné, Auguste devoit signer l'arrêt de mort; mais Auguste étoit sensible à l'amour &
à

bureufement ménagée. C'eſt que les Urſins s'étant a-perçus trop tard, que la grandeur du Duc & du Pontificat, faiſoit leur rui-ne, ils tinrent une Diéte à La Magione dans le Ter-ritoire de Pérouſe. Cête Diète produiſit la révolte d'Urbin, & les troubles de la Romagne, & expoſa le Duc à mille dangers, d'où il ſortit bureuſement avec l'aide des François. Mais après qu'il eut rétabli ſes Afaires, bien loin de ſe fier, ni à eux, ni aux au-tres étrangers, à la diſcré-tion de qui il ne vouloit plus être, il mit tout ſon eſprit à les tromper. Ce qui lui réuſſit ſi bien au-près des Urſins, qu'ils ſe réconciliérent avec lui, par l'entremiſe du Seigneur Paul, qu'il gagna à for-ce de préſens, & furent aſſés fous que de ſe métre entre ſes mains à Sinigail-le. Aiant donc exterminé ces Chefs, & fait leurs Adhérans ſes Amis [*], ſa puiſſance avoit des fonde-mens d'autant meilleurs, qu'il tenoit toute la Roma-gne & le Duché d'Urbin, & que ces peuples ſe trou-voient

[*] Ou, ces Chefs étant donc morts, & leurs Partiſans de-venus amis du Duc, &c.

à l'humanité, il donna ſa grace au Criminel, & il abrogea une Loi qui le condamnoit taci-tement lui-même. La conduite de ce Roi é-toit d'un homme ſenſi-ble & humain; Céſar Borgia ne puniſſoit qu'en Tyran feroce. Borgia fait mettre enſuite en piéces le cruel d'Orco qui avoit ſi parfaitement rempli ſes intentions, afin de ſe rendre agréa-ble, en puniſſant l'In-ſtrument de ſa barbarie. Le poids de la tyrannie ne s'appeſantit jamais davantage que lorſque le Tyran veut revétir les dehors de l'innocen-ce, & que l'oppreſſion ſe fait à l'ombre des Loix. Borgia, pouſſant la prévoiance juſqu'a-près la mort du Pape ſon pere, commençoit par exterminer tous ceux qu'il avoit dépouil-lés de leurs biens, afin que le nouveau Pape ne s'en pût ſervir con-tre lui. Voiez la caſca-de du crime: pour four-nir aux dépenſes, il faut avoir des biens; pour en avoir, il faut en dé-pouiller les poſſeſſeurs; & pour en joüir avec ſûreté, il faut les ex-ter-

voient bien de lui. Or com-
me il merite d'être imité
en ce point, j'en veux dire
quelque chose. Quand il eut
pris la Romagne, considé-
rant qu'elle avoit eu des
Seigneurs avares, qui a-
voient plûtôt dépoüillé que
policé leurs Sujets, & que
le Vol, les factions, les
meurtres régnoient dans la
Province, il jugea, que,
pour la pacifier, & la ren-
dre obéïssante au Bras-
Roïal, il y faloit établir
un bon Gouvernement. Il
choisit pour cela un Remi-
ro d'Orco, *homme cruel,*
& actif, à qui il donna
tout pouvoir. En peu de
tems, ce Gouverneur re-
mit tout en bon état, &
s'aquit une très-grande ré-
putation. Mais depuis, le
Duc craignant, qu'une au-
torité si excessive ne de-
vint odieuse : *, il érigea,*
au milieu de la Province,
une Chambre Civile, où
chaque Ville avoit son A-
vocat. Et comme il voïoit,
que les rigueurs du passé
lui avoient attiré de la hai-
ne, il s'avisa, un Matin,
de faire pourfendre Re-
miro, *& de faire expo-*
ser sur la Place de Cesene
les

1. *Nec unquam satis fida*
potentia, ubi nimia est, dit
Tacite, (Hist. 2.)

terminer. Raisonnement
des Voleurs de grand-
chemin.

Borgia, pour empoi-
sonner quelques Cardi-
naux, les fait prier à
souper avec son pere. Le
Pape & lui prennent
par mégarde du breu-
vage empoisonné ; A-
lexandre VI. en meurt,
Borgia en rechappe
pour trainer une vie
malheureuse, digne sa-
laire d'Empoisonneurs
& d'Assassins.

Voilà la prudence,
l'habileté & les vertus
que Machiavel ne sau-
roit se lasser de loüer.
Boffuet, Flechier, Pli-
ne nauroient pas mieux
dit pour leurs Héros,
que Machiavel pour
César Borgia. Si l'élo-
ge qu'il en fait, n'é-
toit qu'une Ode, ou une
figure de Réthorique,
on pourroit loüer sa
subtilité en détestant son
choix : mais c'est tout
le contraire, c'est un
Traité de politique qui
doit passer à la Posté-
rité ; c'est un Ouvrage
très sérieux, dans le-
quel Machiavel est si im-
pudent que d'accorder
des loüanges au Mons-
tre le plus abominable
que l'Enfer ait vomi sur
la

les piéces de fon Corps, plantées fur un pieu, avec un couteau enfanglanté à côté, pour montrer au peu- la terre. C'eft s'expofer de fang froid à la haine du genre humain.

ple, que les Cruautés commifes ne venoient point de lui, mais du naturel violent de fon Miniftre 2. *Ce qui en éfet furprit, & contenta tout enfemble les Efprits. Mais retournons à notre fujet. Le Duc fe votant très-puiffant, & prefque à couvert de tous les dangers préfens, pour s'étre armé à fa mode, & s'étre défait de la plufpart de ceux, qui lui pouvoient nuire de prés, n'avoit plus à craindre que du côté de la France, fachant bien que ce Roi, qui s'étoit aperçu trop tard de fa faute, ne foufriroit pas, qu'il s'agrandît davantage. C'eft pourquoi, il commença de chercher de nouveaux Amis, & de biaifer avec les François, lors qu'ils entrérent dans le Roiaume de Naples, pour chaffer les Espagnols, qui affiégeoient Caiéte. Et la réfolution, qu'il avoit prife de s'affurer d'eux, lui eût bien tôt réüffi, fi fon Pére eût vécu encore quelque tems. Et telle fut fa conduite à l'égard des Afaires préfentes. Mais quant à celles de l'avenir, comme il avoit à craindre, qu'un nouveau Pape ne voulût lui ôter ce qu'Aléxandre lui avoit donné, il tácha d'y obvier par quatre moiens; 1. en exterminant toute la race des Seigneurs, qu'il avoit dépoüillés* 3, *pour ôter au Pape toute ocafion de les réta-*

---

2. C'eft l'ordinaire des Princes de facrifier, tôt ou tard, les inftrumens de leur cruauté. *Scelerum Miniftros,* dit Tacite de Tibére, *ut perverti ab aliis nolebat: ita plerumque fatiatus, veteres & prægraves adflixit.* (Ann. 4.) *Levi poft admiffum fcelus gratia, dein graviore odio.* (Ann. 13.)

3. Mucien, Premier-Miniftre de Vefpafien, fit mou-rir le fils de Vitellius, pour étoufer, difoit-il, toutes les femences de guerre. *Mucianus Vitellii filium interfici jubet, manfuram difcordiam obtendens, ni femina belli reftinxiffet.* (Hift. 4.) Il y a du danger à laiffer la vie à ceux, que l'on a dépoüillés. *Periculum ex mifericordia..... Ubi Vefpafianus Imperium invaferit, non ipfi, non amicis ejus, non exercitibus*

rétablir; 2. en se conciliant tous les Gentils-hommes Romains, pour pouvoir tenir le Pape en bride par leur moien ; 3. en se faisant le plus de Créatures, qu'il pouvoit dans le Sacré-Colége; 4. en se rendant si grand Seigneur, avant que le Pape mourût, qu'il pût de lui même résister à un premier assaut. De ces quatre choses, il en avoit éxécuté trois, avant la mort d'Aléxandre, & la quatriéme étoit presque faite. Car des Seigneurs dépouillés, il lui en échapa très-peu, toute la Noblesse Romaine étoit dans ses intérêts, & la plûpart des Cardinaux dans sa dépendance. Quant à l'accroissement de son Etat, il pensoit à se rendre Maître de la Toscane, où il possédoit déja Pérouse & Piombin, outre Pise, qui s'étoit mise sous sa protection, & qu'il ne tenoit plus qu'à lui d'envahir, comme n'aiant plus à ménager les François, chassés du Roiaume de Naples par les Espagnols, & d'ailleurs les uns & les autres aiant besoin de son amitié. Après quoi Luques & Sienne faisoient joug, soit en haine des Florentins, ou par crainte. Et les Florentins n'y pouvoient remédier. Et si cela eût réüssi, comme il fut arivé sans doute l'Année même qu'Aléxandre mourut, il devenoit si puissant & si acrédité, qu'il eût pû se soutenir lui même, sans dépendre nullement d'autrui. Mais cinq ans après, qu'il avoit commencé de tirer l'épée, Aléxandre le laissa malade à mourir, environné de deux grans Rois ennemis, & n'aiant point d'autre Etat éfectif, que la Romagne, & tout le reste en l'air. Or il étoit si brave, & si habile à connoitre, quand il faloit gagner, ou ruiner les hommes : & les fondemens, qu'il avoit jetés en si peu de tems, étoient si bons, que, s'il eût été en santé, ou qu'il n'eût pas eu deux puissantes Armées à dos, il eût surmonté toutes les dificultés. Et ce qui montre, que ses fondemens étoient bons, c'est que la Romagne l'atendit plus d'un mois, & que bien que les Baglioni, les Vitelli & les Ursins fussent venus à Rome, ils n'y purent rien faire contre lui, tout moribond qu'il étoit. Et

s'il

tibus securitatem, nisi exstincto æmulatu redituram. (Hist. 3.)
[*] Achevé.

*s'il ne put pas faire élire Pape celui qu'il vouloit,
du moins il fit exclure ceux qu'il ne vouloit pas.
Mais tout lui étoit aisé, s'il n'eût pas été malade,
quand Aléxandre mourut. Et dans le tems que Jules II. fut élu, il me dit, qu'il avoit pensé à tout ce
qui pouvoit ariver après la mort d'Aléxandre, & mis
remède à tout, mais qu'il n'avoit pas deviné, qu'il
dût être en danger de mort au tems même que mourroit
son Père. Tout cela bien considéré, je ne sai que reprendre dans la conduite du Duc. Au contraire, il me
semble le devoir proposer à imiter à tous ceux, qui sont
montés au Trône par la fortune, & par les Armes
d'autrui, dautant qu'aiant un grand courage, & de
grans desseins, il ne se pouvoit pas gouverner autrement. Car ses projets n'ont échoüé, que par sa Maladie, & par la brièveté du Pontificat d'Aléxandre.
C'est pourquoi, le Nouveau Prince, qui veut s'assurer
de ses ennemis, se faire des Amis, vaincre par la force, ou par la ruse, être aimé & craint des peuples,
respecté & obéi des soldats, se défaire de ceux, qui
peuvent, ou qui doivent lui nuire, introduire de nouveaux Usages, être grave & sevére, Magnanime & libéral, détruire une Milice infidéle, & en faire une à
sa mode, entretenir l'amitié & l'estime des Princes, afin
qu'ils lui fassent du bien, ou du moins qu'ils craignent
de lui faire du mal. Celui-là, dis-je, ne sauroit trouver des exémples plus récens, que les Actions du Valentinois. Tout ce qu'on lui peut reprocher est le mauvais choix qu'il fit [*] en la personne de Jules II. Car
s'il ne pouvoit pas faire un Pape à sa mode, il étoit
maître de l'exclusion de tous ceux, qu'il ne vouloit point.
Or il ne devoit jamais consentir à l'éxaltation des Cardinaux, qu'il avoit ofensés, ou qui, devenans Papes,
avoient lieu de le craindre. Car les hommes nous ofensent, ou par crainte ⁴, ou par haine. Il avoit ofensé*

les

---

[*] Eû d'avoir fait un mauvais choix en la

4. Néron déposa 4. Tri-
buns, seulement parce qu'il

les craignoit. Exuti Tribuna-
tu, quasi Principem non quidem odissent, sed tamen exti-
merentur. (Ann. 15.) Il fit

mou-

les Cardinaux Saint-Pierre-aux-Liens 5, Colonne [*],
Saint-George [†], & Afcagne [‡]. Tous les autres, excepté le Cardinal de Roüen, & les fujets Efpagnols, qui
étoient liés d'intérêt, ou de parenté avec lui, venant à
être Papes, le devoient apréhender. Ainfi, la pruden-
dence vouloit, qu'il effaiât premiérement de faire élire
un Efpagnol, &, ne le pouvant pas, qu'il acceptât le
Cardinal de Roüen, & non Saint-Pierre-aux-Liens,
qui fut caufe de fa ruine. Tant fe trompent ceux, qui
croient, que les bienfaits nouveaux font oublier aux
Grans les anciennes ofenfes. 6.

mourir Oftorius, parce qu'il
avoit peur de fa force de
corps, & de fa réputation.
Cauffa feftinandi (cædem) ex
eo oriebatur, quod Oftorius
ingenti corporis robore, ar-
morumque fcientia, metum
Neroni fecerat, ne invaderet
pavidum femper. (Ann. 16.)
Car fatis clarus eft apud ti-
mentem, quifquis timetur.
(Hift. 2.)

5. Alexandro Pontifice, qui
cum veteres & privatas fi-
multater habebat, perpetuis
decem annis urbe abfuit. (O-
nuphr. in Vita Julii 2.)

[*] Jean Colonne.

[†] Rafaël Riari, Camerlin-
gue.

[‡] Afcagne Sforce, fils de
Galéas, Duc de Milan.

6. Quartum apud præpoten-
tes in longum memoria eft.
(Tac. Ann. 5.) Joint que
les bienfaits ne pénétrent
jamais fi avant que les injures, parce que la reconnoif-
fance fe fait à nos dépens,
& la vangeance aux dépens
de ceux que nous haïffons.
Tanto proclivius eft injuriæ,
quam beneficio vicem exfolve-
re, quia gratia oneri, ultio
in quæfitu habetur. (Hift. 4.)

CHAPITRE VIII.

De ceux qui font devenus Princes par des crimes.

COmme un Particulier
peut encore devenir
Prince en deux maniéres,
sans

JE ne me fers que des
propres paroles de
Machiavel pour le
con-

D

*fans que cela fe puiffe a-
tribuer entiérement à la Fortune, ni à la Valeur, il
me femble à propos d'en
traiter. L'une eft, quand
on monte au Trône par quelque fcéleratefe. L'autre,
quand un Citoien particu-
lier devient Prince de fa
Patrie par la faveur de fes
Concitoiens. Quant à la
première fans entrer autrement dans le mérite de la
Caufe, j'aléguerai deux
exemples, l'un Ancien, &
l'autre Moderne, qui, à
mon avis, fufiront à ceux,
qui auroient befoin de les
imiter. Agatoclès, Sicilien,
de fils d'un miférable Po-
tier de terre devint Roi
de Siracufe. Il fut fcélérat
dans tous les divers Etats
de fa fortune, mais tou-
jours homme de cœur &
d'efprit. Etant parvenu par
les degrés de la Milice à la
dignité de Préteur de Si-
racufe, il forma le deffein
de s'en rendre Prince, &
de tenir indépendamment
d'autrui ce qu'on lui avoit
acordé de plein gré. Aprés
en avoir conféré avec Ha-
milcar, qui commandoit
l'Armée des Cartaginois en
Sicile, un Matin, il af-
fembla le peuple & le Sé-
nat de Siracufe, comme
pour délibérer des afairs
publiques, & donnant un
fi-*

confondre. Que pour-
rois-je dire de lui de
plus atroce, finon qu'il
donne ici des régles
pour ceux que leurs
crimes élevent à la
grandeur fuprème? C'eft
le titre de ce Chapitre.
Si Machiavel enfeignoit
le crime dans un Sémi-
naire de Scélerats, s'il
dogmatifoit la perfidie
dans une Univerfité de
Traîtres, il ne feroit
pas étonnant qu'il trai-
tât des matiéres de cet-
te nature; mais il parle
à tous les hommes, &
s'adreffe principalement
à ceux d'entre les hom-
mes qui doivent être les
plus vertueux, puif-
qu'ils font deftinés à
gouverner les autres.
Qu'y a-t-il de plus in-
fame, de plus infolent
que de leur enfeigner la
perfidie & le meurtre?
Il feroit plûtôt à fou-
haiter pour le bien de
l'Univers, que des exem-
ples, pareils à ceux d'A-
gatoclès & d'Oliviero di
Fermo que Machiavel fe
fait un plaifir de citer,
fuffent à jamais ignorés.
La vie d'un Agatoclès, ou
d'un Olivier di Fermo
font capables de déve-
lopper dans un homme
que fon inftinct porte à

l1

signal à ses soldats, il fit tuer tous les Senateurs, & les plus riches Citoiens, puis s'empara, sans peine, de la Principauté de la Ville. Et quoique les Cartaginois l'eussent défait deux fois, & puis l'eussent assiégé, non seulement, il put défendre sa Ville, mais y aiant laissé une partie de ses gens, pour la garder, il assaillit l'Afrique avec l'autre, & en peu de tems fit lever le siége de Siracuse, & mit les Cartaginois si bas, qu'ils furent contraints de s'acorder avec lui, en lui laissant la Sicile. Quiconque considérera tout cela, n'y verra rien, ou du moins peu de chose, qui se puisse atribuer à la Fortune, atendu qu'il parvint à la Principauté, non par la faveur d'autrui, mais par sa Valeur Militaire, & qu'il se maintint depuis par des conseils également généreux & périlleux. Véritablement, on ne peut pas dire, que ce soit vertu de tuer ses Citoiens, de trahir ses Amis, d'être sans foi, sans Religion, sans humanité; moiens, qui peuvent bien faire aquérir un Empire, mais non une vraie gloire. Mais si je considère l'intrépidité d'Aga-

la scéleratesse, ce germe dangereux qu'il renferme en soi, sans le bien connoître. Combien de jeunes gens se sont gâté l'esprit par la lecture des Romans, qui ne voioient & ne pensoient plus que comme Gandalin, ou Medor? Il y a quelque chose d'épidemique dans la façon de penser, qui se communique d'un esprit à l'autre. Cet homme extraordinaire, ce Roi, dont toutes les vertus outrées dégeneroient en vices, Charles XII. en un mot, portoit avec lui dès sa plus tendre enfance la Vie d'Alexandre le Grand, & bien des personnes, qui ont connu particuliérement cet Alexandre du Nord, assûrent que c'étoit Quinte - Curce qui ravagea la Pologne, que Stanislas devint Roi d'après Abdolomine, & que la bataille d'Arbelle occasionna la défaite de Pultawa. Mais plût au Ciel que Machiavel n'eût cité que des Alexandres! Il donne Agatoclès & Fermo pour des modèles de prudence & de bonheur. Ils se sont soutenus dans

D 2 leurs

*gatoclés dans les dangers,
& sa constance invincible
dans les adversités, je ne
vois pas, qu'il doive être
estimé inférieur à pas-un
des plus grans Capitaines,
quoique d'ailleurs il ne mérite pas de tenir rang parmi les grans hommes, vû
ses cruautés horribles, &
mille autres crimes. On
ne peut pas donc atribuer
à la Fortune, ni à la Vertu des choses, qu'il a faites sans l'une & sans l'autre.*

*De nôtre tems, Olive-
rotto da Fermo étant de-
meuré Orfelin dès son en-
fance, Jean Fogliani, *
son Oncle Maternel, l'éleva, puis le donna tout jeune à Paul Vitelli, pour a-
prendre le Métier de la
Guerre. Paul étant mort
depuis, il servit sous Vitel-
lozzo, son frére, & com-
me il étoit spirituel, adroit,
& alerte [*], il ne mit
guére à devenir un des premiers hommes de guerre.
Mais d'autant qu'il lui sembloit lâche de rester comme les autres, il résolut,
avec l'apui des Vitelli, de
se saisir de Fermo, par
le*

---

* *Guichardin l'appelle Fran-
giani.*

[*] On, vigoureux de corps
& d'esprit.

leurs petits Etats, si on
l'en croit, parce qu'ils
ont commis des cruau-
tés à propos. Etre pru-
demment barbare, &
exercer la tyrannie con-
séquemment, signifie,
selon ce Politique, exé-
cuter tout d'un coup
toutes les violences &
tous les crimes que l'on
juge utiles à ses inte-
rêts. Faites assassiner
ceux qui vous sont sus-
pects & ceux qui se dé-
clarent vos ennemis;
mais ne faites point trainer votre vengeance.
Machiavel approuve des
actions, semblables aux
Vêpres Siciliennes, à
l'affreux massacre de la
St. Barthélemi, où se
commirent des cruautés
qui font frémir l'huma-
nité. Il ne compte pour
rien l'horreur de ces crimes, pourvû qu'on les
commette d'une ma-
nière qui effraie au mo-
ment qu'ils sont récens,
& il donne pour raison
que les idées s'en éva-
noüissent plus facile-
ment dans le Public, que
celles des cruautés suc-
cessives & continuées,
comme s'il n'étoit pas
également mauvais de
faire périr mille person-
nes en un jour, ou de les
fai-

le moien de quelques Ci-
toiens, qui aimoient mieux
voir leur Patrie en fervitude, qu'en liberté. Il écrivit donc à fon Oncle, qu'a-
prés avoir été plufieurs Années hors de la Maifon, il
defiroit de revoir fa Pa-
trie, & de reconnoitre un
peu fon Patrimoine, ne
s'étant encore mêlé d'autre
chofe, que d'aquérir de la
réputation : & que, pour
montrer à fes Compatrio-
tes, qu'il n'avoit pas perdu fon tems, il vouloit entrer avec pompe, acompa-
gné de cent de fes Amis,
ou ferviteurs, à cheval.
Qu'à cet éfet, il le prioit
de difpofer les habitans à le
recevoir honorablement ;
honneur, qui rejailiroit fur
lui même, qui avoit pris
foin de fon éducation. L'Oncle fit tout ce que l'autre
defiroit. Oliverotto fut
reçu en cérémonie dans la
Ville, où il fut quelques
jours à concerter ce qui é-
toit néceffaire pour la réüf-
fite de fon méchant deffein.
Il fit un feftin folemnel, où
il invita Fogliani, & tous
les premiers de la Ville,
puis à la fin du repas, &
des réjoüiffances ordinaires
en ces rencontres, il ouvrit
à deffein un entretien fé-
rieux de la grandeur du
Pape Alexandre, & des
ex-

faire affaffiner par inter-
valles. Ce n'eft pas tout
que de confondre l'af-
freufe Morale de Ma-
chiavel, il faut le con-
vaincre de fauffeté &
de mauvaife foi. Il eft
premiérement   faux
qu'Agatoclès ait joüi en
paix du fruit de fes cri-
mes : il a été prefque
toujours en guerre con-
tre les Carthaginois ; il
fut même obligé d'aban-
donner en Afrique fon
armée, qui maffacra fes
enfans après fon depart,
& il mourut lui-même
d'un breuvage empoi-
fonné que fon petit-fils
lui fit prendre. Oliviero
di Fermo périt par la
perfidie de Borgia, une
année après fon éleva-
tion; ainfi un Scélérat en
punit un autre, & pré-
vint par fa haine particulière ce que préparoit à
Oliviero la haine publi-
que. Quand même le cri-
me pourroit fe commet-
tre avec fécurité, quand
même le Tyran ne crain-
droit point une mort tra-
gique, il fera également
malheureux de fe voir
l'opprobre du genre hu-
main. Il ne pourra point
étouffer ce témoignage
intérieur de fa confcien-
ce qui dépofe contre
D 3   lui;

exploits de son fils : Et quand il vit son Oncle, & les autres conviés, entrer en raisonnement, il se leva en sursaut, disant, qu'il faloit un lieu plus secret, pour parler de telles afaires: & entra, avec eux, dans une Chambre, où étoient cachés des soldats, qui les égorgèrent tous, dès qu'ils furent assis. Apres quoi Oliverotto *monta à cheval, & ala assiéger le Palais du Magistrat, qui fut enfin contraint de le reconnoître pour Prince. Dignité, où il fût si bien se maintenir, soit en ôtant la vie à tous ceux, qui, étant mécontens, lui pouvoient nuire, soit en faisant de nouvelles Loix Civiles & Militaires, qu'il étoit non seulement en sureté dans sa Ville, mais même redoutable à tous ses Voisins: & qu'il eût été aussi dificile de le détrôner, qu'* Agatoclés, *si au bout d'un an il ne se fût pas laissé tromper par le Valentinois, qui le prit avec les* Ursins *à Sinigaille, où il fut étranglé avec* Vitellozza, *son Maître de guerre & de scélératesse. On pourroit s'étonner, comment* Agatoclés, *& d'autres de même trempe, après mille trahisons & cruautés, ont vécu si long-tems dans leur Patrie, sans voir*

lui; supplice réel, supplice insupportable, qu'il porte toujours dans le fonds de son cœur. Non, il n'est point dans la nature de notre être qu'un Scélerat soit heureux. Qu'on lise la Vie d'un Denys, d'un Tibére, d'un Néron, d'un Louis XI. d'un Jean Basilowitz, & l'on verra que ces hommes méchans finirent de la manière du monde la plus malheureuse. L'homme cruel est d'un tempérament misantrope & atrabilaire: si de son jeune âge il ne combat pas cette malheureuse disposition de son corps, il ne sauroit manquer de devenir aussi furieux qu'insensé. Quand même donc il n'y auroit point de Justice sur la Terre, & point de Divinité au Ciel, il faudroit d'autant plus que les hommes fussent vertueux, puisque la vertu seule les unit, & leur est absolument nécessaire pour leur conservation, & que le crime ne peut que les rendre infortunés & les détruire.

voir jamais aucune conspiration contre eux : & ont pû se défendre des ennemis du dehors: atendu que plusieurs autres, à cause de leur cruauté, n'ont pas pû conserver leur Etat, même en tems de paix, bien loin de tenir bon en tems de guerre. Je crois, que cela vient du bon, ou mauvais usage, que l'on fait de la cruauté. On la peut apeller bien emploïée, s'il est jamais permis de dire, qu'un mal est un bien, quand elle ne se fait qu'une fois, & encore par nécessité de se métre en sûreté: & qu'elle tourne enfin au bien des sujets. Elle est mal éxercée, quand on l'augmente dans la suite du tems, au lieu de la faire entiérement cesser. Ceux, qui feront le premier usage, peuvent avec l'Aide de Dieu, & des hommes, trouver quelque reméde à leurs afaires, comme fit Agatoclés. Pour les autres, il est impossible, qu'ils se maintiennent. D'où je conclus, que l'Usurpateur d'un Etat doit faire toutes ses cruautés à la fois, pour n'avoir pas à les recommencer tous les jours, & pouvoir r'assurer & gagner les Esprits par des bienfaits [1]. Le Prince, qui fait autrement, par timidité, ou par mauvais conseil, est forcé de tenir toujours le couteau en main, & ne sauroit jamais se fier à ses sujets, d'autant que les ofenses continuelles, qu'il leur fait, les empéchent de se fier à lui. Ainsi, le mal se doit faire tout à la fois, afin que ceux, à qui on le fait, n'aient pas le tems de le savourer. Au contraire, les bienfaits se doivent faire peu à peu, afin qu'on les savoure mieux. Enfin, le Prince doit vivre de telle sorte avec ses Sujets, que nul Accident, bon ou mauvais, ne le puisse faire varier. Car quand la nécessité te presse, tu n'es plus à tems de te vanger, & le bien, que tu fais, ne te sert de rien, parceque l'on ne t'en sait point de gré, persuadé que l'on est, que tu y es forcé. [2]

---

1. Comme fit Auguste, qui posito *Triumviri nomine, militem donis, populum annona, cunctos dulcedine otii pellexit.* (Ann. 1.) &, que *Triumviratu gesserat, abolevit.* (Ann. 3.)

2. C'est pour cela qu'Oton disoit à son Neveu, que Vitellius ne seroit pas assés

D 4   mé-

méchant, pour ôter la vie, ni les biens, au Neveu d'un Empereur, qui lui avoit conservé toute sa famille, & qui lui quitoit l'Empire, quoiqu'il le pût garder longtems, & que toute son Armée brûlât d'envie de donner bataille à celle de Vitellius. *An Vitellium tam immitis animi fore, ut pro incolumi tota domo, ne hanc quidem sibi gratiam redderet? Non enim ultima desperatio-* *ne, sed poscente prælium exercitu remisisse Reip. novissimum casum.* Aprés avoir dit aux soldats, *quanto plus spei ostenditis, si vivere placeret, tanto pulchrior mors erit.* Plus vous montrés de zele à me servir, & à mourir tous pour moi, & plus il m'est glorieux de mourir, pour ne pas exposer tant de braves gens à de nouveaux dangers. (Hist. x.)

CHAPITRE IX.

De la Principauté civile.

MAis lors qu'un Citoien devient Prince de sa Patrie, non par un crime, ni par aucune violence, mais par la faveur de ses Concitoiens, (ce qui se peut apeller Principauté Civile) pour y parvenir, il ne lui faut, ni un mérite, ni un bonheur extraordinaire, mais seulement une finesse hureuse. Or il y parvient ou par la bienveillance du peuple, ou par la faveur des Grans. Car toutes les Villes sont partagées en ces deux factions, qui naissent de ce que le peuple craint d'être oprimé par les Grans,

IL n'y a point de sentiment plus inséparable de notre être, que celui de la liberté. Depuis l'homme le plus policé, jusqu'au plus barbare, tous en sont pénétrés également; car comme nous naissons sans chaînes, nous prétendons vivre sans contrainte. C'est cet esprit d'indépendance & de fierté qui a produit tant de grands hommes dans le Monde, & qui a donné lieu aux Gouvernemens Républicains, lesquels établissent une espéce

& que ceux-ci le veulent oprimer [1]. Contrariété, qui fait toujours éclorre, ou la Principauté, ou la Liberté, ou la Licence. [2] La Principauté est introduite par le peuple, ou par les Grans, selon que l'un ou l'autre parti en trouve l'ocasion. Car lors que les Grans se voient hors d'état de résister au peuple, ils commencent de jeter les yeux sur un d'entre eux, & le font Prince, pour pouvoir mieux éxercer leurs animosités sous

1. Car, au dire de Tacite, l'Avarice & l'Insolence, sont les vices ordinaires des Grans. *Avaritiam & Arrogantiam præcipua Valliorum vitia.* (Hist. 1.)

2. *Postquam exui æqualitas, & pro modestia ac pudore ambitio & vis incedebat, provenere dominationes.* Voilà la Principauté. *Postquam Regum pertæsum, Leges maluerunt.* Voilà la liberté. *Tribunis reddita licentia, quoquo vellent populum agitandi .... Exin continua per viginti annos discordia, non mus, non jus, deterrima quæque impune.* Voilà la licence, qui entraine toujours après soi la confusion. *Inter Patres plebemque certamina exarsere. Modò turbulenti Tribuni, modò Consules prævalidi.* (Hist. 2.).

péce d'égalité entre les hommes, & les rapprochent de l'état naturel.

Machiavel donne en ce Chapitre de bonnes maximes de politique à ceux qui s'élevent à la puissance suprème, par le consentement libre des Chefs d'une République. Voilà presque le seul cas, où il permette d'être honnête homme; mais malheureusement ce cas n'arrive jamais. L'esprit Républicain, jaloux à l'excès de sa liberté, prend ombrage de tout ce qui peut lui donner des entraves, & se révolte contre la seule idée d'un Maitre. On connoit dans l'Europe des peuples qui ont secoué le joug de leurs Tyrans pour joüir de l'indépendance; mais on n'en connoit point qui de libres qu'ils étoient, se soient assujettis à un esclavage volontaire.

Plusieurs Républiques sont retombées par la suite des tems sous le Despotisme, il paraît même que ce soit un malheur inévitable qui les attend toutes; car comment une République résisteroit-elle éter-

D 5   nel-

*fous fon nom 3. De même,
quand le peuple voit, qu'il
ne fauroit réfifter aux
Grans, il céde fon autorité
à un feul, & le fait Prince, pour en être défendu.
Celui, qui monte à la Principauté par la faveur des
Grans, a plus de peine à
fe maintenir, que celui, qui
eft fait Prince par le peuple, dautant qu'il a à fes
côtés beaucoup de gens, qui
croient être autant que lui,
& à qui par conféquent il
ne fauroit commander à fa
mode 4 : Au lieu que celui,
que*

3. Comme firent ceux
d'Héraclée, qui pour fe vanger du peuple, qui étoit le
plus fort, rapellerent Cléar-
que de fon exil, & le firent
leur Prince, malgré le peuple (Machiavel au Chap. 16.
du livre I. de fes Difcours.)

4. Ce qui força Clearque
de les exterminer tous, pour
fe délivrer de leur infolen-
ce, & contenter en partie
le peuple d'Héraclée, en le
vangeant de ceux, qui lui
avoient ôté fa liberté. Machiavel au même endroit,
où il conclut, que de quelque manière qu'on foit devenu Prince, tôt ou tard il
faut toujours gagner l'afection du peuple, fans laquelle on ne fauroit être en fu-
reté : Joint que plus le Prince

nellement à toutes les
caufes qui minent fa li-
berté ? Comment pour-
roit-elle contenir tou-
jours l'ambition des
Grands qu'elle nourrit
dans fon fein ? Comment
à la longue veiller fur les
feductions, les fourdes
pratiques de fes Voifins,
& fur la corruption de
fes Membres, tant que
l'intérét fera tout puif-
fant chez les hommes?
Comment peut-elle ef-
perer de fortir toujours
heureufement des guer-
res qu'elle aura à foute-
nir? Comment prévenir
ces conjonctures fâcheu-
fes pour la liberté, ces
momens critiques, ces
hazards qui favorifent
les Corrompus & les Au-
dacieux ? Si fes troupes
font commandées par
des Chefs lâches & ti-
mides, elle deviendra
la proie de fes ennemis;
& fi elles ont à leur tête
des hommes vaillans &
hardis, ils feront dan-
gereux dans la paix, a-
près avoir fervi dans la
guerre. Les Républiques
fe font prefque toutes
élevées de l'abyme de
la fervitude au comble
de la liberté, & elles
font prefque toutes re-
tombées de cette liber-
té

que le peuple éleve à la Principauté, commande seul, & ne trouve personne, qui ne soit prêt de lui obéir, ou du moins très-peu de gens. De plus, on ne peut pas honnêtement, ni sans faire tort à autrui, contenter les Grans, mais bien le peuple, qui est plus raisonable que les Grans; Ceux-ci le voulant oprimer, & lui ne le voulant pas souffrir. Ajoutés encore à cela, que le Prince ne se sauroit jamais assurer d'un peuple ennemi, aiant afaire à trop de têtes, au-lieu qu'y aiant peu de Grans il est facile d'en venir à bout. Tout le pis qu'un Prince puisse atendre d'un peuple ennemi, est d'en être abandonné.

ce est cruel envers la Multitude, & plus 'il devient foible.

5. Cosme de Medicis l'emportoit sur le parti des Nobles de Florence, parceque, dit le Nardi (au livre 1. de son Histoire) ces Nobles étant tous égaux, ils ne s'acordoient pas si bien ensemble, que les Partisans de Cosme, qui, éblouis de la splendeur & de la reputation de sa Maison, ne tenoient point à deshonneur de dépendre de lui, ni de lui obéir.

té dans l'esclavage. Ces mêmes Athéniens, qui du tems de Démosthene outragoient Philippe de Macedoine, ramperent devant Aléxandre; ces mêmes Romains qui abhorroient la Roïauté, après l'expulsion des Rois, souffrirent patiemment, après la révolution de quelques siécles, toutes les cruautés de leurs Empereurs; & ces mêmes Anglais, qui mirent à mort Charles I. parce qu'il avoit usurpé quelques faibles droits, plierent la roideur de leur courage sous la tyrannie fiére & adroite de leur Protecteur. Ce ne sont donc point ces Républiques qui se sont données des Maitres par leur choix, ce sont des hommes entreprenans, qui, aidés de quelques conjonctures favorables, les ont soumises contre leur volonté. De même que les hommes naissent, vivent un tems, & meurent par maladies, ou par l'àge; de même les Républiques se forment, fleurissent quelques siécles, & périssent enfin par l'audace d'un Citoïen, ou par les

né. Mais il n'a pas seulement cela à craindre des
Grans, les aiant pour en-
nemis, mais encore qu'ils
ne viennent fondre sur lui,
d'autant qu'aiant plus de
pénétration d'esprit, ils an-
ticipent toujours, pour se
métre en sûreté, & cher-
chent à gagner l'afection de
celui, qu'ils espérent qui
vaincra. Enfin, c'est une
nécessité, que le Prince vive toujours avec le même
peuple, mais non pas avec
les mêmes Grans, lesquels
il peut acréditer, ou dé-
créditer, conserver ou détruire, quand il lui plaît.
Pour mieux débroüiller céte Matiére, il faut considérer la conduite, que tiennent les Grans. Ceux,
qui s'atachent entiérement
à la Fortune du Prince,
doivent être honorés & aimés, pourvu qu'ils ne soient
point gens de rapine. Ceux,
qui ne s'obligent pas au
Prince, le font manque de
courage, ou par finesse.
Si c'est par crainte, c'est
alors que tu te dois servir
d'eux, & sur tout de ceux,
qui sont de bon conseil,
parceque tu t'en fais bon-
neur dans la prospérité, &
que tu n'as rien à crain-
dre d'eux dans l'adversité.
Mais si c'est par ménage-
ment, & par ambition,
c'est

les armes de leurs en-
nemis. Tout a son pé-
riode, les plus grandes
Monarchies même n'ont
qu'un tems. Les Répu-
bliques sentent toutes
que ce tems arrivera,
& elles regardent tou-
te famille trop puissan-
te, comme le germe de
la maladie qui doit lui
donner le coup de la
mort. On ne persua-
dera jamais à des Ré-
publicains, vraiment li-
bres, de se donner un
Maître; je dis le meil-
leur Maître : car ils vous
diront toujours, „ Il vaut
„ mieux dépendre des
„ Loix que du caprice
„ d'un seul homme. Les
„ Loix sont justes de
„ leur nature, & l'hom-
„ me est né injuste; el-
„ les sont le reméde à
„ nos maux, & ce re-
„ méde peut trop aisé-
„ ment se tourner en
„ poison mortel entre
„ les mains de celui qui
„ n'a qu'à vouloir. En-
„ fin la liberté est un
„ bien qu'on apporte en
„ naissant, par quelles
„ raisons, diront les Ré-
„ publicains, nous dé-
„ pouillerons-nous de
„ notre bien ? Autant
„ donc qu'il est crimi-
„ nel de se revolter
„ con-

c'est figne, qu'ils penfent plus à eux, qu'à toi, & par conféquent tu t'en dois autant garder, que s'ils é- toient tes ennemis décla- rés 6, atendu que fi tu ,, contre un Souverain ,, établi par les Loix, ,, autant l'est-il de vou- ,, loir afservir une Ré- ,, publique. ,,

tombes dans l'adverfité, ils aideront toujours à te rui- ner. Celui donc, qui devient Prince par la faveur du peuple, fe le doit conferver Ami, & cela eft faci- le, le peuple ne demandant rien, fi non de n'être pas oprimé. Mais celui, qui, malgré le peuple, eft fait Prince par les Grans, doit, avant toutes chofes, ef- faier de le gagner, ce qui lui fera aifé, s'il le prend en fa protection. Et comme les hommes, quand ils re- çoivent du bien de celui, de qui ils n'atendoient que du mal, en deviennent plus obligés à leur Bienfaiteur, le Prince devient plus agréable au peuple, que s'il tenoit de lui fa Principauté. Or la bienveillance du peuple fe peut gagner par divers moiens, dont je ne parlerai point, comme n'en pouvant pas donner de règle cer- taine, à caufe de la néceffité d'en changer felon les tems. Je dirai feulement, qu'un Prince a befoin de l'Amitié [*] du peuple, faute de quoi il n'a point de refource dans l'Adverfité. Quand Nabis, Prince de Sparte, fut ataqué de toute la Grèce & de l'Armée Victorieufe des Romains, il lui fufit de s'affurer de quelques Nobles, pour fe tirer de danger. Ce qui ne lui eût pas fufi, s'il eût été haï du peuple. Et que l'on ne m'objecte point le commun Proverbe, qui dit, que de faire fond fur le peuple, c'eft bâtir fur la boüe. Car cela n'eft vrai, qu'à l'égard du Ci- toien particulier, qui s'atend, que le peuple le tirera

des

6. Un Valerius Flaccus Feftus, qui parloit en fa- veur de Vitellius dans fes léttres, & donnoit à Vefpa- fien des Avis fecrets de ce qui fe paffoit, pour fe fai- re un mérite auprès de l'un & de l'autre, & avoir tou- jours pour Ami celui qui refteroit Empereur, devint juftement fufpect à tous les deux (Tacite Hift. 2.)

[*] Afection.

*des mains [*] de ses ennemis, ou des Magistrats. En
quoi il pourroit souvent se trouver deçu, comme il ariva aux Gracques à Rome, & à George Scali à
Florence. Mais lors que c'est un Prince, qui sait commander, & qui ne manque point de cœur dans l'Adversité, ni de ce qu'il faut pour entretenir l'esprit du
peuple, il ne se trouvera jamais mal d'avoir fait fond
sur son afection. D'ordinaire, les Principautés Civiles périclitent, quand il s'agit d'établir une Domination absolue. Car ces Princes commandent par eux-
mêmes, ou par des Magistrats. Si c'est par autrui,
le danger est plus grand, dautant qu'ils dépendent de
la volonté des Citoiens, qui sont en charge, les quels,
au premier remüement qui arive, leur peuvent très-fa-
cilement ôter leur Etat, soit en ne voulant pas leur o-
béir, ou en se soulevant contre eux. Et alors le Prince n'est plus à tems de se rendre Maître absolu, parcequ'il ne sait à qui se fier, & que les Sujets, qui ont
accoutumé d'obéir aux Magistrats, ne lui veulent point
obéir. Joint qu'il ne sauroit se régler sur ce qu'il
voit, lors qu'il est en paix, & que les Citoiens ont besoin de l'Etat. Car alors un chacun court, un chacun
promet, un chacun veut mourir pour lui, parce que la
Mort est éloignée. Mais lors que l'Etat a besoin des
Citoiens, il s'en trouve peu, qui servent. Et l'expérience est d'autant-plus dangereuse, qu'on ne la
peut faire qu'une fois. Ainsi, un Prince sage doit
faire en sorte, que ses sujets aient besoin de lui en
tout tems, moiennant quoi ils lui seront toujours fidèles.*

[*] Ou, le protégera contre l'opression de ses &c.

7. Tiberius Gracchus fut
assailli & tué par le peuple,
sur ce seul mot de Scipio
Nasica, *Qui salvam vellent
Remp. se sequerentur.* (Pa-
terc. Hist. 2.) Et Caius,
son frere, fut tué ensuite.

8. Décapité, dit Machia-
vel (au 3. liv. de son Hist.)
devant un peuple, qui peu

auparavant l'adoroit. L'a-
fection du peuple, ajoute-
t-il, se perd aussi aisément
qu'elle se gagne.

9. *Prosperis Vitellii rebus
certaturi ad obsequium, ad-
versam ejus fortunam ex æquo
detrectabant,* dit Tacite (Hist.
2.) *Languentibus omnium studiis, qui primò alacres fidem
atque animum ostentaverant.*
(Hist. 1.)

CHA-

✿✿✿✿✿✿✿✿✿✿✿✿✿✿

CHAPITRE X.

Des forces des Etats.

MAintenant il est bon d'examiner la qualité du Prince, c'est-à-dire, s'il a un si grand état, qu'il puisse de lui même se soutenir dans le besoin, ou bien, s'il ne sauroit se passer de l'assistence d'autrui. Pour débrouiller ce Point, je dis, que comme, à mon avis, ceux-là peuvent se soutenir d'eux mêmes, qui ont assés d'hommes, ou d'argent, pour mettre une bonne Armée sus pié, & donner bataille à qui que ce soit qui les vienne assaillir: Au contraire, ceux-là ont toujours besoin d'autrui, qui sont contraints de se tenir enfermés dans leurs Villes, faute de pouvoir paroitre en Campagne. Nous avons discouru du premier cas, & nous en dirons encore dans la suite ce qui viendra à point. Quant au second, il sufit d'avertir les Princes, de murir & fortifier la Ville de leur résidence, sans

DEpuis que Machiavel écrivit son Prince politique, le monde est si changé, qu'il n'est presque plus reconnoissable. Si quelque habile Capitaine de Louis XII. reparoissoit de nos jours, il seroit entiérement desorienté. Il verroit qu'on fait la guerre avec des troupes innombrables, entretenues en paix comme en guerre; au lieu que de son tems, pour frapper les grands coups, & pour exécuter les grandes entreprises, une poignée de monde suffisoit, & les troupes étoient congédiées après la guerre finie. Au lieu de ces vétemens de fer, de ces lances, de ces arquebuses à rouet, il trouveroit des habits d'ordonnance, des fusils avec de bayonnettes, des méthodes nouvelles pour camper, pour assiéger, pour

sans se métre nullement en peine du reste. Car quand le Prince aura bien fortifié sa Ville, & qu'il se sera menagé envers ses autres sujets, comme je l'ai dit ci-dessus, & le dirai ci-dessous, il ne sera jamais ataqué de gayeté de cœur [1], *les hommes craignant toujours de s'embarquer dans les entreprises dificiles* [2]. *Or il ne fait jamais bon à ata-*

1. C'est pour cela que Tacite reprend Bardanés de s'être embarassé au Siége d'une Ville forte, & pourvûe de toutes sortes de munitions. Où il entra, dit-il, plus de passion de se vanger, que de prudence. *Solis Seleucensibus Dominationem ejus abnuentibus, in quos, ut Patris sui quoque defectores, ira magis quàm ex usu præsenti accensus, implicatur obsidione Urbis validæ, Muroque & Commeatibus firmatæ.* (Ann. XI.)

2. *Omnes, qui magnarum rerum consilia suscipiunt, æstimare debent, an quod inchoatur promptum effectu, aut certè non arduum sit.* (Hist. 2.) Ceux, qui font une grande entreprise, dit Tacite, doivent sérieusement éxaminer, si l'éxécution en sera aisée, ou dificile.

pour donner bataille, & sur-tout l'art de faire subsister des troupes, aussi nécessaire que celui de battre l'ennemi. Mais que ne diroit pas Machiavel lui-même, s'il pouvoit voir la nouvelle forme du Corps politique de l'Europe, tant de grands Princes qui figurent à présent dans le monde, qui n'y étoient pour rien alors, la puissance des Rois solidement établie, la manière de negocier des Souverains, & cette balance qu'établit en Europe l'alliance de quelques Princes considérables pour s'opposer aux Ambitieux, & qui n'a pour but que le repos du monde?

Toutes ces choses ont produit un changement si général & si universel, qu'elles rendent la plûpart des maximes de Machiavel inapplicables à notre politique moderne; c'est ce que fait voir principalement ce Chapitre, je dois en en rapporter quelques exemples. Machiavel suppose qu'un Prince, dont le Païs est étendu, qui avec cela a beaucoup

ataquer un Prince, qui tient sa place en état de se bien défendre, & qui n'est point haï du peuple. Les Villes d'Alemagne sont très-libres, ont peu de Territoire, & n'obéïssent qu'à leur mode à l'Empereur, qu'elles ne craignent point, ni pas-un autre voisin puissant. Car comme elles ont toutes de fortes murailles, de grans fossés, & autant d'artillerie qu'il leur en faut : & qu'il y a toujours dans leurs Magazins des provisions de vivres & de bois pour un An, un chacun voit, que les sièges de ces Villes seroient longs & pénibles. Joint que pour nourrir le menu-peuple, sans qu'il soit à charge au Public, elles ont toujours de quoi lui donner à travailler pour un an à ces sortes d'ouvrages, qui sont les Nerfs & le soutien de la Ville. Outre cela, elles tiennent la Discipline & les éxercices Militaires en vigueur. Ainsi donc, un Prince, qui a une Ville forte, & qui n'y est pas haï, ne peut pas être assailli, & ceux qui l'ataqueroient, en sortiroient à leur deshonneur, parceque les Choses du Monde sont si sujètes au changement, qu'il est presque impossible de

coup d'argent & des troupes, peut se soutenir par ses propres forces, sans l'assistance d'aucun Allié, contre les attaques de ses ennemis.

C'est ce que j'ôse contredire. Je dis même plus, & j'avance qu'un Prince, quelque redouté qu'il soit, ne sauroit lui seul résister à des ennemis puissans, & qu'il lui faut nécessairement le secours de quelques Alliés. Si le plus formidable, le plus puissant Prince de l'Europe, si Louis XIV. fut sur le point de succomber dans la guerre de la succession d'Espagne, & que faute d'Alliances il ne put presque plus résister à la Ligue de tant de Rois & de Princes, prête à l'accabler ; à plus forte raison tout Souverain qui lui est inférieur, ne peut-il, sans hazarder beaucoup, demeurer isolé & privé de fortes Alliances.

On dit, & cela se repete sans beaucoup de réflexions, que les Traités sont inutiles, puisqu'on n'en remplit presque jamais tous les points, & qu'on n'est

E   pas

de tenir, un an durant, le siége devant une Place. Mais, ne dira quelqu'un, si le peuple a ses biens au dehors, & voit sacager ses Terres, il perdra patience, & l'amour propre, outre les incommodités d'un long siége, lui fera abandonner le Prince. Je répons, qu'un Prince puissant & courageux surmontera toujours ces dificultés, soit en faisant esperér au peuple, que le mal ne durera pas; soit en lui faisant peur de la cruauté de l'ennemi, ou en s'assurant finement de ceux, qui lui paroîtront trop remuans. Ajoutés à cela, que comme d'ordinaire l'ennemi fait le dégât d'abord qu'il entre parceque c'est le tems, que les esprits sont boüillans, & mieux résolus à la défense: le Prince en doit tenir plus ferme: Vu qu'aprés que la premiere chaleur est passée, ses sujets considerant, que tout le mal est déja fait, & qu'il n'y a plus de reméde, ils s'unissent d'autant plus étroittement avec lui, qu'ils se le croient plus obligé, étant pour l'amour de lui, que leurs Terres ont été sacagées. Car c'est la coutume des hommes d'aimer autant pour le bien qu'ils font, que pour celui, qu'ils re-

pas plus scrupuleux dans notre siécle qu'en tout autre. Je réponds à ceux qui pensent ainsi, que je ne doute nullement qu'ils ne trouvent des exemples anciens, & même très récens, de Princes qui n'ont pas rempli exactement leurs engagemens; mais cependant il est toujours très avantageux de faire des Traités. Les Alliés que vous vous faites, seront autant d'ennemis que vous aurez de moins, & s'ils ne vous font d'aucun secours, vous les réduirez à observer au moins quelque tems la neutralité.

Machiavel parle ensuite de *Principini*, de ces Souverains en mignature, qui, n'aiant que de petits Etats, ne peuvent mettre d'armée en campagne. L'Auteur appuie beaucoup sur ce qu'ils doivent fortifier leur Capitale, afin de s'y renfermer avec leurs troupes en tems de guerre. Les Princes dont parle Machiavel, ne sont proprement que des Hermaphrodites de Souverain & de Particulier; ils ne joüent
le

reçoivent. *Tout cela bien
considéré , il ne sera pas
difficile à un Prince prudent
de résoudre la Bourgeoisie
à soutenir un long siége ,
pourvu que la Ville ait de
quoi vivre , & de quoi se
défendre.* 3

3. Conforme à ce que Ta-
cite dit, qu'Agricola renou-
velloit tous les ans les garnisons & les Munitions des
Places, afin qu'elles pussent
soutenir un long Siége. (In
Agricola.)

le rôle de Souverain
que sur un trop petit
théatre. S'ils ne sont
entourés que de Princes
aussi foibles qu'eux, ils
ont raison de fortifier
leurs petites places; deux
bastions , & deux cens
soldats sont pour eux
& pour leurs Voisins,
ce que sont de vraies
forteresses & cent mille
hommes pour des grands
Rois,

Mais si ces Seigneurs
sont dans la situation
où étoient les Barons de
France ou d'Angleterre , si ce sont des Seigneurs
de l'Empire, je crois que des troupes & des forteresses peuvent les ruiner, & ne peuvent les
agrandir. Le faste de la Souveraineté est dangereux quand le pouvoir de la Souveraineté
manque : on ruine souvent sa Maison pour en
soutenir trop la grandeur; plus d'un Prince apa-
nagé en a fait la triste expérience. Avoir une
espéce d'armée quand on ne doit avoir qu'une
foible garde, entretenir une garde , quand on
doit s'en tenir à des domestiques, ce n'est point
là de l'ambition, ce n'est que de la vanité, &
cette vanité conduit bientôt à l'indigence.

Pourquoi auroient-ils des places? ils ne sont
pas dans le cas de pouvoir être assiégés par leurs
semblables, puisque des Voisins , plus puissans
qu'eux, se mêlent d'abord de leurs démêlés &
leur offrent une Médiation qu'il ne dépend pas
d'eux de refuser; ainsi , au lieu de sang répandu, deux coups de plume terminent leurs petites querelles.

A quoi leur serviroient leurs forteresses? Quand
même elles seroient en état de soutenir un siége

E 2   de

de la longueur de celui de Troie, contre leurs
petis ennemis, elles n'en soutiendroient pas un,
comme celui de Jerico, devant les armées dun
Monarque puissant. Si d'ailleurs de grandes
guerres se font dans le voisinage, il ne dépend
point d'eux de rester neutres; ou ils font totale-
ment ruinés. Et s'ils embrassent le parti d'une
des Puissances belligérantes, leur Capitale devient
la place de guerre de ce Prince.

L'idée que Machiavel nous donne des Villes
Impériales d'Allemagne, est toute différente de
ce qu'elles font à présent. Un petard suffiroit,
& au défaut de cela, un Mandement de l'Empereur, pour le rendre maître de ces Villes. Elles
font toutes mal fortifiées, la plûpart avec d'anciennes murailles, flanquées en quelques endroits
par de grosses tours, & entourées de fos-
fés, que des terres écroulées ont presque entièrement refermés. Elles ont peu de troupes, &
celles qu'elles entretiennent, font mal disciplinées; leurs Officiers font pour la plûpart des
Vieillards hors d'état de servir. Quelques-unes
des Villes Impériales ont une assez bonne artillerie; mais cela ne suffiroit point pour s'opposer à l'Empereur, qui a coutume de leur faire sentir assez souvent leur foiblesse. En un mot,
faire la guerre, livrer des batailles, attaquer ou
défendre des forteresses, est uniquement l'affaire des grands Princes, & ceux qui veulent les
imiter sans en avoir la puissance, ressemblent à
celui qui contrefaisoit le bruit du tonnerre, & se
croioit Jupiter.

CHAPITRE XI.

Des Etats Ecclésiastiques.

IL ne me reste plus à parler, que des Principautés Ecléfiastiques, qui sont dificiles à aquerir, mais faciles à conserver, parcequ'elles sont apuiées sur de vieilles Coutumes de Religion, qui sont toutes si puissantes, que de quelque maniére qu'on se gouverne, l'on s'y maintient toujours. Il n'y a que ces Princes, qui ont un Etat, & qui ne le défendent point; qui ont des sujets, & qui ne les gouvernent point. Il n'y a qu'eux, qui ne sont point dépouillés de leurs Etats, quoiqu'ils les laissent sans défense, & qui ont des sujets, qui n'ont ni la pensée, ni le pouvoir de s'aliéner d'eux. Ce sont donc là les seules Principautés assurées & hureuses. Mais comme elles sont régies & soutenues par des Causes supérieures, où l'esprit humain ne sauroit ateindre, ce seroit présomption & témérité à moi d'en discourir. Néanmoins, si quelqu'un

JE ne vois guères dans l'Antiquité de Prêtres devenus Souverains. Il me semble que de tous les peuples dont il nous est resté quelque faible connoissance, il n'y a que les Juifs qui aient eu une suite de Pontifes despotiques; mais par-tout ailleurs il paraît que les Chefs de la Religion ne se mêloient que de leurs fonctions. Ils sacrifioient, ils recevoient un salaire, ils avoient des prérogatives; mais ils instruisoient rarement, & ne gouvernoient jamais: & c'est, je crois, parce qu'ils n'avoient ni dogmes qui peuvent diviser les peuples, ni autorité dont on peut abuser, qu'il n'y eut jamais chez les Anciens de guerre de Religion.

Lorsque l'Europe dans la décadence de l'Empire Romain fut une Anarchie de Barbares,

E 3   tout

qu'un me demande, d'où vient que l'Eglise est devenüe si puissante dans le Temporel, qu'un Roi de France en tremble aujourd'hui, & qu'elle l'a pu chasser de l'Italie, & ruiner les Venitiens : au lieu qu'avant le Pontificat d'Alexandre, non seulement les Potentats d'Italie, mais même les moindres Barons & Seigneurs Italiens la craignoient peu à l'égard du Temporel ; il ne me paroit pas inutile de le remémorer en partie, bien que cela soit assés connu. Avant que Charles, Roi de France, passât en Italie, cête Province étoit sous l'Empire du Pape, des Venitiens, du Roi de Naples, du Duc de Milan, & des Florentins. Ces Potentats avoient deux principaux soucis, l'un d'empécher, que les Armes Etrangéres n'entrassent en Italié ; l'autre, que pas un d'eux ne s'agrandît davantage. Ceux, de qui l'on prenoit le plus d'ombrage, étoient le Pape & les Venitiens. Pour contenir ceux-ci, il faloit une ligue de tous les autres, comme l'on avoit fait pour la défense de Ferrare. Pour humilier le Pape, l'on se servoit des Barons Romains, qui é-
tant

tout fut divisé en mille petites Souverainetés ; beaucoup d'Evêques se firent Princes, & ce fut l'Evêque de Rome qui donna l'exemple. Il semble que sous ces Gouvernemens Ecclésiastiques les peuples dussent vivre assez heureux ; car des Princes électifs, dont les Etats sont très bornés, tels que ceux des Ecclésiastiques, doivent ménager leurs Sujets, si non par Religion, au moins par politique.

Il est certain cependant qu'aucun Païs ne fourmille plus de Mandians que ceux des Ecclésiastiques. C'est-là qu'on peut voir un tableau de toutes les miséres humaines, non pas de ces Pauvres que la liberalité & les aumônes des Souverains y attirent, de ces Insectes qui s'attachent aux Riches & qui rampent à la suite de l'opulence ; mais de ces Faméliques, privés du nécessaire & des moïens de se le procurer. On diroit que les peuples de ces Païs vivent sous les Loix de Sparte qui défendoient
l'or

tant partagés en deux factions, les Urfins & les Colonnes, avoient toujours les
Armes à la main, pour
vanger leurs queréles, juf-
que fous les yeux du Pape.
Ce qui énervoit le Ponti-
ficat. Et bien qu'il vinst
quelquefois un Pape courageux, tel que fut Sixte IV.
fi est-ce qu'il ne pouvoit
jamais fe tirer d'embaras,
a caufe de la courte durée
du Pontificat. Car une dix-
aine d'années, que vivoit un
Pape, fufifoit à peine, pour
abaiffer l'une des factions.
Et fi, [*] par exemple,
celle des Colonnes étoit prefque éteinte fous un Pape,
elle refufcitoit fous un autre, qui en vouloit aux
Urfins. Et cela faifoit,
que les forces temporelles du
Pape étoient méprifées en
Italie. Il vint enfin un A-
léxandre VI. qui montra
mieux, que tous fes Pré-
déceffeurs ce qu'un Pape est
capable de faire avec de
l'argent & des Armes. Té-
moin tout ce que j'ai dit,
qu'il fit par le moien du
Duc de Valentinois, & des
François. Et quoique fon
in-

[*] Ou, & s'il arivoit, qu'un
Pape eût prefque éteint les Colonnes, un autre les refufcitoit en perfécutant les Urfins,

l'or & l'argent; il n'y a
guères que leurs Sou-
verains exceptés de la
Loi.

La raifon générale en
est, que parvenus tard
au Gouvernement, aiant
peu d'années à joüir, &
des héritiers à enrichir,
ils ont rarement la vo-
lonté, & jamais le tems
d'exécuter des entrepri-
fes longues & utiles.
Les grands établiffe-
mens, le Commerce,
tout ce qui exige des
commencemens lents &
penibles, ne font point
faits pour eux; ils fe
regardent comme des
Paffagers reçus dans une
maifon d'emprunt. Leur
Trône leur est étranger,
ils ne l'ont point reçu
de leurs Peres, ils ne
le laiffent point à leur
Poftérité. Ils ne peu-
vent avoir ni les fenti-
mens d'un Roi, Pere de
famille, qui travaille
pour les fiens, ni d'un
Républicain qui immole
tout à fa Patrie; ou fi
quelqu'un d'eux penfe
en Pere du peuple, il
meurt avant de fertili-
fer le champ que fes
prédéceffeurs ont laiffé
couvrir de ronces &
d'épines.

Voilà pourquoi on a
E 4   mur-

intention ne fût pas d'a-
grandir l'Eglife, mais fon
fils, néanmoins, après fa
mort, & celle de ce Duc,
Elle profita de toutes leurs
aquifitions. Jules, Succef-
feur d'Aléxandre, trou-
vant l'Etat Ecléfiaftique
acru de toute la Romagne,
les factions des Barons Romains éteintes par les rigueurs de fon Prédéceffeur,
&, avec cela, un chemin
ouvert aux moiens de té-
faurifer (de quoi nul Pape
ne s'étoit encore avifé a-
vant Aléxandre) non feu-
lement il fuivit ces traces,
mais enchériffant même par
deffus, il fe mit en tête d'a-
quérir Bologne, de ruiner
les Vénitiens, & de chaf-
fer les François de l'Italie.
Ce qui lui réuffit avec d'autant plus de gloire, qu'il
fit tout cela, pour agrandir l'Eglife, & non pour
avancer les fiens. Il laiffa
les Urfins & les Colonnes
au même état qu'il les trouva, & bien qu'il y eût
quelque fujet d'altération
entre eux, néanmoins deux
chofes les retinrent dans le
devoir, l'une la grandeur
de l'Eglife, qui les abaif-
foit, l'autre de n'avoir
point de Cardinaux de leur
Maifon *. D'où font ve-
nûes

* Les Urfins & les Colonnes
fu-

murmuré long-tems
contre quelques Souve-
rains Eccléfiaftiques, qui
engraiffoient de la fub-
ftance des peuples leurs
maitreffes, leurs ne-
veux, ou leurs bâtards,
L'hiftoire des Chefs
de l'Eglife ne devroit
fournir que des monu-
mens de vertu. On fait
ce qu'on y trouve, on
fait combien ce qui de-
vroit être fi pur, a été
quelquefois corrompu.
Ceux qui réfléchiffent
peu, s'étonnent que les
peuples aient fouffert a-
vec tant de patience
l'oppreffion de cette ef-
péce de Souverains;
qu'ils aient enduré d'un
front profterné à l'Autel,
ce qu'ils ne fouffriroient
point d'un front cou-
ronné de lauriers.
Machiavel attribuera
cette docilité du peu-
ple à la grande habileté
de fes Maitres qui é-
toient à la fois fages &
méchans; pour moi, je
penfe que la Religion a
beaucoup contribué à
retenir les peuples fous
le jong. Un mauvais
Pape étoit hai, mais fon
caractére étoit révéré;
le refpect, attaché à fa
place, alloit jufques à
fa perfonne? Il eft ve-
nu

riles toutes leurs diffensions & queréles, qui ne ceffe-ront jamais, tant qu'elles auront des Cardinaux, dautant que ces fujets fo-mentent au dedans & au-dehors des queréles, que les Seigneurs de l'une & de l'autre faction font con-traints d'époufer. De forte que la difcorde, qui eft en-tre les Barons, vient de l'ambition des Prélats. Ain-fi, Léon X. a trouvé le Pontificat à un très-haut degré de puiffance: Et il y a lieu d'efpérer, que com-me Aléxandre & Jules l'ont agrandi par les Armes, il le rendra encore plus grand, & plus vénérable par fa bonté, & par mille autres bonnes qualités, dont il eft doüé.

nu cent fois dans l'efprit des nouveaux Romains de changer de Maitre; mais il portoit entre fes mains une arme facrée qui les arrêtoit. On s'eft révolté quelquefois con-tre les Papes; mais il n'y a jamais eu dans Ro-me, foumife à la Tiare, la centiéme partie des révolutions de Rome Païenne; tant les mœurs des hommes peuvent changer!

L'Auteur remarque ce qui contribua le plus à l'élevation du St. Siége. Il en attribue la raifon principale à l'habile conduite d'Alexandre VI. de ce Pontife qui pouffoit la cruauté & l'ambition à un ex-cès énorme, & qui ne connoiffoit de juftice que fon intérêt.

Or, s'il eft vrai qu'un des plus méchans hom-mes qui ait jamais por-té la Tiare, foit celui qui ait le plus affermi

furent encore abaiffés par la création, que Sixte V. fit de plufieurs Ducs & Princes, qui étant devenus leurs égaux, par ce nouveau titre, devinrent auffi leurs ennemis par la pretenfion de la preffeante.

la puiffance Papale, que doit-on naturellement en conclure?

L'éloge de Léon X. fait la conclufion de ce Chapitre. Il avoit des talens, mais je ne fais s'il avoit des vertus; fes débauches, fon ir-réligion, fa mauvaife foi, fes caprices font affez connus. Machiavel ne le loüe pas précifément par ces qualités-là; mais il lui fait fa cour,

E 5 &

& de tels Princes méritoient de tels Courtisans. Machiavel loüe Léon X. & refuse des éloges à Louis XII. le Pere de son peuple.

****

CHAPITRE XII.

Des Milices.

Ayant traité un détail de toutes les sortes de Principautés, & montré les moiens, par où plusieurs les ont acquises & conservées; &, à peu près, les dificultés qu'il y a à les aquérir, ou à s'y maintenir. Il ne me reste plus, qu'à discourir en général de ce qui concerne l'ofensive, ou la défensive. Nous avons dit, que le Prince a besoin de jeter de bons fondemens, autrement, qu'il faut, qu'il périsse. Les principaux fondemens, qu'aient les Etats nouveaux, anciens, ou mixtes, sont les bonnes Loix, & les bonnes Armes. [1] Or comme les bonnes

Tout est varié dans l'Univers; les tempéramens des hommes sont différens, & la Nature établit la même variété, si j'ose m'exprimer ainsi, dans les tempéramens des Etats. J'entends en général par le tempérament d'un Etat, sa situation, son étendue, le nombre, le génie de ses peuples, son commerce, ses coutumes, ses loix, son fort, son foible, ses richesses & ses ressources. Cette différence de Gouvernement est très sensible; elle est infinie, lorsqu'on veut descendre jusques dans les détails: & de même que les Médecins ne possedent aucun secret qui convienne à toutes les maladies & à toutes les com-

1. *Imperatoriam Majestatem*, dit Justinien dans la Préface de ses Instituts, *non solùm armis decoratam, sed*

*nes Loix ne peuvent rien,
où il n'y a pas de bonnes
Armes : & qu'où il y a de
bonnes Armes, il faut qu'il
y ait de bonnes Loix , je
ne parlerai que des Armes.
Je dis donc, que les Armes,
avec les quelles un Prince
défend son Etat, sont Propres , ou Mercenaires :
Auxiliaires , ou Mixtes.
Les Mercenaires & les
Auxiliaires sont inutiles &
dangereuses : & le Prince,
qui fera fond sur les Soldats Mercenaires , ne sera
jamais en sûreté , d'autant
qu'ils sont désunis , ambitieux, & sans Discipline,
infidéles, braves parmi les
amis , lâches parmi les ennemis , & qu'ils n'ont ni
crainte de Dieu , ni bonne
foi envers les hommes. Si
bien que la ruine ne se di-
fére, qu'autant que se di-
fére l'assaut. Ils te dépouil-
lent durant la Paix ; au
lieu que les ennemis ne le
font que durant la Guerre.
Car ils n'ont point d'autre
Amour , ni d'autre motif,
qui les lie à ton service ,
que leur paie , qui d'ailleurs n'est pas suffisante ,
        pour*

*sed etiam legibus oportet esse
armatam, ut utrumque tem-
pus, & bellorum & pacis rec-
te possit gubernari.*

complexions , de même
les Politiques ne sau-
roient prescrire des ré-
gles générales dont l'ap-
plication soit à l'usage
de toutes les formes de
Gouvernement. Cette
réflexion me conduit à
examiner le sentiment
de Machiavel sur les
troupes étrangères &
mercénaires. L'Auteur
en rejétte entiérement
l'usage , s'appuiant sur
des exemples , par les-
quels il prétend que ces
troupes ont été plus
dangereuses que secou-
rables aux Etats qui
s'en sont servis.

Il est sûr , & l'expé-
rience a fait voir en gé-
néral , que les meilleu-
res troupes d'un Etat
sont les nationales. On
pourroit appuier ce sen-
timent par les exem-
ples de la valeureuse ré-
sistance de Léonidas
aux Termopilles, & sur-
tout par ces progrès
étonnans de l'Empire
Romain & des Arabes.

Cette maxime de Ma-
chiavel peut donc con-
venir à tous les Païs ,
assez riches d'habitans
pour qu'ils puissent fournir un nombre suffisant
de soldats. Je suis per-
suadé, comme l'Auteur,
        qu'un

pour leur donner envie de mourir pour toi. Ils veulent bien être tes soldats, tant que tu ne fais point la Guerre : mais aussi tôt qu'elle vient, ils s'enfuient, ou veulent s'en aler. Et je n'aurois pas de peine à prouver cela, puisque la ruine de l'Italie ne vient aujourd'hui, que de s'être reposée si long-tems sur les soldats Mercenaires, qui d'abord ont fait quelque progrès, [*] & sembloient entre eux être de braves gens ; mais qui ont montré ce qu'ils font, quand les Etrangers ont paru. En sorte que Charles, Roi de France prit l'Italie avec de la Craie. [†] Et ceux, qui disoient, que nos péchés en étoient la cause, disoient vrai, bien que ce ne fussent pas les péchés qu'ils croioient, mais ceux que j'ai racontés [‡], c'est-à-dire, l'ambition & la cupidité des Princes, qui aussi en ont porté la peine.

[*] Ou, firent quelque progrès &c. mais qui montrérent ce qu'ils étoient, quand les Etrangers parurent.

[†] Mot d'Alexandre VI. qui comparoit Charles à un Maréchal des Logis, qui passe par tout, & ne reste nulle-part.

[‡] Au Chapitre 3.

qu'un Etat est mal servi par des Mercénaires, & que les Compatriotes sentent redoubler leur courage par les liens qui les attachent.

Il est principalement dangereux de laisser languir dans l'inaction ses Sujets, dans les tems que les fatigues de la guerre & les combats aguérissent ses Voisins.

On a remarqué plus d'une fois que les Etats qui sortoient des guerres civiles, ont été très supérieurs à leurs ennemis ; car tout est soldat dans une guerre civile. Le génie s'y distingue indépendamment de la faveur, & quiconque mérite de jouer un rôle, & le veut, en vient à bout. Il se forme des hommes en tout genre, & ces hommes raniment la Nation ; triste, mais sûre manière de s'aguerrir ! Un Roi sage entretient autrement l'esprit guerrier de son peuple, tantôt en secourant ses Alliés, tantôt par des marches & des revûes fréquentes.

Ce n'est que dans un Etat menacé & presque dépeuplé, qu'on doit absolument prendre à
sa

ne. ' *Mais, pour rentrer dans mon sujet. Les Capitaines Mer-*

2. Guichardin (au Livre 1. de son Histoire d'Italie) dit, que Pierre de Medicis disant à Louis Sforce, Duc de Milan, qu'il avoit été au devant de lui, mais en vain, parceque Louis avoit manqué le droit chemin ; Le Duc lui répondit en ces termes, *il est vrai qu'un de nous deux a manqué le chemin, mais c'est peut-être vous.* Pour lui reprocher obliquement de s'être engagé si mal à propos avec la France. Mais, la suite a bien montré, ajoute Guichardin, qu'ils avoient tous deux manqué leur chemin, & principalement le Duc, qui se piquoit d'être le Guide de tous les autres, par son habileté & par sa prudence. A raison de quoi ses flateurs n'avoient pas honte de dire, ni lui de leur entendre dire, qu'il n'y avoit que Jesus-Christ au Ciel, & Louis le More au Monde, qui fussent où se termineroit la Guerre de France. (Nardi au livre 3me. de son Histoire de Florence.) Où il ajoute, que ce Duc raillant un jour avec un Gentilhomme Florentin, & lui montrant un grand Tableau de l'Italie, où étoit représenté un More, qui sembloit en chasser, a-
vec

sa solde des troupes étrangères.

On trouve alors des expédiens qui corrigent ce qu'il y a de vicieux dans cette espéce de Milice ; on méle soigneusement les Etrangers avec les Nationaux pour les empêcher de faire bande à part ; on les façonne à la même discipline ; on leur inspire peu à peu la même fidélité ; l'on porte sa principale attention sur ce que le nombre d'Etrangers n'approche pas du nombre des Nationaux. Il y a un Roi du Nord, dont l'armée est composée de cette sorte de mixtes, & qui n'en est pas moins puissant, ni moins formidable.

La plûpart des troupes Européannes sont composées de Nationaux & de Mercénaires. Ceux qui cultivent les terres, ceux qui habitent les villes, moïennant une certaine taxe qu'ils paient pour l'entretien des troupes qui doivent es défendre, ne vont plus à la guerre. Les soldats ne sont composés que de la plus vile
le

Mercenaires font d'excellens hommes, ou non. Si ce font de braves-gens, tu ne faurois t'y fier. Car ils tendent toujours à leur propre grandeur, foit en t'oprimant, toi, qui es leur Maitre; ou en oprimant les autres contre ton intention. S'ils ne le font pas, d'ordinaire ils perdent tes afaires. Et si l'on me répond, que tout autre Capitaine, qui aura les armes à la main, fera de même, je répliquerai, que c'est un Prince, ou une République, qui a à prendre les Armes. Le Prince doit faire lui même la charge de Capitaine. La République la doit donner à quelqu'un de fes Citoiens. Et s'il arive, que celui-là n'y foit pas propre, elle le doit changer; & s'il est bon pour cet emploi, le tenir si dépendant, qu'il ne puiffe con-

vec un balai à la main, beaucoup de Coqs & de petits pouffins de toutes les fortes, il lui demanda, *que dites vous ce deffein? Que vôtre More, voulant balaïer & netoier l'Italie, je remplit lui même de pouffiére & d'ordure,* répondit le Florentin. Par où il lui prédifoit ce qui lui ariva bientôt après.

le partie du peuple, de Fainéans qui aiment mieux l'oifiveté que le travail de Débauchés qui cherchent la licence & l'impunité dans les troupes, de jeunes Ecervelés indociles à leurs Parens, qui s'enrôlent par légéreté. Tous ceux-là ont auffi peu d'inclination & d'attachement pour leur Maître, que les Etrangers.

Que ces troupes font différentes des Romains qui conquirent le Monde! Ces défertions, fi fréquentes de nos jours dans toutes les armées, étoient quelque chofe d'inconnu chez les Romains. Ces hommes, qui combattoient pour leurs familles, pour leurs Penates, pour tout ce qu'ils avoient de plus cher dans cette vie, ne penfoient pas à trahir tant d'intérêts à la fois par une lâche défertion. Ce qui fait la fûreté des grands Princes de l'Europe c'eft que leurs troupes font à peu près toutes femblables, & qu'ils n'ont de ce côté aucuns avantages les uns fur les autres. Il n'y

a

contrevenir aux *Loix*. Et l'expérience montre, que les *Princes tout seuls*, & les *Républiques armées font de grans progrès*, & que la *Milice Mercenaire ne fait jamais que du domage*. *Joint qu'une République*, *armée de ses propres Armes*, *se garantit mieux de l'opression de son Citoien*, *que ne fait une*, *qui se sert d'Armes étrangères*. *Rome* & *Sparte se sont maintenües libres plusieurs siécles avec leurs Armes* : & *les Suisses*, *avec les leurs*, *sont aujourd'hui très-libres*. *Pour éxemples de l'Ancienne Milice Mercenaire nous avons les Cartaginois*, *qui*, *quoiqu'ils eussent leurs propres Citoiens pour Capitaines*, *faillirent d'être oprimés des Armes Mercenaires*, *au sortir de la premiére Guerre qu'ils eurent contre les Romains*. *Filippe de Macédoine*, *devenu Capitaine des Thébains*, *après la mort d'Epaminondas*, *leur ôta la liberté*, *après qu'il eut vaincu leurs ennemis*. *Sforce abandonna tout-à-coup Jeanne II*. *Reine de Naples*, *qu'il servoit*. *Ce qui la contraignit de se jeter entre les bras du Roi d'Aragon*, *

pour

* *Alfonse qu'elle adopta*, & *puis*

a que les troupes Suédoises, qui font bourgeois, paisans & soldats en même tems ; mais lorsqu'ils vont à la guerre, presque personne ne reste dans l'intérieur du Païs pour labourer la terre : ainsi, ils ne peuvent rien à la longue, sans se ruiner eux-mêmes plus que leurs ennemis.

Voilà pour les Mercénaires. Quant à la manière dont un grand Prince doit faire la guerre, je me range entiérement du sentiment de Machiavel.

Effectivement un grand Prince doit prendre sur lui la conduite de ses troupes. Son armée est sa résidence ; son intérêt, son devoir, sa gloire, tout l'y engage. Comme il est Chef de la Justice distributive, il est également défenseur de ses peuples ; c'est un des objets les plus importans de son ministère, il ne doit par cette raison le confier qu'à lui-même.

Sa présence met fin d'ailleurs à la mesintelligence des Généraux, si funeste aux armées, & si préjudiciable aux inté-

pour sauver son Etat. François Sforce, son fils, aiant battu les Vénitiens à Caravas, s'unit avec eux, pour oprimer les Milanois, qui l'avoient fait leur Capitaine, après la mort de leur Duc Filippe. Et si l'on me dit, que les Vénitiens & les Florentins n'ont accru leur Empire que par cête Milice, & que leurs Capitaines ne sont pourtant jamais devenus leurs Princes, mais au contraire les ont bien défendus: Je répons, que les Florentins ont eu beaucoup de bonheur, dautant que de divers Capitaines, de qui ils avoient à craindre, les uns n'ont point vaincu, les autres ont rencontré des obstacles, ou ont porté leur Ambition ailleurs. Jean d'Acut* fut celui, qui ne vainquit point, & de qui par conséquent on ne pût pas reconnoitre la fidélité. Mais un chacun m'avoüera, que, s'il eût vaincu, les Florentins restoient à sa discretion. Sforce eut toujours les Bra-
ces

puis rejeta pour adopter Louis d'Anjou.

* Capitaine Anglois, qui commandoit quatre mille Anglois au secours des Gibelins de la Toscane. Mach. liv. I. de son Histoire.

intérêts du Maitre; elle met plus d'ordre pour ce qui regarde les magazins, les munitions & les provisions de guerre, sans lesquelles un César, à la tête de cent mille combattans, ne fera jamais rien. Comme c'est le Prince qui fait livrer les batailles, il semble que ce seroit aussi à lui d'en diriger l'execution, & de communiquer par sa présence l'esprit de valeur & d'assûrance à ses troupes; il n'est à leur tête que pour donner l'exemple.

Mais, dira-t-on, tout le monde n'est pas né soldat, & beaucoup de Princes n'ont ni l'esprit, ni l'expérience, ni le courage nécessaire pour commander une armée. Cela est vrai, je l'avoüe; mais ne se trouve-t-il pas toujours des Généraux entendus dans une armée? Le Prince n'a qu'à suivre leurs conseils, la guerre s'en fera toujours mieux que lorsque le Général est sous la tutelle du Ministère, qui, n'érant point à l'armée, est hors de portée de juger des choses, & qui
met

ces à dos, & ils se ser-
voient réciproquement de
surveillans. Son fils tourna son ambition contre la
Lombardie *, Brace con-
tre l'État Ecléfiaftique †
& le Roiaume de Naples
‡. Mais venons à ce que
nous avons vu de nos jours.
Les Florentins ont pris pour
Capitaine Paul Vitelli,
perſonage très-prudent, &
qui, d'une fortune privée,
étoit venu à une très-hau-
te réputation. S'il eût pris
Pife, il falloit, que les
Florentins lui obéiſſent, Car
ils étoient perdus, s'il ſe fût
paſſé au ſervice de leurs
ennemis. Si l'on conſidére
les progrés des Vénitiens,
on verra qu'ils ont fait des
merveilles, lors qu'ils ont
fait eux-mêmes la guerre,
je veux dire, lors qu'ils
ſe font contentés de combatre en Mer : & qu'ils n'ont
perdu leur valeur, que depuis qu'ils ont commencé
de combatre par Terre, &
de prendre les Coutumes &
les Mœurs Italiénnes. Dans
les commencemens de leur
éta-

met ſouvent le plus-ha-
bile Général hors d'é-
tat de donner des mar-
ques de ſa capacité. Je
finirai ce Chapitre, a-
près avoir relevé une
phraſe de Machiavel,
qui m'a paru très ſin-
guliére. Les Vénitiens,
dit-il, ſe défiant du Duc
de Carmagnole qui com-
mandoit leurs troupes, furent obligés de le faire ſortir de ce Monde. Je n'en-
tends point, je l'avoüe,
ce que c'eſt que d'être
obligé de faire ſortir quelqu'un de ce Monde, à moins
que ce ne ſoit l'empoi-
ſonner, l'aſſaſſiner. C'eſt
ainſi que le Docteur du
crime croit rendre in-
nocentes les actions les
plus noires & les plus
coupables, en adouciſ-
ſant les termes.

Les Grecs avoient
coutume de ſe ſervir
de périphraſes lorſqu'ils
parloient de la mort,
parce qu'ils ne pou-
voient pas ſoutenir, ſans
une ſecrete horreur,
tout ce que le trépas a
d'épouvantable, & Ma-
chiavel périphraſe les
crimes, parce que ſon
cœur, révolté contre
ſon eſprit, ne ſauroit digérer toute crue l'exé-

F   cra-

* Et devint Duc de Mi-
lan.
† Où il s'empara de Pé-
rouſe, & de Montone.
‡ Contre la Reine Jean-
ne II.

erable morale qu'il en-   *établiffement en Terre-Fer-*
feigne.   *me, ils n'avoient pas lieu*
                  de craindre beaucoup leurs

*Capitaines, parce qu'ils n'y poffédoient pas un
grand Etat, & que d'ailleurs ils étoient encore dans
une haute réputation. Mais ils s'apperçurent de leur
faute, quand ils fe furent étendus, & qu'ils eurent
batu le Duc de Milan, fous la conduite de Carmignole.
Car voiant d'un côté, que c'etoit un très-brave homme, & de l'autre, qu'il commençoit d'aler lentement,
pour faire durer la Guerre [*], ils fugérent bien, qu'ils
ne devoient plus s'atendre à vaincre, puis que ce Général ne le vouloit pas : comme auffi, qu'ils ne le pouvoient pas licentier fans perdre ce qu'il leur avoit aquis.
Ainfi, pour s'en affurer ils furent contraints de lui ôter
la vie. Ils eurent depuis pour Capitaine Bartelemi Col-
lioné *, Robert de Saint-Severin, le Comte de Pétil-
lane, & d'autres, de qui ils n'avoient pas à craindre
les victoires, mais les pertes, ainfi qu'il leur ariva depuis à Vaïla, où ils perdirent, dans une Bataille, tout
ce qu'ils avoient aquis avec tant de peines en 800 ans.
Parceque ces fortes de gens ne font que de foibles & de
lentes aquifitions, mais de promtes & prodigieufes pertes. Or puisque ces exemples m'ont mis en train de parler de l'Italie, qui fe fert depuis longtems d'Armes Mercenaires, il eft bon de remonter jufqu'à l'origine de ces
Armes, & d'en voir le progrès. Il eft à favoir qu'auffi tôt que l'Empire eut commencé de n'avoir plus de
pouvoir en Italie, & le Pontificat d'y être en plus grande réputation, l'Italie fe divifa en plufieurs Etats. La
plufpart des grandes Villes prirent les Armes contre la No-
bleffe, qui, apuie de la faveur de l'Empereur, les tenoit dans la fervitude : Et le Pape les feconda, pour
devenir puiffant dans le Temporel. Quelques autres
tombèrent fous la domination de leurs Citoiens [†]. Par*
                                          ou

[*] Ou, qu'il vouloit faire durer &c.
* Bergamafque.
[†] Ou, furent oprimées par leurs &c.

où l'Italie devint presque toute sujette de l'Eglise, & de
quelques Républiques. Si bien que les uns étant des E-
cléfiastiques, & les autres des Bourgeois, qui ne savoient
pas manier les Armes, ils commencèrent de se servir des
Etrangers. Le premier, qui mit cette Milice en crédit,
fut un Albéric da Conio, Gentil-homme de la Romagne *, de qui furent élevés Brace & Sforce, qui, en
leur tems, furent les Arbitres de l'Italie. A ceux-ci
ont succédé tous les autres, qui ont commandé les Armes en Italie jusqu'à nos jours. Et tout ce qu'ils y ont
fait s'est terminé à la voir envahir par Charles VIII.
ravager par Louis XII. opprimer par Ferdinand, & in-
sulter par les Suisses. L'ordre qu'ils tinrent, fut premièrement d'ôter la réputation à l'Infanterie, pour se
mettre eux-mêmes en crédit. Car n'aiant point d'Etats,
& ne subsistant, que de leur industrie, ils ne pouvoient
pas aquérir de l'autorité avec un petit nombre de Fantassins, ni aussi en nourrir beaucoup. De sorte qu'ils
trouvoient mieux leur compte à la Cavalerie, dont un
nombre médiocre les faisoit vivre avec honneur. Et les
choses étoient réduites à ce point, que, dans une Armée
de 20000. hommes, il y avoit à peine 2000. Fantassins.
Outre cela, ils avoient trouvé le secret de s'exémter de
toute fatigue, eux & leurs soldats, & de les guérir de
toute peur, en introduisant l'Usage de ne point tuer
dans les escarmouches, mais seulement de faire des pri-
sonniers, & de les renvoier sans rançon. Ils ne tiroient
point la nuit sur les Terres, ni pareillement les habitans
de ces Terres sur leurs tentes. Ils ne faisoient point de
retranchemens dans leur Camp [*]. Ils ne campoient
jamais l'hiver. Discipline inventée, pour éviter, comme j'ai dit, & le travail & les dangers, & qui rendit
l'Italie esclave & méprisable.

---

* Un Autre da Conio, que
Machiavel apelle Louis, remit
la Milice Italienne en crédit, en
instituant une Compagnie de soldats Italiens, apellée la Ligue

de S. Georges. Hist. liv. 1.
[*] Ou, ils ne savoient ce
que c'étoit de Clôture de Camp,
ni de fortification.

❀❀❀❀❀❀❀❀❀❀❀❀❀❀❀❀❀❀❀

CHAPITRE XIII.

Des Troupes auxiliaires.

LEs autres Armes inutiles sont les Auxiliaires, c'est-à-dire, celles, que tu apelles, pour te secourir, & te défendre, comme fit, il y a quelques années, le Pape Jules II. qui aiant fait une malheureuse experience des Armes Mercenaires dans l'Entreprise de Ferrare, en emploia d'Auxiliaires, que Ferdinand, Roi d'Espagne, lui envoia. Cête Milice peut être utile à celui qui l'envoie, mais elle est toujours pernicieuse à celui, qui s'en sert [1]. Car si elle a du pire, tu restes défait, & si elle a l'avantage, tu deviens son prisonnier. Les Anciennes Histoires sont pleines de ces éxemples. Mais je veux m'arêter à celui de Jules II. qui voulant

1. Ambiguus Auxiliorum animus, dit Tacite (Hist. 4.)

MAchiavel pousse l'hyperbole à un point extrême, en soutenant qu'un Prince prudent aimeroit mieux périr avec ses propres troupes, que de vaincre avec des secours étrangers.

Je pense qu'un homme en danger de se noier, ne préteroit pas l'oreille aux discours de ceux qui lui diroient qu'il seroit indigne de lui de devoir la vie à d'autres qu'à lui-même, & qu'il devroit plûtôt périr que d'embrasser la corde qu'on lui tend pour le sauver.

En approfondissant cette maxime de Machiavel, on trouvera peut-être que ce n'est qu'une jalousie travestie qu'il s'efforce d'inspirer aux Princes. Il veut qu'ils se défient de leurs
Su-

tant avoir Ferrare, ne pouvoit faire pis, que de se métre entre les mains d'un Etranger. Mais sa bonne Fortune fit naître un Accident, qui fut cause, qu'il ne porta pas la peine de son mauvais choix. C'est que ses Troupes Auxiliaires aïant été défaites à Ravenne, vinrent les Suisses, qui, par un bonheur, où quel ni lui, ni les siens ne s'atendoient pas, mirent en fuite les Vainqueurs. De sorte qu'il ne resta prisonnier, ni de ses ennemis, parcequ'ils s'étoient enfuis; ni de ses soldats Auxiliaires, dautant qu'ils n'avoient vaincu, que par les Armes d'autrui. Les Florentins, étant entièrement sans Armes, apellèrent dix mille François à leur service, pour réduire la Ville de Pise. Faute, qui leur atira plus de maux, qu'il ne leur étoit jamais arivé. L'Empereur de Constantinople, pour s'oposer à ses Voisins, fit entrer en Gréce dix mille Turcs, qui n'en voulurent pas sortir la Guerre finie *. Par ou com-

* Andronic Paleologue fut contraint de laisser Trebisonde aux Turcs, qu'il avoit apellés
a

Sujets, à plus forte raison de leurs Generaux, & des troupes auxiliaires. Cette défiance a été souvent bien funeste, & plus d'un Prince a perdu des batailles pour n'en avoir pas voulu partager la gloire avec des Alliés.

Un Prince ne doit pas sans doute faire la guerre uniquement avec des troupes auxiliaires; mais il doit être auxiliaire lui-même, & se mettre en état de donner autant de secours qu'il en reçoit. Voilà ce que dicte la prudence, Mets-toi en état de ne craindre ni tes ennemis, ni tes amis; mais quand on a fait un Traité, il faut y être fidèle. Tant que l'Empire, l'Angleterre & la Hollande ont été de concert contre Louis XIV. tant que le Prince Eugene & Marlbouroug ont été bien unis, ils ont été vainqueurs. L'Angleterre a abandonné les Alliés, & Louis XIV. s'est relevé dans l'instant. Les Puissances qui peuvent se passer de troupes mixtes, ou d'auxiliaires, font bien de les exclure de leurs armées;

F 3 mais

commença la servitude de la Grèce sous les Infidèles. Celui donc, qui a résolu de ne jamais vaincre, n'a qu'à se servir de ses Armes, qui sont bien plus dangereuses que les Mercenaires, comme étant toutes unies, & toutes sous l'obéissance d'un autre que toi : au lieu qu'il faut plus de tems, & plus de précautions aux Troupes Mercenaires, pour l'offenser, après qu'elles ont vaincues, parce qu'elles ne font pas un Corps, & que c'est toi, qui les a levées, & qui les paies. De sorte qu'un troisième, que tu en fais Chef, ne peut se rendre tout-à-coup si puissant, qu'il lui soit aisé de t'offenser. Enfin tu as à craindre également [*] la lâcheté des Mercenaires, & la Valeur des Auxiliaires. C'est pourquoi, un Prince sage se passera toujours des uns & des autres : Aimant mieux être vaincu en combatant avec

à la défense de Constantinople.
Et Jean Paléologue I. perdit toute la Thrace, qu'il démura I. voulut avoir pour récompense de secours qu'il lui avoit fourni contre les Serviens.

[*] Ou, tu as à te défier des

mais comme peu de Princes de l'Europe sont dans une pareille situation, je crois qu'ils ne risquent rien avec les auxiliaires, tant que le nombre des Nationaux leur est supérieur.

Machiavel n'écrivoit que pour de petits Princes, & j'avoüe que je ne vois guères que de petites idées dans lui; il n'a rien de grand ni de vrai, parce qu'il n'est pas honnête homme.

Qui ne fait la guerre que par autrui, n'est que faible; qui la fait conjointement avec autrui, est très fort.

L'entreprise, par laquelle trois Rois du Nord dépouillèrent Charles XII. d'une partie de ses Etats d'Allemagne, fut exécutée pareillement avec des troupes de différens Maîtres, réunis par des Alliances; & la guerre de l'année 1734 que la France commença, fut faite par les François & les Espagnols, joints aux Savoyards. Que reste-t-il à Machiavel après tant d'exemples, & à quoi se réduit l'allégorie des armes de Saül, que David

avec ses propres Armes, que de vaincre par celles d'autrui, & d'autant plus, que ce n'est pas une vraie victoire, que celle qu'on gagne par d'autres Armes que les siennes. Je ne me lasserai jamais de proposer l'exemple de César Borgia. Il prit Imola & Furli avec des Troupes Auxiliaires, toutes Françoises, mais depuis n'y trouvant pas de sûreté, il employa des Mercenaires, qu'il jugeois être moins dangereuses, savoir, celles des Ursins & des Vitelli, puis y aiant reconnu de l'infidélité, il s'en défit, & ne se servit plus que de ses propres soldats. Or pour connoître la diférence, qu'il y a entre l'une & l'autre Milice, il n'y a qu'à voir, combien la réputation du Duc, pendant qu'il fut entre les mains des François, ou celles des Ursins, & des Vitelli, fut diférente de celle, qu'il aquit, quand il combatit indépendamment d'autrui. Car on ne connut jamais ce qu'il valoit, que lorsqu'il fut le Maître absolu de ses Armes. Je vou-

lois

des Mercenaires, à cause de leur lâcheté, & des Auxiliaires, à cause de leur bravoure.

vid refusa à cause de leur pesanteur, lorsqu'il devoit combattre Goliath?

Comparaison n'est pas preuve. J'avoüe que les Auxiliaires incommodent quelquefois les Princes; mais je demande si l'on ne s'incommode pas volontiers, lorsqu'on y gagne des villes & des Provinces?

A l'occasion de ces Auxiliaires, Machiavel parle des Suisses qui sont au service de France. Il est indubitable que les Français ont gagné plus d'une bataille par leur secours, & que si la France congédioit les Suisses & les Allemands qui servent dans son Infanterie, ses armées en seroient affaiblies.

Voilà pour les erreurs de jugement, voïons à présent celle de morale. Les mauvais exemples que Machiavel propose aux Princes, sont de ces méchancetés que la saine politique & la morale réprouvent également. Il allegue Hieron, qui, considérant que les troupes auxiliaires étoient également dangereuses à garder, ou à congédier,

F 4   les

lois m'en tenir aux éxemples modernes d'Italie, mais je ne dois pas ométre celui d'Hiéron de Siracuse de qui j'ai déja parlé. Aussi tôt que sa Ville lui eut donné le commandement de son Armée, il reconnut l'inutilité de la Milice Mercenaire, dont les Chefs se gouvernoient dés lors, comme font aujourd'hui nos Italiens. Mais voiant, qu'il ne la pouvoit ni garder, ni laisser, il la fit toute tailler en pièces, puis il fit la Guerre avec ses propres Armes, toutes seules.

Je veux encore rappeller en mémoire une figure du Vieux Testament qui fait à mon sujet. David, ofrant à Saül d'aler combatre Goliat, ce redoutable Filistin, Saul, pour l'encourager, l'arma de sa Cuirasse, de son Casque, & de son Epée. Mais David lui dit, qu'il ne se pouvoit manier avec ces Armes, & qu'il ne vouloit combatre

les fit toutes tailler en pièces. Je ne voudrois pas garantir l'Histoire de ces tems reculés; mais si ce qu'on raconte d'Hieron II. de Siracuse eit vrai, je ne conseillerois à personne de l'imiter. On prétend que dans une bataille contre les Mamertins il partagea son armée en deux Corps, l'un des auxiliaires, l'autre des troupes nationales; il laissa exterminer les premiéres, pour remporter la victoire avec les autres. Je suppose que dans la derniere guerre de 1701. l'Empereur eût sacrifié ainsi les Anglais, auroit-ce été un moien bien assûré de vaincre la France ? Se couper le bras gauche pour mieux combattre avec le droit, eft, ce me semble, une folie bien cruelle, ou bien dangereuse.

son

---

2. Induit Saül David vestimentis suis, & imposuit galeam aream super caput ejus, & vestivit eum lorica. Ac cinctus ergo David gladio ejus super vestem suam, cæpit tentare, si armatus posset incedere, dixitque ad Saül, Non possum sic incedere, quia non usum habeo. Et deposuit ea, Et tulit baculum suum, & elegit sibi quinque limpidissimas

son Ennemi, qu'avec sa fronde & son 2 bâton *. Enfin, il arrive toujours, que les Armes d'autrui, ou te
pésent, ou te servent, ou te manquent au besoin †.
Charles VII. Roi de France, après avoir chassé les
Anglois, connoissant la nécessité de s'armer de ses propres Armes, établit par tout le Roiaume des Compagnies
d'Ordonnance de Cavalerie & d'Infanterie. Louis XI.
son Fils cassa depuis les Compagnies d'Infanterie,
en la place desquelles, il prit les Suisses. Et cête faute, que firent aussi ses Successeurs, est la source de
tous les maux de ce Roiaume, ainsi qu'il se voit bien
aujourd'hui. Car ces Rois, en accréditant les Suisses,
ont avili leurs propres Sujets, qui accoutumés qu'ils
sont d'avoir les Suisses pour Compagnons d'Armes, ne
croient pas pouvoir vaincre sans eux. Ce qui fait,
que les François ne suffisent pas, pour tenir tête aux
Suisses, &, sans eux, ne font rien qui vaille contre
les autres. Les Armées de France sont donc partie mercenaires, partie propres: Et ces Armes, toutes ensemble, sont bien meilleures, que les simples Mercenaires, ou les simples Auxiliaires, mais aussi de beaucoup inférieures aux Armes propres, comme je l'ai
montré ‡. Et la France seroit invincible, si l'on y
eût gardé l'ordre établi par Charles VII. Mais c'est un
éfet du manque de prudence des hommes de commencer une chose, parce qu'ils y trouvent un avantage
présent, qui les empêche de voir le mal caché dessous,
comme je l'ai dit ci-dessus de la Fièvre Etique. Ainsi, le Prince, qui ne connoit les maux, que lorsqu'ils sont nés, n'est pas vraiment sage. Mais il arrive à très-peu de gens de les prévoir & de les détourner.
Et si l'on cherche la première origine de la décadence de l'Empire Romain, on trouvera, que ç'a été
d'a-

mus lapides, & fundam ma-
nu tulit. (I. Reg. 17.)
* Machiavel dit son Cou-
teau. Mais l'Ecriture dit, qu'il
n'en porta point, & qu'il prit
celui de Goliat, pour lui couper
la tête.

† L'Auteur dit, te tom-
bent des épaules. Ce qui n'a
ni grace, ni sens, en notre Langue.
‡ Par l'exemple du Valen-
tinois.

d'avoir apellé les Gots. Ce qui commença d'énerver les forces des Romains, & de transmétre leur valeur aux Gots [*]. Je conclus donc, que tout Prince, qui n'a point d'Armes propres, n'est point en sûreté: qu'au contraire il est à la merci de la Fortune, faute d'avoir de quoi se défendre dans l'Adversité. Et ç'a toujours été le sentiment des Sages, qu'il n'y a rien de si foible, ni de si fragile, que la puissance, qui n'est pas apuiée sur ses propres fondemens. Or la Milice propre est celle, qui est composée de tes Sujets, de tes Citoiens, ou de tes Créatures. Toutes les autres Armes sont Mercenaires, ou Auxiliaires. Et il sera aisé de métre sus pié une Milice Domestique, si l'on se sert des moiens, que j'ai marqués, & sur tout de ceux, que Filippe, Pére d'Aléxandre le Grand, & plusieurs autres Princes, & Républiques, ont emploiés, aux quels je me remets entiérement.

[*] Ou, Car dés lors les forces de l'Empire commencérent de s'énerver, & celles des Gots de s'augmenter.

3. *Nihil rerum mortalium tam instabile ac fluxum est, quàm fama potentiæ, non suâ vi nixæ.* (Tac. Ann. 13.).

CHAPITRE XIV.

S'il faut ne s'appliquer qu'à la guerre. Digression sur la Chasse.

LE Prince doit apliquer tout son esprit, & touts son étude au Métier de la

UN Prince ne remplit que la moitié de sa vocation, s'il ne s'applique

la Guerre, qui est le seul, qu'il lui importe d'aprendre. Car c'est par cette science, que se maintiennent ceux, qui sont nés Princes, & que souvent même les Particuliers le deviennent. Au contraire, il se voit, que les Princes, qui se sont plus adonnés au repos, qu'aux Armes, ont perdu leur Etat. Et véritablement, la première chose, qui te le fait perdre, c'est de négliger cet Art; comme de le professer, c'est le meilleur moïen de parvenir à la Domination. François Sforce, de Particulier,

1. Un Roi de Thrace disoit, qu'il ne diféroit en rien de son Palfrenier, lorsqu'il ne faisoit pas la Guerre. Néron, faisant le Plan de son Regne futur, dit, qu'il ne se mêleroit d'autre chose, que de commander les Armées. (Tac. Ann. 13.)

2. Tiridate, Roi d'Arménie, dit que les Etats ne se maintiennent pas par la lâcheté, mais par les Armes. Que les Particuliers n'ont pour but, que de conserver leur bien : au lieu que les Princes font vanité de conquérir celui d'autrui. *Non ignavia magna imperia contineri : Et sua retinere, privatæ domus : de alienis certare, Regiam laudem esse.* (Tac. Ann. 15.)

que qu'au métier de la guerre. Il est évidemment faux qu'il ne doit être que soldat, & l'on peut se souvenir de ce que j'ai dit sur l'origine des Princes au premier Chapitre de cet Ouvrage; ils sont Juges & Généraux. Le *Prince* de Machiavel est comme les Dieux d'Homere, que l'on dépeignoit robustes & puissans; mais jamais equitables. Louis Sforce avoit raison de n'être que Guerrier, parce qu'il n'étoit qu'un Usurpateur.

Machiavel, ailleurs violent, me paroît ici fort faible. Quelle est sa raison de recommander la Chasse aux Princes? Il est dans l'opinion que les Princes apprendront par ce moïen à connoître les situations & les passages de leurs Païs. Si un Roi de France, si un Empereur prétendoit acquérir de cette maniére la connoissance de ses Etats, il leur faudroit autant de tems dans le cours de leur Chasse, qu'en emploie l'Univers dans la grande révolution des Astres.

Qu'on me permette d'en-

tulier , devint Duc de Mi-
lan , parce qu'il étoit ar-
mé : & ses enfans , pour
avoir renoncé aux Armes ,
de Ducs devinrent des Par-
ticuliers. Car un des maux ,
qui t'arivent d'être désar-
mé, c'est que tu deviens mé-
prisable ³ *; qui est une des*
infamies , qu'un Prince doit
éviter , comme je le dirai
ci-aprés. Car il n'y a point
de proportion entre un qui
est armé , & un , qui est dé-
sarmé : Et la raison ne veut
pas , que celui , qui est ar-
mé obéïsse volontiers à ce-
lui ,

3. Tacite en donne deux
éxemples en la personne de
Tibére. L'un d'un Gouver-
neur de Province , qui osa
bien lui écrire des létres de
menaces de se soulever , si
on lui donnoit un Successeur.
Quia res Tiberii , magis Fa-
mâ, quàm vi stabant. dit Tacite. (Ann. 6.) L'autre,
d'un Roi des Parthes , qui
eut l'audace de lui envoier
des Ambassadeurs, pour lui
faire des demandes insolen-
tes, & le menacer de Guerre, s'il ne les acordoit. Et
la raison , que Tacite en rend,
est , que ce Roi méprisoit la
Vieillesse de Tibére , & la
Vie voluptueuse qu'il menoit
alors. Par où il étoit inca-
pable de penser à la Guerre.
Senectutem Tiberii ut inermem
despicient. (Ibid.)

d'entrer en un plus grand
détail sur cette Matiére ;
ce sera comme une es-
péce de digression à l'occasion de la Chasse : &
puisque ce plaisir est la
passion presque générale
des Nobles , des grands
Seigneurs & des Rois ,
sur-tout en Allemagne ,
il me semble qu'elle mé-
rite quelque discussion.

La Chasse est un de
ces plaisirs sensuels qui
agitent beaucoup le
corps , & qui laissent
l'esprit sans culture. Les
Chasseurs me diront d'a-
bord que la Chasse est le
plaisir le plus noble &
le plus ancien des hom-
mes ; que des Héros ont
été Chasseurs. Cela peut
être , & je ne condamne
que l'excès ; ce qui fait
aujourd'hui un plaisir de
quelques heures , étoit
une occupation sérieuse
de tous les jours dans
les tems barbares.

Nos Ancêtres ne sa-
voient pas s'occuper, ils
promenoient leurs en-
nuis à la Chasse , ils per-
doient dans les Bois à la
poursuite des bêtes, les
momens qu'ils n'avoient
ni la capacité , ni l'esprit
de passer en compagnie
de personnes raisonna-
bles. Je demande si ce
font

lui, qui est désarmé: ni que le Seigneur désarmé soit en sûreté parmi des serviteurs armés [4]. Car il est impossible, que ceux-là s'entendent bien ensemble, dont l'un a du mépris, & l'autre du soupçon. Et par conséquent, un Prince, qui ne fait point l'Art Militaire, ne peut jamais être estimé de ses soldats, ni se fier à eux. C'est donc une nécessité au Prince de se donner tout entier aux éxercices de la Guerre : Et il y doit même être plus assidu en tems de paix, que durant la Guerre [5]. Ce qu'il peut faire en deux manieres. L'hu-

font des exemples à imiter, si la grossiéreté doit instruire la politesse, ou si ce n'est pas plûtôt aux siécles éclairés à servir de modèle aux autres?

Si quelque chose devoit nous donner de l'avantage sur les animaux que nous poursuivons, c'est assûrément notre raison ; mais ceux qui font leur profession unique de la Chasse, ont souvent la tête trop remplie de chevaux, de chiens & de toutes sortes d'animaux. Ils sont quelquefois grossiers, & il est à craindre qu'ils deviennent aussi inhumains envers les hommes, qu'ils le sont à l'égard des bêtes, ou que du moins la cruelle coutume de faire souffrir avec indifférence, ne les rende moins compatissans aux malheurs de leurs semblables.

Est-ce là ce plaisir dont on nous vante tant la noblesse? Est-ce là cette occupation si digne d'un Etre pensant?

On m'objectera que la Chasse est salutaire à la santé; que l'expérience a fait voir que ceux qui chassent, deviennent vieux; que c'est un plaisir

---

4. *Inter impotentes & validos falso quiescas. Ubi manu agitur, modestia ac probitas nomina Superioris sunt.* (Tac. in Germ.) Ceux, qui sont les plus forts, sont toujours les plus estimés.

5. Comme faisoit ce Cassius, Gouverneur de Sirie, qui, quoique l'on fût en paix, ne laissoit pas d'éxercer ses Legions, & de rétablir l'ancienne Discipline, avec autant de soin, que s'il eût été en pleine guerre. *Quantum sine bello dabatur, revocare priscum morem, exercitare Legiones, cura, provisu, perinde agere, ac si hostis ingrueret.* (Ann. 12.)

L'une, par les actions, l'autre, par l'esprit. Quant à la première, il doit, outre le soin de tenir ses gens en haleine, s'éxercer ordinairement à la Chasse, pour se faire à la fatigue, & d'ailleurs, pour connoître l'Assiète des Lieux, la pente des Montagnes, les courbes & les issues des Vallées, la largeur des plaines, la Nature des Fleuves & des Marais. Ce qui sert à deux cho-

6. Cête connoissance, (dit Machiavel au chap. 39. de son 3. livre des Discours) s'aquert mieux par la Chasse, que par tout autre éxercice. Et outre cête connoissance la Chasse t'enseigne mille choses, qu'il faut savoir à la Guerre. Et Cirus, au raport de Xénofon, alant à la Guerre contre le Roi d'Armenie, disoit à ses Gens, que cête entreprise n'étoit rien autre chose, qu'une de ces Chasses, où il les avoit déja menés tant de fois. Comparant ceux qu'il métoit en embuscade sur les Montagnes à ceux qui tendoient les rets, & ceux qui batoient le plat-païs, à ceux, qui faisoient sortir les Bêtes-fauves de leur gîte, pour les enveloper dans ses filets. Ce qui montre, ainsi que Xénofon en convient, que la Chasse est une représentation

sir innocent, & qui convient aux grands Seigneurs, puisqu'il étale leur magnificence, qu'il dissipe leurs chagrins, & qu'en tems de paix il leur présente les images de la guerre. Je suis loin de condamner un exercice modéré; mais qu'on y prenne garde, l'exercice n'est nécessaire qu'aux intempérans. Il n'y a point de Prince qui ait vécu plus que le Cardinal de Fleuri, le Cardinal de Ximenes, le présent Pape *; cependant ces trois hommes n'étoient pas Chasseurs.

De plus, importe-t-il tant qu'un homme traîne jusqu'à l'âge de Methusalem, s'il est indolent & inutile de ses jours? Plus il aura réfléchi; plus il aura fait d'actions belles & utiles, & plus il aura vécu.

La Chasse, il est vrai, a un air de magnificence, & il en faut aux Princes; mais en combien de manières plus utiles peuvent-ils faire voir leur grandeur?

S'il se trouvoit que l'a-

* Cela étoit écrit en 1737.

choſes: (1.) à connoitre ſon Païs, & comment on le peut défendre: (2.) à comprendre plus facilement, comment ſont faits les autres lieux, que l'on a beſoin de connoitre. Car les Collines, les Valées & les Plaines, les Rivières & les Maréſages, qui, par éxemple, ſont en Toſcane, ont une certaine reſſemblance avec les autres. De ſorte que de la connoiſſance de l'aſſiête d'une Province l'on peut venir aiſément à la connoiſſance des autres. Et quand cête partie manque au Prince, il manque de la première condition requiſe à un Capitaine. Car c'eſt celle, qui lui aprend à trouver l'ennemi, à ſe bien camper [*], à conduire les Armées 7, à donner les batailles,

tion de la Guerre. A raiſon de quoi l'on dit communément, que l'homme de Guerre doit avoir l'aſſaut du Lévrier, la fuite du Loup (qui ſe retire en montrant les dents) & la défenſe du Sanglier,

[*] Ou, à bien prendre l'aſſiête de ſon Camp.

7. Qui ſont les qualités, que Tacite atribüe à ſon Beaupére. Laca Caſtris ipſe capere, Æſtuaria ac Siltas ipſe prætentari; diſjiclos coërcere.
Et

l'abondance du gibier ruinât les gens de la campagne, le ſoin de détruire les animaux pourroit très bien ſe commettre aux Chaſſeurs, païés pour cela. Les Princes ne devroient proprement être occupés que du ſoin de s'inſtruire & de gouverner, afin d'acquérir d'autant plus de connoiſſances, & de pouvoir d'autant plus combiner d'idées. Leur profeſſion eſt de penſer bien, & d'agir en conſéquence.

Je dois ſur-tout répondre à Machiavel qu'il n'eſt point néceſſaire d'être Chaſſeur, pour être grand Capitaine. Guſtave-Adolphe, Turenne, Marlbouroug, Eugene, à qui on ne diſputera pas la qualité d'hommes illuſtres & d'habiles Généraux, n'ont point été Chaſſeurs. Nous ne liſons point que Céſar, Alexandre, Scipion l'aient été.

On peut, en ſe promenant, faire des réflexions plus judicieuſes & plus ſolides ſur les différentes ſituations d'un Païs relativement à l'art de la guerre, que lorſque des perdrix, des chiens

*les, à affiéger les Villes. Filopémen, Prince d'Acaïe, est loüé par les Anciens Ecrivains de ce qu'en tems de paix il pensoit toujours à la guerre, & que, dans les voïages qu'il faisoit avec ses amis, il s'arrétoit souvent, pour leur demander, si les ennemis étoient sur cette colline, & que nôtre Armée fût ici, qui auroit l'avantage? Comment pourrions nous aler à eux, & les ataquer dans les formes? Et si nous voulions nous retirer, comment ferions nous? Et s'ils se retiroient, comment les poursuivrions nous? Et leur proposant ainsi tous les cas, qui peuvent arriver à la Guerre, il écoutoit leurs avis, puis leur disoit le sien, & ses raisons. Si bien que lors qu'il étoit à la Guerre, il ne lui arivoit jamais rien qu'il n'eût prévu. Mais quant à l'exercice de l'esprit, le Prince doit lire les Histoires, pour y considérer les Actions des Grans-Capitaines, & les causes de leurs Victoires ou de leur défaite. Mais sur*tout il doit faire ce qu'ont fait quelques excellens hommes, qui ont pris à tâche d'en imiter quelque autre, *dont*

chiens couchans, des cerfs, toutes sortes d'animaux, & l'ardeur de la Chasse vous distraïent.

Un grand Prince, qui a fait la seconde Campagne en Hongrie, a risqué d'être fait prisonnier des Turcs, pour s'être égaré à la Chasse. On devroit même défendre la Chasse dans les armées; car elle a causé beaucoup de desordre dans les Marches.

Je conclus donc qu'il est très pardonnable aux Princes d'aller à la Chasse, pourvû que ce ne soit que rarement, & pour les distraire de leurs occupations sérieuses, & quelquefois fort tristes. Je ne veux interdire encore une fois, aucun plaisir honnête: mais le soin de bien gouverner, de rendre son Etat florissant, de proteger, de voir le succès de tous les Arts, est sans doute le plus grand plaisir; & malheureux l'homme, à qui il en faut d'autres!

Et une page après. *Adnotabant periti, non alium Ducem opportunitates locorum sapientius legisse.* (In Agricola.)

dont la *Vie* avoit été glorieuse, ainsi qu'il est raconté qu'*Aléxandre-le Grand* imitoit *Achilles*, *César Aléxandre*, & *Scipion Cirus*. Car, quiconque lira la *Vie de Cirus*, écrite par *Xénofon*, verra [*], que *Scipion* a pratiqué 8 de point en point toutes les *Vertus*, que cet *Historien* atribüe à *Cirus* *. *Voilà comme un Prince sage doit gouverner, sans jamais se tenir oisif en tems de paix, afin que si la Fortune vient à changer, il soit toujours prest de lui resister.*

[*] Où, lira la Vie de Scipion, reconnoîtra, qu'il a pris pour modéle celle de Cirus, compofée par Xénofon.

8. Tous les Princes ont à imiter Scipion l'Africain, qui, au témoignage de Paterculus partageoit tout son tems entre les éxercices de la paix & de la Guerre, toujours parmi les Armes, ou parmi les Livres, toujours ocupé de corps ou d'efprit. *Neque quifquam hoc Scipione elegantius intervalla negotiorum otio difpunxit: femperque aut belli, aut pacis serviit Artibus: femper inter Arma ac Studia verfatus, aut corpus periculis, aut animum difciplinis exercuit.* Hift. 1.)

* Dont Scipion avoit toujours la Vie entre les mains.

CHAPITRE XV.

Ce qui fait loüer, ou blâmer les hommes, & surtout les Princes.

*I*L *nous reste maintenant de voir comment un Prince doit se gouverner envers ses sujets & ses Amis. Et comme je sai, que plusieurs ont traité céte matiére, je crains de passer pour un préfomptueux, si je la traite autrement qu'eux. Mais mon dessein étant d'écrire pour ceux, qui savent ce que*

*L*Es Peintres & les Historiens ont cela de commun entre eux, qu'ils doivent copier la Nature : les premiers peignent les traits & le coloris des hommes ; les seconds, leurs caractéres & leurs actions.

Il se trouve des Peintres finguliers, qui n'ont peint

G

que c'est, il vaut mieux, à mon avis, parler selon la vérité de la chose, que selon ce que le vulgaire s'en imagine. Plusieurs se sont figuré des Républiques, & des Principautés, qui n'ont jamais été, & qui ne seront jamais [1]. Mais il y a si loin de la manière, dont on vit à celle dont on devroit vivre, que celui, qui laisse ce qui se fait pour ce qui se devroit faire, cherche à se perdre plutôt qu'à se conserver. Et par conséquent, il faut qu'un homme, qui veut faire profession d'être tout-à-fait bon, parmi tant d'autres, qui ne le sont pas, périsse tôt ou tard. Il est donc de nécessité absolüe, que le Prince, qui veut se maintenir, aprenne à pouvoir n'être pas bon, pour en faire usage selon le besoin de ses Afaires. Ainsi, laissant à part les choses, qui ne sont qu'en imagination, & ne m'arrétant qu'à celles, qui sont vraies

1. *Cunctas Nationes & Urbes Populus, aut Primores, aut singuli regunt. Delecta ex his & constituta Reip. forma, laudari faciliùs, quam evenire; Vel, si evenit, haud diuturna esse potest.* (Tac. Ann. 4.)

peint que des Monstres & des Diables; Machiavel est un Peintre de ce genre. Il représente l'Univers comme un Enfer, & tous les hommes comme des Démons; on diroit que ce Politique a voulu calomnier le genre humain par haine pour l'espéce entiére, & qu'il ait pris à tâche d'anéantir la vertu, pour rendre tous les habitans de ce Continent ses semblables.

Machiavel avance qu'il n'est pas possible d'être tout-à-fait bon dans un monde, aussi scélerat & aussi corrompu, sans qu'on périsse. Et moi, je dis que pour ne pas périr, il faut être bon & prudent; alors les Scélerats vous craindront & vous respecteront.

Les hommes & les Rois, comme les autres, ne sont d'ordinaire ni tout-à-fait bons, ni tout-à-fait méchans; mais & méchans, & bons, & médiocres s'accorderont tous à ménager un Prince puissant, juste, & habile. J'aimerois mieux faire la guerre à un Tyran qu'à un bon Roi, à un Louis XI. qu'à un Louis

vraies & réelles, je dis, que tous les hommes, & particuliérement les Princes, de qui l'on parle davantage, parceque leur haute élévation les met plus en vüe, ont tous quelque surnom de louange, ou de blâme. L'un est appellé libéral, l'autre ménager *; l'un grand-donneur, l'autre grand-voleur; l'un cruel, l'autre cléments; l'un homme de parole, l'autre, sans foi; l'un éfemmé & imbécille, l'autre, hardi & courageux; l'un humain & afable, l'autre superbe; l'un lascif, l'autre chaste; l'un homme droit, l'autre fourbe; l'un rude & revêche, l'autre facile; l'un grave, l'autre étourdi; l'un Religieux, l'autre impie. Un chacun me dira, que ce seroit un tresor, qu'un Prince, qui, de toutes les qualités, que je viens de nommer, n'en auroit que les bonnes. Mais d'autant qu'on ne les peut pas avoir toutes, ni les métre toutes en usage, la condition humaine ne le soufrant pas ,, le Prince a

Loüis XII., à un Domitien qu'à un Trajan; car le bon Roi sera bien servi, & les Sujets du Tyran se joindront à mes troupes. Que j'aille en Italie avec dix mille hommes contre un Alexandre VI. la moitié de l'Italie sera pour moi; que j'y entre avec quarante mille hommes contre un Innocent II. toute l'Italie se soulevera pour me faire périr.

Jamais Roi bon & sage n'a été détrôné en Angleterre par de grandes armées, & tous leurs mauvais Rois ont succombé sous des Compétiteurs qui n'avoient pas commencé la guerre avec quatre mille hommes de troupes réglées.

Ne sois donc point méchant avec les Méchans, mais sois vertueux & intrépide avec eux: tu rendras ton peuple vertueux comme toi; tes Voisins voudront t'imiter, & les Méchans trembleront.

---

* *Machiavel use du mot, Misero, qui est un Mot Florentin, parceque, dit il, avaro en nôtre langue, signifie aussi un homme, qui s'enrichit de rapines, au lieu que nous apellons Misero,* celui qui épargne trop le sien. Parentese qui rompt le fil du discours, & que pour cela j'ai trouvé mieux de métre à la Marge.

2. *Adhuc nemo extitit,* dit le Jeune-Pline dans son pa-

neg.

a besoin d'être si prudent, qu'il sache éviter l'infamie des vices, qui lui feroient perdre son Etat, & de se preserver des autres, si cela est possible : mais s'il ne le peut pas, il ne s'en doit pas trop embarasser, ni même se soucier d'encourir l'infamie de ces vices, sans qui il est dificile de sauver son Etat. Car, tout bien consideré, [*] telle chose, qui paroit une vertu, le ruineroit s'il la pratiquoit : & telle autre, qui paroit un vice, se trouvera être cause de sa félicité 3.

neg. cujus virtutes nullo vitiorum confinio læderentur.

[*] Ou, il se trouvera, que ce qui paroissoit une vertu, l'eût perdu, s'il s'en fût servi: au lieu qu'une autre, qui sembloit être un Vice, est la cause de tout son bonheur.

3. Il y a des vices, qui n'empêchent point de bien regner, ni que le Prince, qui les a, ne soit un bon Prince. Salomon étoit sujet aux Femmes, Trajan au vin, & aux garçons &c. Il faut distinguer dans les Princes la vie domestique d'avec la Vie publique, les vertus Roiales d'avec les Vertus particulieres. Et c'est comme Tacite l'entend, quand il dit, *Palam laudares, secreta malè audiebant.* (Hist. 1.) Il est toujours loüable de bien faire, mais il n'y fait pas toujours bon. Telle chose est conforme à la Raison, qui ne l'est pas à l'Expérience, & par conséquent il faut que le Prince, pour faire sa fonction s'accommode au besoin des Afaires, & fasse à cause de son Etat ce qu'il ne feroit pas, ou ne devroit pas faire, s'il n'étoit que Particulier. *Morem accommodari, prout conducat.* (Ann. 12.) Il sufit, qu'il soit Vertueux, quand il faut nécessairement l'être. *Quoties expedierat, magnæ virtutes.* (Hist. 1.) Il faut qu'il sache tout le bien, mais il n'est pas toujours à propos qu'il le fasse. *Omnia scire, non omnia exequi.* (In Agricola.)

CHAPITRE XVI.

De la libéralité & de l'œconomie.

COmmençant par les deux premiéres qualités, je dis, qu'il est bon d'être cru libéral, mais que si tu exerces ta libéralité de façon que tu sois craint, tu t'en trouves mal. Car si tu n'es libéral, que comme il le faut être *, ta libéralité ne sera point connue, & l'on t'acusera du vice contraire. Si bien que pour avoir le renom de libéral, il ne faut éviter aucune sorte de dépense. D'où il arive, que le Prince venant à s'épuiser, il est enfin contraint (s'il veut conserver ce renom) de charger extraordinairement son peuple¹, & de retourir aux Confiscations, &

à

---

* C'est-à-dire avec choix & mesure.

1. Si nous épuisons le Trésor public, dit Tibére chés Tacite, il faudra le remplir par des moiens injustes. *Si Ærarium ambitione exhauserimus, per scelera supplendum erit.* (Ann. 2.)

DEux Sculpteurs fameux, Phidias & Alcaméne, firent chacun une Statue de Minerve, dont les Athéniens devoient choisir la plus belle, pour être placée sur le haut d'une colonne. On les présenta toutes les deux au Public : celle d'Alcaméne remporta les suffrages ; l'autre, disoit-on, étoit trop grossiérement travaillée. Phidias ne se déconcerta point par le jugement du Vulgaire, & demanda que les Statues aiant été faites pour être placées sur une colonne, on les y élevât toutes les deux ; alors celle de Phidias remporta le prix. Phidias devoit son succès à l'Etude de l'Optique & des proportions.

Le luxe qui naît de l'abondance, & qui fait circuler les richesses par toutes les veines d'un Etat, fait fleurir un grand

G 3   Roïau-

à tous les autres moiens d'a-
voir de l'argent. Par où
il commence de devenir o-
dieux à ses Sujets, & de
perdre l'estime d'un chacun,
à cause de sa pauvreté. Ce
qui fait, qu'au premier re-
vers de Fortune, il est en
danger de périr, sa libéra-
lité lui aiant fait beaucoup
d'ennemis, & peu d'amis [2].
Aprés

[2]. Cicéron dit, que le
Prince Libéral perd plus de
cœurs, qu'il n'en gagne, &
que la haine de ceux, à qui
il ôte, est bien plus grande, que la reconnoissance de
ceux, à qui il donne. *Nec*
tanta Studia assequuntur eo-
rum, quibus dederunt, quan-
ta odia eorum, quibus ademe-
runt. (Off. lib. 2.) Que
le Prince, dit le Jeune-Pline, ne donne rien, pourvu
qu'il n'ôte rien. *Nihil lar-*
gitur Princeps, dum nihil
auferas. (Paneg.) Tacite,
en parlant d'Oton, dit un
beau mot, *perdere iste sciet,*
donare nesciet. (Hist. 1.) Il
ne donnera pas, il dissipera.
Falluntur, ajoute-t-il, *qui-*
bus luxuria specie liberalitatis
imponit. Ceux-là se trompent fort, qui prennent la
prodigalité pour la liberalité. Le Jeune Pline ne veut
point qu'on apelle libéraux
ceux, qui ôtent à l'un pour
donner à l'autre, & dit,
que c'est aquerir le renom
de

Roïaume. C'est lui qui
entretient l'industrie,
c'est lui qui multiplie les
besoins des Riches, pour
les lier par ces mêmes
besoins avec les Pauvres.

Si quelque Politique
mal-habile s'avisoit de
bannir le luxe d'un
grand Empire, cet Em-
pire tomberoit en lan-
gueur; le luxe tout au
contraire feroit périr
un petit Etat. L'argent,
sortant en plus grande
abondance du Pais, qu'il
n'y rentreroit à propor-
tion, feroit tomber ce
Corps délicat en con-
somption, & il ne man-
queroit pas de mourir
Etique. C'est donc une
régle indispensable à
tout Politique de ne ja-
mais confondre les pe-
tits Etats avec les
grands, & c'est en quoi
Machiavel péche griè-
vement en ce Chapitre.

La première faute que
je dois lui reprocher,
est qu'il prend le mot
de *libéralité* dans un sens
trop vague; il ne di-
stingue pas assez la libéralité de la prodigalité.
Un Prince, dit-il, pour
faire de grandes choses,
doit passer pour avare;
moi, je soutiens qu'il
doit passer pour libéral,
&

Aprés quoi, *s'il veut chan-ger de conduite, il encourt aussi tôt le reproche d'ava-ricieux. Puisque donc un Prince ne sauroit faire con-noitre sa libéralité, sans se faire tort,* [*] *il ne doit pas, s'il est prudent, se soucier d'être apellé chiche. Car lors qu'on verra dans la suite, que ses revenus lui sufisent, qu'il peut résister aux Armes de ses Ennemis, & faire même des entre-prises, sans charger son peuple, il sera tenu libéral de tous ceux, à qui il n'ô-te rien, dont le nombre est infini: au lieu que ceux, qui le croient avaricieux, à cause qu'il ne leur donne pas ce qu'ils demandent, sont très-peu. De notre tems nous n'avons vu faire de grandes choses qu'à ceux, qui ont passé pour Ména-gers. Tous les autres ont péri. Jules II. se servit du renom de libéral, pour par-venir au Pontificat, mais il ne se soucia plus de l'ê-tre, quand il fut Pape.*
Sa

de libéralité par une vérita-ble Avarice. *Qui quod huic donant, auferunt illi, Famam liberalitatis avaritia petunt.* (Ep. 30. lib. 9.)

[*] Ou, qu'à son dom-mage,

& qu'il doit l'être; je ne connois point de Hé-ros qui ne l'ait été. Affi-cher l'avarice, c'est di-re aux hommes, *n'atten-dez rien de moi, je paie-rai toujours mal vos ser-vices*; c'est éteindre l'ar-deur que tout Sujet a naturellement de servir son Prince.

Sans doute il n'y a que l'homme œconome qui puisse être libéral; il n'y a que celui qui gouverne prudemment son bien, qui puisse faire du bien aux autres.

On connoit l'exemple de François I. Roi de France, dont les dé-penses excessives furent en partie la cause de ses malheurs. Ce Roi n'étoit pas libéral, mais prodi-gue, & sur la fin de sa vie il devint un peu ava-re. Au lieu d'être bon ménager, il mit des tré-sors dans ses coffres; mais ce n'est pas des tré-sors sans circulation qu'il faut avoir, c'est un am-ple revenu, & un trésor.

Tout Particulier & tout Roi qui ne sait qu'entasser, enterrer seulement de l'argent, n'y entend rien; il faut le faire circuler pour être vraiment riche.

Les

Sa longue épargne lui a si bien suf dans toutes ses Guerres, qu'il n'a jamais mis d'impôt extraordinaire. Le Roi d'Espagne d'aujourd'hui * *ne fût pas venu à bout de tant d'entreprises, s'il eût été libéral. C'est pourquoi, un Prince, qui ne veut pas devenir pauvre, ni méprisable, ni se voir contraint de piller ses Sujets, pour se defendre contre ses Ennemis, se doit peu soucier du reproche d'avarice, ce vice étant un de ceux, qui le font regner. Mais, me dira quelqu'un, c'est par la liberalité, que César est parvenu à l'Empire, & beaucoup d'autres aux plus hautes Dignités. Je répons : ou tu es Prince, ou tu es encore à le devenir. Au premier cas, la liberalité porte dommage* [3]*. Au second, il est besoin d'être estimé libéral : & César s'étudioit à passer pour tel, comme voulant ariver à la Principauté. Mais si, après y être parvenu, il eût vécu plus long-tems, & qu'il n'eût pas modéré sa dépense,*

Les Médicis n'ont eu la Souveraineté de Florence que parce que le grand Cosme, Pere de la Patrie, simple Marchand, fut habile & libéral. Tout Avare est un petit génie, & je crois que le Cardinal de Retz a raison quand il dit, *que dans les grandes affaires il ne faut jamais regarder à l'argent.* Que le Souverain se mette donc en état d'en avoir beaucoup à propos, en favorisant le Commerce & l'industrie de ses Sujets, afin qu'il puisse en dépenser beaucoup à propos ; il sera aimé & estimé.

Machiavel dit que la liberalité le rendra méprisable, voilà ce que pourroit dire un Usurier ; mais est-ce ainsi que doit parler un homme qui se mêle de donner des leçons aux Princes ?

Un Prince, si je l'ose dire, est comme le Ciel qui répand chaque jour ses rosées & ses pluies, & qui en a toujours un fonds inépuisable, destiné à la fertilité de la terre.

* *Il parle de Ferdinand, Roi de Castille & d'Aragon.*

3. *Liberalitas, ni adsit modus, in exitium vertitur.* Dit Tacite (Hist. 3.)

Quant

se , il eût ruiné l'Empire. Et si l'on me réplique , que plusieurs Princes très-libéraux ont fait de grandes choses en Guerre , je répons : ou le Prince dépense le sien , & celui de ses Sujets , ou celui d'autrui. Quant au sien , il en doit être ménager *. Mais de l'autre , il en doit être prodigue : autrement il ne seroit pas suivi des soldats. Joint qu'il n'y a point d'inconvénient a donner largement ce qui n'est ni à toi , ni à tes Sujets , comme faisoient Cirus , César & Alexandre. Au contraire cela te rend plus formidable. Rien ne te nuit , que de dépenser le tien : Et à mesure que tu es libéral , tu perds la commodité de l'être , & tu deviens ou pauvre , & méprisable ; ou , si tu veux te garantir de la pauvreté , voleur , & odieux à un chacun ٢. Or entre toutes les choses , dont

le

Quant à ce que Machiadit , que , pour devenir Prince , il faut être libéral , mais cesser de l'être , lors qu'on est Prince effectif (*Principe facto*) cela est conforme à ce que Tacite raconte d'Oton , qui , n'étant encore que Particulier , faisoit une dépense , qui eût été même à charge à un Prince. (*Luxuria etiam Principi onerosa.* (Hist. 1.) Et qui toutes les fois , que Galba mangeoit chés lui , distribuoit de l'argent à chaque soldat de la Cohorte , qui étoit de garde , comme pour paier leur dîner. Mais lorsqu'il fut Prince , il devint Ménager à tel point , qu'à sa mort il distribua son argent à ses domestiques , non pas en homme , qui aloit mourir , mais comme s'il eût eu encore longtems à vivre. *Eo progressus est , ut per spe-*

ciem convivii , quoties Galba apud Othonem epularetur , Cohorti excubias agenti , viritim centenos nummos divideret. (Hist. 1.) Voilà Oton , qui veut devenir Empereur. *Pecunias distribuit parcè , nec ut periturus.* (Hist. 2.) Alors il étoit Prince,

4. Tacite loue Galba d'avoir été ménager de son bien , & avare de celui du Public , *Pecunia suæ parcus , publicæ avarus.* (Hist. 1.) Henri IV. Roi de France étoit de ce caractére.

5. Comme Néron , qui par son luxe consumoit les richesses de l'Empire , sur l'espérance d'un tresor imaginaire , qui devoit fournir à toutes ses dépenses. Atente , qui fut cause de la Pauvreté publique , & le rendit d'autant plus ridicule à tout le monde , que ses flateurs avoient

G 5

le Prince se doit garder, l'une est, d'être haï & méprisé. A quoi la libéralité t'expose toujours. Il vaut donc mieux avoir le renom d'être trop Ménager, defaut, qui ne te rend pas odieux ; que de tomber, par une afectation de libéralité dans la nécessité de prendre à toutes mains. Ce qui, outre le désbonneur, te fait encore haïr.

voient fait sonner haut la felicité de son Regne. *Nova ubertate provenire terras, & obvias opes deferre Deos..... Glifcebat interim luxuria Spe inani, confumebanturque ve-* *teres opes, quasi oblatis, quas multos per annos prodigeret. Quin & inde jam largiebatur : & divitiarum expectatio inter caussas paupertatis publicæ erat.* (Ann. 16.)

CHAPITRE XVII.

De la cruauté & de la clémence, & s'il vaut mieux être craint qu'aimé.

J'Avoüe, que tous les Princes doivent desirer d'avoir le renom de Clémence : mais aussi, ils doivent prendre garde à l'usage, qu'ils font de cête vertu. César Borgia passoit pour cruel, & néanmoins sa Cruauté avoit reüni, pacifié, & réformé toute la Romagne. Et, cela bien consideré, l'on avoüera, qu'il a été beaucoup plus clément, que le peuple de Florence, qui, pour éviter le reproche de cruel,

LE dépôt le plus précieux qui soit confié aux Princes, c'est la vie de leurs Sujets: leur charge leur donne le pouvoir de condamner à mort, & de pardonner aux Coupables.

Les bons Princes regardent ce pouvoir sur la vie de leurs Sujets, comme le poids le plus pesant de leur Couronne. Ils savent qu'ils sont hommes comme ceux qu'ils

cruel, laissa détruire Pistoie *. Quand il s'agit de contenir ses sujets dans le devoir, le Prince ne se doit point soucier du reproche de cruauté, d'autant qu'à la fin il se trouvera, qu'il aura été plus humain en punissant de mort quelques Broüillons, que ceux, qui, par trop d'indulgence, laissent ariver des désordres, d'où naissent des Massacres & des Sacagemens [1]. Car ces tumultes bouleversent toute une Ville: au lieu que les punitions, que le Prince fait, ne tombent que sur quel-

* Faute d'avoir voulu exterminer deux familles, les Panciatiques & les Cancelliers, qui partageoient cete Ville en deux factions, & la métoient toute en combustion par leurs querelles (Machiavel disc. lib. 3. cap. 27.)

1. Cela revient à ce que Tacite dit de Corbulon, que l'on se trouva mieux de sa sévérité, qui tenoit la Discipline Militaire en vigueur; que de l'indulgence des autres Généraux, qui à force de pardonner aux deserteurs, ruinoient leurs Armées. Quia duritiem Coeli Militiaeque multi abnuebant, deserebantque, remedium severitare quaesitum est.... Idque usu salubre, & misericordia melius aparuit, quippe pauciores illa Castra deseruere quam ea, in quibus ignoscebatur. (Ann. 13.)

qu'ils doivent juger, ils savent que d'autres injustices peuvent se réparer; mais qu'un arrêt de mort précipité est un mal irreparable. Ils ne se portent à la sévérité que pour éviter une rigueur plus fâcheuse qu'ils prévoient, semblables à un homme qui se laisse retrancher un membre cangrené.

Machiavel traite des choses aussi importantes de bagatelles. Chez lui, la vie des hommes n'est comptée pour rien, & l'intérêt, ce seul Dieu qu'il adore, est compte pour tout. Il préfere la cruauté à la clémence, il conseille à ceux qui sont nouvellement elevés à la Souveraineté, de mépriser plus que les autres, la réputation d'être cruels.

Ce sont des Bourreaux qui placent les Héros de Machiavel sur le Trône, & qui les y maintiennent. Cesar Borgia est le refuge de ce Politique lorsqu'il cherche des exemples de cruauté. Machiavel cite encore quelques Vers que Virgile met dans la bouche de Didon:

quelques *Particuliers. Au reste, il est impossible, qu'un Prince Nouveau s'éxemte d'être cruel, toute domination Nouvelle étant pleine de dangers*, *comme Virgile le fait dire à Didon.*

Res

2. Tout Prince nouveau étant chancelant, *Novum & mutantem Principem.* (Ann. 1.) Tacite dit, que l'on se souléve souvent contre le Prince nouveau, quoi même qu'il n'en donne point de sujet, seulement parceque le changement de Prince donne une plus belle occasion de broüiller, & fait concevoir aux broüillons l'espérance de faire mieux leurs afaires dans une Guerre Civile. *Seditio incessit, nullis novis caussis nisi quod mutatus Princeps licentiam turbarum, & ex Civili bello spem præmiorum ostendebat.* (Ann. 1.) C'est pourquoi Louis XI. disoit, que s'il n'eût usé de rigueur au commencement de son Regne, il eût été du nombre des *Nobles Malheureux*, dont il est parlé dans Bocace. Et ce qui fait encore qu'un Prince nouveau a bien de la peine à s'abstenir d'être cruel, c'est que les sujets prennent d'ordinaire trop de liberté parcequ'ils ne le croient pas encore assés fort, pour rien entreprendre. *Usurpata statim libertate, licentius, ut erga Prin-*

don : mais cette citation est entiérement déplacée; car Virgile fait parler Didon, comme un Auteur moderne fait parler Jocaste dans Oedipe. Le Poëte fait tenir à ces personnages un langage qui convient à leur caractére; ce n'est donc point l'autorité de Didon, ce n'est donc point l'autorité de Jocaste qu'on doit emprunter dans un Traité de politique, il faut l'exemple des hommes habiles & vertueux.

Le Politique recommande sur-tout la rigueur envers les troupes. Il oppose l'indulgence de Scipion à la sévérité d'Hannibal, il préfere le Carthaginois au Romain, & conclut tout de suite que la cruauté est le mobile de l'ordre, de la Discipline, & par conséquent des triomphes d'une armée.

Machiavel n'en agit pas de bonne foi; car il choisit Scipion, le plus mou de tous les Généraux quant à la Discipline, pour l'opposer à Hannibal, & pour favoriser la cruauté.

J'avoüe que l'ordre dans une armée ne peut subsis-

Res dura, & regni No-
vitas, me talia cogunt
Moliri, & late fines cuf-
tode tueri. *

*Toutefois, il ne faut pas,
qu'il ait peur de son Om-
bre, mais il doit être lent
à croire, à se remuer, &
mêler si bien la prudence
avec la douceur, que le trop
de confiance [*] ne l'empêche pas de se tenir sur ses
gardes, ni le trop de fiance d'être traitable. A ce
propos il est question de savoir, lequel vaut mieux
d'être aimé, ou d'être craint.
Je réponds, qu'il faudroit
être l'un & l'autre, mais
d'autant que cela est dificile, & que par conséquent
il faut choisir, il est plus
sûr d'être craint. Car il
est vrai de dire, que tous
les hommes sont ingrats, in-
constans, dissimulés, timi-
des, intéressés. Tandis que tu
leur fais du bien, & que
tu*

Principem novum. (Hist. 1.)
Le Duc de Valentinois di-
soit que la maxime, *Oderint
dum metuant*, étoit aussi bonne pour ceux, qui ont aquis
leur Etat, que dangereuse
pour ceux, qui l'ont hérité.
* (Æneid. 1.)
[*] Ou, que le trop de confiance ne le rende pas mal-
avisé, ni le trop de défiance
insuportable.

sister sans sévérité : car
comment contenir dans
leur devoir des Liber-
tins, des Débauchés, des
Scélerats, des Poltrons,
des Téméraires, des A-
nimaux grossiers & mé-
chaniques, si la peur des
châtimens ne les arrête
en partie ? Tout ce que
je demande sur ce sujet
à Machiavel, c'est de la
modération. Si la clé-
mence d'un honnê-
te homme le porte à
la bonté, sa sagesse ne
le force pas moins à
la rigueur ; mais il en
est de lui comme d'un
habile Pilote, on ne lui
voit couper les mâts,
ni les cordages de son
Vaisseau que lorsqu'il y
est forcé par l'orage.
Il y a des occasions
où il faut être sévè-
re, mais jamais cruel ;
& j'aimerois mieux un
jour de bataille être ai-
mé, que craint de mes
soldats.

Mais Machiavel ne s'est
pas épuisé encore, j'en
suis à présent à son ar-
gument le plus capcieux.
Il dit qu'un Prince trou-
ve mieux son compte
en se faisant craindre,
qu'en se faisant aimer,
puisque la plûpart du
monde est porté à l'in-
gra-

*tu n'as pas besoin d'eux,
ils t'ofrent leurs biens,
leurs vies, & leurs enfans;
& tout est à toi : mais
quand la Fortune te tourne
le dos, ils te le tournent
aussi* [3]. *Et tu péris pour
avoir fait fond sur leurs
paroles, & n'avoir pas
pris de meilleures assuran-
ces. Car pour ceux,
que l'on gagne à force de
bienfaits, & non par une
vraie grandeur de courage,
l'on mérite plûtôt de les
avoir pour Amis, qu'on ne
les a* [*] : *& par conséquent
on ne sauroit compter sur
eux dans le besoin* [4]. *Joint
que*

3. *Prosperis Vitellii rebus
certaturi ad obsequium; ad-
versam ejus fortunam ex æquo
detrectabant* (Hist. 2.) *languentibus omnium studiis, qui
primò alacres fidem atque animum ostentaverant.* (Hist. 1.)
*Amicos tempore, fortuna, cu-
pidinibus aliquando, aut er-
roribus, imminui, transfer-
ri, desinere.* (Hist. 4.)

[*] Ou, Car on ne sauroit
emploier dans le besoin ceux
que l'on a gagnés par des bienfaits, & non par son propre
mérite, & l'on est plutôt digne de les avoir que l'on ne
les a en éfet pour amis.

4. *Amicitias, dum magni-
tudine Munerum, non con-
stantia morum continere pu-
tat, meruit magis, quàm habuit.*

gratitude, au change-
ment, &c.

Je ne nie point qu'il
y ait des Ingrats, je ne
nie point que la crainte
ne soit dans quelques
momens très puissante :
mais j'avance que tout
Roi, dont la politique
n'aura pour but que de
se faire craindre, re-
gnera sur de vils Es-
claves; qu'il ne pour-
ra point s'attendre à
de grandes actions de
ses Sujets ; que tout
ce qui s'est fait par
crainte, en a toujours
porté le caractére; qu'un
Prince qui aura le don
de se faire aimer, re-
gnera sur les cœurs,
puisque ses Sujets trou-
vent leur propre inté-
rêt à l'avoir pour Maî-
tre, & qu'il y a un grand
nombre d'exemples dans
l'Histoire de grandes &
de belles actions qui se
font faites par amour &
par fidélité. Je dis en-
core que la mode des ré-
volutions paraît être en-
tiérement finie de nos
jours. On ne voit au-
cun Roiaume, excepté
l'Angleterre, où le Roi
ait le moindre sujet de
craindre ses peuples, &
qu'encore en Angleter-
re le Roi n'a rien à craindre,

que les hommes craignent moins d'ofenfer celui, qui fe fait aimer que celui, qui fe fait craindre. Parceque l'Amour n'eft retenu que par un certain lien de bienféance¹, que les hommes, qui font tous méchans, rompent toutes les fois, qu'ils trouvent leur Avantage ailleurs² : au lieu que la crainte eft entretenue par la peur de la peine, qui ne ceffe jamais. Si eft-ce que le Prince doit fe faire craindre de maniére, que s'il n'eft pas aimé, du moins il ne foit pas hai. Car il lui fera aifé d'acorder l'un & l'autre enfemble, s'il s'abftient de toucher aux biens & aux femmes de fes Sujets. Et fi quelquefois il eft contraint d'en faire mourir quelqu'un, ce ne doit être, qu'aprés en avoir juftifié les raifons, & fur tout, fans profiter du bien d'autrui, dautant que les hommes oublient plus volontiers la mort de leur Pére, que la perte de leur Patrimoine. Outre que les raifons d'ôter les biens ne manquent jamais, & que lors qu'une fois on commence de vivre de rapine, l'on trouve affés d'ocafion de prendre le bien d'autrui : au lieu que celles de verfer le fang font plus rares *. Mais quand le Prince

dre, fi ce n'eft lui qui fouleve la tempête. Je conclus donc qu'un Prince cruel s'expofe plûtôt à être trahi qu'un Prince débonnaire, puisque la cruauté eft infupportable, qu'on eft bientôt las de craindre, que la bonté eft toujours aimable, & qu'on ne fe laffe point de l'aimer.

Il feroit donc à fouhaiter pour le bonheur du monde, que les Princes fuffent bons, fans être trop indulgens, afin que la bonté fût en eux toujours une vertu, & jamais une faibleffe.

---

duit. (Hift. 3.) L'Amitié, que l'Intéreft a liée, dit un Ancien, l'Intéreft la délie.

5. *Infirma vincula Caritatis.* (In Agricola.)

6. *Poftquam merces prodtionis, fluxa fide.* (Hift. 3.)

Majore ex diverfo mercede jusfafque exuunt. (Hift. 3.)

* *Quand le Prince n'a pas l'humeur portée à la rapine, ajoute Machiavel Chap. 19. du livre 3. de fes Difcours. Car quand il eft afamé d'argent, il trouve*

Prince commande une bonne Armée, c'est alors qu'il
ne doit nullement se soucier d'être tenu cruel *, parceque, faute de cela, son Armée ne sera jamais bien
unie, ni en état de rien entreprendre. Entre les mer-
veilleuses Actions d'Hannibal, on raconte, qu'aiant
mené en païs étranger une grosse armée composée de
mille sortes de gens, il ne s'y éleva jamais le moindre
bruit, ni entre eux, ni contre lui, ni dans la bonne, ni dans la mauvaise Fortune †. Ce qui ne
se peut atribuer qu'à son extrême rigueur, qui join-
te à ses autres vertus, le rendoit vénérable, & formidable à ses soldats, & sans qui tout le reste ne lui
sufisoit pas, pour faire cet éfet. Cependant, des Ecrivains, peu judicieux, admirent d'un coté ses Actions,
& de l'autre en condamnent la principale cause. Et ce
qui montre, que ses autres vertus ne lui eussent pas
sufi, c'est que les Armées se révoltèrent en Espagne
contre Scipion, Capitaine si fameux, non seulement
de son tems, mais dans la Mémoire de tous les Siècles.
Ce qui ne vint, que de sa trop grande douceur ‡,
qui avoit donné plus de licence aux soldats, que ne
vouloit la Discipline Militaire. A raison de quoi
Fabius Maximus l'apella en plein Sénat Corrupteur
de la Milice-Romaine. Ceux de Locres aiant été tiranni-
sés par un Lieutenant de Scipion ‡, il n'en fit
point de chatiment. Tant il étoit indulgent. Et pour
l'excuser, un Sénateur § dit, qu'il y avoit beaucoup
de gens, qui savoient mieux ne pas faillir, que corriger
les fautes d'autrui. Or il est certain, qu'avec le tems

Sci-

---

ve toujours des ocasions de ver-
ser le sang, pour avoir en suite la confiscation.

* Sur tout s'il a une grande réputation, dit Machiavel au
Chapitre 21. du livre 3. de ses
Discours, d'autant que cête reputation éface toutes les fautes, que
sa rigueur lui fait commétre.

† Il dit la mesme chose dans
le Chap. 21. du liv. 3.

‡ Qu'il fut depuis contraint
d'assaisonner d'un peu de cruauté, dit Machiavel ibid.

† Plutarque l'apelle Plemi-
nius. Ce fut à l'occasion des
plaintes faites contre ce Lieutenant, qu'on voulut ôter le Gouvernement de Sicile à Scipion,
& lui faire son procès.

§ Quintus Metellus.

Scipion eût flétri sa reputation & sa gloire, s'il eût tenu la même conduite dans la Principauté: au lieu que son défaut, non seulement ne parut point, mais lui tourna même à gloire, à cause qu'il vivoit sous un Gouvernement de République. D'où je conclus, que les hommes aimant à leur fantaisie, & craignant selon que le Prince veut-être craint, un Prince sage doit compter sur ce qui dépend absolument de lui, & non sur ce qui dépend du caprice d'autrui ; mais se ménager si bien, qu'il se garantisse de la haine.

7. Plutarque dit dans la Vie de Licurgus, qu'Eurition, Roi de Sparte, aiant un peu trop relâché l'Autorité Roiale, pour complaire au peuple, le peuple, se sentant la bride lâchée, en devint insolent & licentieux. Ce qui fit, que quelques-uns de ses Successeurs furent haïs à mort, parcequ'ils voulurent reprendre l'Autorité, qu'Eurition avoit laissé aliéner.

CHAPITRE XVIII.

Comme les Princes doivent tenir leur parole.

UN chacun sait, combien il est loüable, dans un Prince, de garder la foi, & de procéder rondement, & sans finesse. Mais l'expérience de ces tems-ci montre, qu'il n'est arivé de faire de grandes choses, qu'aux Princes, qui ont fait peu de cas de leur parole, & qui ont sû tromper les autres: au lieu que ceux, qui ont procédé loialement, s'en sont toujours mal-

LEPrécepteur desTyrans ôse assûrer que les Princes peuvent abuser le monde par leur dissimulation ; c'est par où je dois commencer à le confondre.

On sait jusqu'à quel point le Public est curieux, c'est un animal qui voit tout, qui entend tout, & qui divulgue tout. Si la curiosité de ce Public examine la conduite des Parti-

H ticu-

mal-trouvés à la fin. Il est donc à savoir, qu'il y a deux manières de combatre, l'une avec les Loix; l'autre avec la force. La première est celle des hommes, & la seconde celle des Bêtes. Mais comme très souvent la première ne sufit pas, il est besoin de recourir à la seconde. Il est donc nécessaire aux Princes de savoir bien faire l'homme & la bête. Et c'est ce que les Anciens leur enseignent figurément, quand ils racontent, qu'Achilles, & divers autres Princes furent donnés à élever au Centaure Chiron. Pour signifier, que, comme le Précepteur étoit demi-homme & demi-bête, ses Disciples devoient tenir [*] *des deux Natures, l'une ne pouvant pas durer longtems sans l'autre. Or le Prince aiant besoin de savoir bien contrefaire la bête, il doit revétir le Renard & le Lion, parceque le Lion ne se défend point des filets, ni le Renard des Loups. Il faut donc être Renard, pour connoître les filets; & Lion, pour faire peur aux Loups. Ceux-là ne l'entendent pas, qui*

[*] Ou, avoir l'Usage des deux Natures, &c.

ticuliers, c'est pour divertir son oisiveté; mais lorsqu'il juge du caractère des Princes, c'est pour son propre intérêt: aussi les Princes sont-ils exposés, plus que tous les autres hommes, aux jugemens du monde; ils sont comme les Astres que les Astronomes observent. La Cour fait chaque jour ses remarques, un coup d'œil, un regard, un geste les trahit, & les peuples se rapprochent d'eux par des conjectures. En un mot, aussi peu que le Soleil peut couvrir ses tâches, aussi peu les grands Princes peuvent-ils cacher leurs vices.

Quand même le masque de la dissimulation couvriroit pour un tems la difformité naturelle d'un Prince, il ne peut garder ce masque continuellement. Il le leve quelquefois, ne fût-ce que pour respirer, & une occasion seule suffit pour contenter les Curieux.

L'artifice habitera donc en vain sur les lévres de ce Prince. On ne juge pas les hommes sur leurs paroles, mais on compare

qui ne contrefont que le *Lion. Et par conséquent un Prince prudent ne doit point tenir sa parole, quand cela lui tourne à dommage, & que les ocasions, qui la lui ont fait engager, ne sont plus. Cête Maxime ne vaudroit rien, si tous les hommes étoient bons, mais comme ils sont tous méchans, & qu'ils ne te tiendroient pas leur parole, tu ne dois pas non plus la leur tenir: Et tu ne manqueras jamais de prétextes, pour en colorer l'inobservation. J'en pourrois donner mille exemples Modernes, & montrer, combien de promesses, combien de Traités, ont échoué par l'infidélité des Princes, entre qui celui, qui a le mieux sû faire le Renard, a le mieux réussi dans ses Afaires. Mais il faut savoir bien déguiser cet esprit de Renard, il faut être propre à feindre & à dissimuler. Car les hommes sont si simples, & si acoutumés à céder au tems, que celui, qui trompe, en trouvera toujours, qui se laisseront tromper. De tous les exemples récens je n'en saurois oublier un. Le Pape Aléxandre VI. ne fit jamais autre chose que tromper: jamais homme ne fut plus persuasif: jamais personne*

re leurs actions ensemble, puis leurs actions & leurs discours; & c'est contre quoi la fausseté & la dissimulation ne pourront jamais rien. On ne joüe bien que son propre personnage, & il faut avoir effectivement le caractère que l'on veut que le monde vous suppose.

Sixte-Quint, Philippe II., Cromwel passerent dans le monde pour des hommes entreprenans; mais jamais pour vertueux.

Machiavel ne raisonne pas mieux sur les motifs qui doivent porter les Princes à la fourbe & à l'hypocrisie. L'application ingénieuse & fausse de la Fable du Centaure ne conclut rien; car que ce Centaure ait eû moitié la figure humaine, & moitié celle d'un cheval, s'ensuit-il que les Princes doivent être rusés & féroces? Il faut avoir bien envie de dogmatiser le crime, lorsqu'on emploie des argumens aussi foibles & tirés de si loin.

Ce Politique dit qu'un Prince doit avoir les qualités du lion & du renard,

H 2

ne promit rien avec de plus grans fermens, ni ne tint moins sa parole; & néanmoins ses tromperies lui réussirent toujours. Tant il savoit bien ce métier, & par où il faloit prendre les hommes. Il n'est donc pas nécessaire qu'un Prince ait toutes les qualités, que j'ai marquées, mais seulement qu'il paroisse les avoir, J'ose même avancer, qu'il lui seroit dangereux de les avoir, & de les mêtre en pratique, au lieu qu'il lui est utile de paroitre les avoir. Tu dois paroitre clément, fidéle, courtois, intègre & Religieux, mais avec cela tu dois être si bien ton Maitre, qu'au besoin tu saches & tu puisses faire tout le contraire. Et je pose en fait, qu'un Prince, & particuliérement un Prince nouveau, ne peut pas observer toutes les choses, qui font passer les hommes pour bons, par-

1. Maxime, qui veut dire en bon François,

Il faut sembler homme de bien,

Et cependant ne valoir rien.

Charle-quint juroit toujours à fè de bombre de bien, & faisoit toujours le contraire de ce qu'il juroit.

nard, & il conclut, *ce qui fait voir qu'un Prince n'est pas obligé de garder sa parole.* Voilà une étrange conclusion. Il y a des renards & des loups dans les Forêts, donc il faut qu'un Prince soit fourbe.

Si l'on vouloit prêter la probité & le bon sens aux pensées embrouillées de Machiavel, voici à peu près peut-être comme on pourroit les tourner. Le Monde est comme une partie de jeu, ou il se trouve des Joüeurs honnêtes, mais aussi des Fourbes. Pour qu'un Prince qui doit joüer à cette partie, n'y soit pas trompé, il faut qu'il sache de quelle maniére l'on trompe au jeu, non pas afin qu'il pratique jamais de pareilles leçons; mais pour qu'il ne soit pas la dupe des autres.

Retournons aux chutes de notre Politique. *Parce que tous les hommes, dit-il, font des Scélerats, & qu'ils vous manquent à tout moment de parole, vous n'êtes point obligé non plus de leur garder la vôtre.* Voici premiérement une contradiction; car l'Auteur dit un moment après,

parceque les besoins de son État l'obligent souvent de violer la Foi, & d'agir contre la Charité, l'Humanité, & la Religion. De forte qu'il faut, qu'il tourne & manie son Esprit, félon que fouflent les vents de la Fortune, fans s'écarter du bien, tant qu'il le peut; mais auffi, fans faire fcrupule d'entrer dans le mal, quand il le faut. Au refte, le Prince doit s'étudier à ne dire jamais rien, qui ne fente les cinq qualités, que j'ai marquées. En forte qu'à le voir & à l'entendre, l'on croie, que c'eft la bonté même, la fidélité, l'intégrité, la civilité & la Religion. Mais cête dernière qualité eft celle, qu'il lui importe davantage d'avoir extérieurement, d'autant que les hommes en general jugent plus par les yeux, que par les mains, un chacun aiant la liberté de voir, mais tres-peu aiant celle de toucher. Un chacun voit ce que tu parois être, mais prefque perfonne ne connoit ce que tu es, & le petit nombre n'ofe pas contredire la multitude, qui a la Majefté de l'Etat pour bouclier. Or dans les Actions de tous les hommes, & fur tout des Princes, contre qui il n'y a point de juges à réclamer.

après, que les hommes diffimules trouveront toujours des hommes affez fimples pour les abufer. Comment cela s'accorde-t-il? Tous les hommes font des Scélérats, & vous trouverez les hommes affez fimples pour les abufer?

Il eft encore très faux que le Monde ne foit compofé que de Scélérats. Il faut être bien Mifantrope pour ne point voir que dans toute Société il y a beaucoup d'honnêtes gens, & que le grand nombre n'eft ni bon ni mauvais. Mais fi Machiavel n'avoit pas fuppofé le monde fcélérat, fur quoi auroit-il fondé fon abominable maxime?

Quand même nous fuppoferions les hommes auffi méchans que le veut Machiavel, il ne s'enfuivroit pourtant point que nous duffions les imiter. Que Cartouche vole, pille, affaffine, j'en conclus que Cartouche eft un Malheureux qu'on doit punir, & non pas que je dois régler ma conduite fur la fienne. S'il n'y avoit plus d'honneur & de vertu dans le monde, difoit

H 3

clamer, on ne regarde qu'à l'issue qu'elles ont. Un Prince n'a donc qu'à maintenir son Etat, tous les moiens, dont il se sera servi, seront toujours trouvés honnêtes [2]*, & chacun l'en loüera. Car le Vulgaire ne se prend qu'aux aparences, & ne juge que par les événemens: Et il n'y a presque dans le Monde, que le Vulgaire: & le petit nombre n'a lieu, que lors que la Multitude ne sait à quoi se déterminer.*

Un Prince de ce tems-ci, qu'il n'est pas à propos de nommer, ne nous prêche rien que la paix & la bonne foi, mais s'il eût gardé lui même l'une & l'autre, il eût perdu bien des fois sa réputation & ses Etats [3]*.*

2. *Nibil gloriosum, nisi tutum, & omnia retinendæ dominationis honesta.* (Saluste.) Et Tacite dit, qu'Agrippine, Mére de Néron ne trouvoit rien au Monde qu'on ne dût sacrifier pour une Couronne. *Decus, pudorem, corpus, cuncta regno viliora habere.* (Ann. 12.)

3. Il veut parler de Ferdinand, Roi de Castille & d'Arragon, qui ne devoit la conquête des Roiaumes de Naples & de Navarre, qu'à sa mauvaise foi, & à la perfidie,

disoit Charles le Sage, *ce seroit chez les Princes qu'on en devroit retrouver les traces.*

Après que l'Auteur a prouvé la nécessité du crime, il veut encourager ses Disciples par la facilité de le commettre. *Ceux qui entendent bien l'art de dissimuler,* dit-il, *trouveront toûjours des hommes assez simples pour être dupés*; ce qui se réduit à ceci, Votre Voisin est un Sot, & vous avez de l'esprit: donc il faut que vous le dupiez parce qu'il est un Sot. Ce sont des syllogismes, pour lesquels des Ecoliers de Machiavel ont été pendus & roüés en Gréve.

Le Politique, non content d'avoir demontré, selon sa façon de raisonner, la facilité du crime, releve ensuite le bonheur de la perfidie; mais ce qu'il y a de fâcheux, c'est que César Borgia, le plus grand Scelerat, le plus perfide des hommes, ce César Borgia, le Héros de Machiavel, a été très malheureux. Il se garde bien de parler de lui à cette occasion, il lui falloit des exemples; mais

mais d'où les auroit-il pris que du Régître des Procès criminels, ou de l'Histoire des Nérons & de leurs semblables?

Il assûre qu'Alexandre VI. l'homme le plus faux, le plus impie de son tems, réussit toujours dans ses fourberies, puisqu'il connoissoit parfaitement la faiblesse des hommes sur la crédulité.

J'ôse assûrer que ce n'étoit pas tant la crédulité des hommes que de certains évenemens, & de certaines circonstances qui firent réussir quelquefois les desseins ce Pape; ce fut le contraste de l'ambition Française & Espagnole, ce fut la desunion & la haine des Familles d'Italie, & la faiblesse de Loüis XII.

La fourberie est même un défaut en style de politique, lorsqu'on la pousse trop loin. Je cite l'autorité d'un grand Ministre, c'est Don Loüis de Haro, qui disoit du Cardinal Mazarin qu'il avoit un grand défaut en politique; c'est qu'il étoit toujours fourbe. Ce même Mazarin voulant emploïer Monsieur de Faber à une négociation scabreuse, le Maréchal de Faber lui dit: *Souffrez, Monseigneur, que je refuse de tromper le Duc de Savoye, d'autant plus qu'il n'y va que d'une bagatelle; on sait dans le monde que je suis honnête-homme, réservez-donc ma probité pour une occasion où il s'agira du salut de la France.*

Je ne parle point dans ce moment de l'honnêteté, ni de la vertu; mais ne considérant simplement que l'intérêt des Princes, je dis que c'est une très mauvaise politique de leur part d'être Fourbes & de duper le monde. Ils ne dupent qu'une fois, ce qui leur fait perdre la confiance de tous les Princes.

On voit quelquefois des Puissances déclarer dans un Manifeste les raisons de leur conduite, & agir ensuite d'une manière directement opposée. Des traits, aussi frappans que ceux-là, aliénent entiérement la confiance; car plus

H 4   la

la contradiction se suit de près, & plus elle est
grossière. L'Eglise Romaine, pour éviter une
contradiction pareille, a très sagement fixé à
ceux qu'elle place au nombre des Saints, le
Noviciat de cent années après leur mort; moïennant quoi, la mémoire de leurs faiblesses périt
avec eux. Les témoins de leur vie, qui pourroient déposer contre eux, ne subsistant plus,
rien ne s'oppose à l'apothéose.

J'avoue d'ailleurs qu'il y a des nécessités fâ-
cheuses, où un Prince ne sauroit s'empêcher de
rompre ses Traités & ses Alliances; mais il doit
s'en séparer en honnête homme, en avertissant
ses Alliés à tems, & sur-tout n'en venir jamais
à ces extrémités, sans que le salut de ses peuples
& une grande nécessité l'y obligent.

Je finirai ce Chapitre par une seule réflexion.
Qu'on remarque la fécondité dont les vices se
propagent entre les mains de Machiavel. Il
veut qu'un Roi incrédule couronne son incréduli-
té de l'hypocrisie, il pense que les peuples seront
plus touchés de la dévotion d'un Prince, que
révoltés des mauvais traitemens qu'ils souffri-
ront de lui. Il y a des personnes qui sont de
son sentiment; pour moi, il me semble qu'on doit
avoir quelque indulgence pour des erreurs de
spéculations, lorsqu'elles n'entrainent point
la corruption du cœur à leur suite, & que les
peuples aimeront plus un Prince sceptique, mais
honnête homme & qui fait leur bonheur, qu'un
Orthodoxe scélerat & mal-faisant. Ce ne sont
pas les pensées des Princes; mais leurs actions
qui rendent les hommes heureux.

CHA-

****

CHAPITRE XIX.

Qu'il faut éviter d'être méprisé & haï.

Aprés avoir parlé séparément des plus importantes qualités du Prince, je veux, pour être court, comprendre les autres sous ce titre général, que le Prince doit se garder de toutes les choses, qui le peuvent rendre odieux, ou méprisable : moïennant quoi il sera à couvert de tous les dangers. Rien ne le rend plus odieux, comme je l'ai dit, que de prendre le bien & les femmes de ses Sujets : au contraire, ils vivent contens de lui, quand il s'en abstient. Et pour lors il n'a plus à combatre que l'ambition de quelques brotillons, dont il vient facilement à bout. Il devient méprisable, quand il passe pour changeant, leger, éféminé, pusillanime, irrésolu [1]. Défauts,

1. *Vitellium subitis offensis, aut intempestivis blanditiis mutabilem contemnebant, metuebantque.* (Tac. Hist. 2.)

LA rage des systémes n'a pas été la folie privilégiée des Philosophes, elle l'est aussi dévenue des Politiques. Machiavel en est infecté plus que personne, il veut prouver qu'un Prince doit être méchant & fourbe ; ce sont-là les paroles sacramentales de sa Religion. Machiavel a toute la méchanceté des Monstres que terrassa Hercule, mais il n'en a pas la force : aussi ne faut-il pas avoir la massue d'Hercule pour l'abattre ; car qu'y a-til de plus simple, de plus naturel, de plus convenable aux Princes que la justice & la bonté? Je ne pense pas qu'il soit nécessaire de s'épuiser en argumens pour le prouver, le Politique est confondu en soutenant le contraire. Car s'il soutient qu'un Prince, affermi sur le Trône,

H 5   doit

fauts, dont il se doit gar-
der, comme d'autant d'E-
cüeils, s'étudiant à montrer
de la grandeur, du coura-
ge, de la force & de la
gravité dans ses actions.
Quand il prendra connois-
sance des Afaires particu-
liéres de ses Sujets, il faut
qu'il en juge de maniére,
que ce qu'il aura prononcé
soit irrévocable, afin que
personne n'ose entreprendre,
ni espérer de le tromper,
ni de le faire changer d'a-
vis. Le Prince, qui se met
sur ce pié, est toujours très-
estimé, & cète estime fait,
que l'on ne conspire pas fa-
cilement contre lui, & que
les Etrangers ne risquent
pas volontiers de l'ataquer,
sur tout s'ils savent qu'il est
révéré de ses Sujets. Car un
Prince a toujours deux
craintes, l'une, du côté de ses
Sujets, l'autre, du côté des
Etrangers. De ceux-ci, il
s'en défend avec de bon-
nes Armes, & de bons A-
mis : & quand il aura de
bonnes Armes, il aura tou-
jours de bons Amis. Joint
que les Afaires du dedans
seront toujours tranquilles,
à moins que quelque Con-
spiration ne les brouille,
tandis que celles du debors
demeureront paisibles. Et
quand même les Etrangers
se rentreroient, & le Prin-
ce

doit être cruel, fourbe,
traitre, &c. il le fera
méchant à pure perte :
& s'il veut revétir de
tous ces vices un Prin-
ce qui s'eleve sur le Trône pour affermir son u-
surpation, l'Auteur lui
donne des conseils qui
souleveront tous les
Souverains, & toutes
les Républiques contre
lui. Car comment un
Particulier peut-il s'élever à la Souveraineté,
si ce n'est en dépossé-
dant un Prince souve-
rain de ses Etats, en u-
surpant l'autorité d'une
République ? Ce n'est
pas assûrément ainsi que
l'entendent les Princes
de l'Europe. Si Machia-
vel avoit composé un
Récueil de fourberies à
l'usage des Voleurs, il
n'auroit pas fait un Ou-
vrage plus blâmable que
celui-ci.

Je dois cependant ren-
dre compte de quelques
faux raisonnemens qui
se trouvent dans ce Cha-
pitre. Machiavel pré-
tend que ce qui rend
un Prince odieux, c'est
lorsqu'il s'empare inju-
stement du bien de ses
Sujets, & qu'il attente
à la pudicité de leurs
femmes. Il est sûr qu'un
Prin-

ce se gouverne, comme j'ai dit, & qu'il ne vienne point à se relâcher, il leur résistera toujours, comme j'ai montré que fit Nabis, Tiran de Sparte. Mais quant aux Sujets, lorsque le dehors ne branle point, comme il est à craindre, qu'ils ne conspirent secretement, le Prince y pourvoit assés, en fuïant ce qui le peut rendre odieux & méprisable. Ce qui est absolument nécessaire, ainsi qu'il a été déja dit amplement. Et l'un des meilleurs remédes, que le Prince ait contre les Conjurations, c'est de n'être ni haï, ni méprisé de son peuple. Car d'ordinaire ceux, qui conspirent contre lui, croient, que le peuple sera bien aise de sa mort: au lieu que s'ils croioient qu'il en dut être fâché, ils n'oseroient jamais prendre une résolution si dangereuse. Nous voions, qu'il y a eu beaucoup de Conjurations, mais peu, qui aient eu une bonne issüe. Car celui, qui conspire, ne sauroit être seul : & s'il prend des Compagnons, ce sont toujours des gens, qu'il croit être Mécontens. Or d'abord que tu as découvert ta pensée à un Mécontent, tu lui donnes de quoi se contenter, je veux dire un moien de tirer

Prince intéressé, injuste, violent cruel sera detesté ; il n'en est pas toutefois de même de la galanterie. Jules César, que l'on appelloit à Rome le mari de toutes les femmes, & la femme de tous les maris ; Loüis XIV. qui aimoit beaucoup les femmes ; Auguste I. Roi de Pologne, ces Princes ne furent point haïs à cause de leurs amours. Si César fut assassiné, si la Liberté Romaine enfonça tant de poignards dans son flanc, ce fut parce que César étoit Usurpateur, & non pas à cause que César étoit galant.

On m'objectera peut-être, pour soutenir le sentiment de Machiavel, l'expulsion des Rois de Rome, au sujet de l'attentat commis contre la pudicité de Lucréce. Je réponds que ce n'est pas l'amour du jeune Tarquin pour Lucréce; mais la maniére violente de faire cet amour qui donna lieu au soulevement de Rome. Comme cette violence réveilloit dans la mémoire du peuple l'idée d'autres violences, commises par les

*tirer une groffe récompen-
fe*. Si bien que voiant
d'un côté une Fortune toute aquife , & de l'autre
feulement du danger , il
faut , ou que ce foit un
ennemi irréconciliable du
Prince , ou un Ami tout
extraordinaire , pour vouloir bien te garder le Secret*

2. Tacite en donne un bel
éxemple dans le 15. livre de
fes Annales , ou il parle d'un
Volufius Proculus , qui ala
dénoncer à Néron , une femme , qui le folicitoit de fe
vanger du Prince, dont elle favoit par lui même qu'il
étoit tres-mécontent , pour
avoir été mal recompenfé du
Meurtre d'Agrippine [*]. *Is
mulieri, dum merita erga Neronem fua , & quàm in irri-
tum cecidiffent aperit , adji-
citque queftas , & deftinatio-
nem vindicta fi facultas ori-
retur , fpem dedit poffe im-
pelli. Ergo Epicharis omnia
fcelera Principis orditur. Ac-
cingeretur modò , navaret ope-
ram & militum acerrimos du-
ceret in partes , ac digna pre-
tia exfpectaret..... Proculus ,
ea quæ audierat ad Neronem
detulit.*

[*] On , Témoin ce Volufius Proculus qui étant mécontent de n'avoir pas été récom-
penfé du Meurtre d'Agrippine,
témoignoit un grand defir de
fe vanger, & néanmoins ala
dénoncer à Néron la Femme ,

les Tarquins , ils fonge-
rent alors férieufement
à s'en venger , fi pour-
tant l'avanture de Lu-
créce n'eft pas un Ro-
man.

Je ne dis point ceci
pour excufer la galan-
terie des Princes , elle
peut être moralement
mauvaife ; je ne me fuis
attaché à autre cho-
fe qu'à montrer qu'elle
ne rendoit point odieux
les Souverains. On re-
garde l'amour dans les
bons Princes comme
une faibleffe pardonna-
ble, pourvû qu'elle ne
foit point accompagnée
d'injuftices. On peut faire l'amour comme Louis
XIV. comme Charles II.
Roi d'Angleterre , com-
me le Roi Augufte ; mais
il ne faut ni violer Lu-
créce , ni tuer Pompée ,
ni faire périr Urie.

Voici , ce me femble,
une contradiction en
forme. Le Politique veut
qu'un Prince fe faffe ai-
mer de fes Sujets pour
éviter les confpirations,
& dans le Chapitre
XVII, il dit qu'un Prin-
ce doit fonger princi-
palement à fe faire
craindre , puifqu'il peut
compter fur une chofe
qui dépend de lui , &
qu'il

cret³. Mais, *pour tran-*
cher court, je dis, que du
côté des Conjurés il n'y a
que de l'incertitude, de la
jalousie, & de la crainte
d'être punis. Ce qui leur
ôte tout courage 4 : au
lieu

à qui il faisoit auparavant con-
fidence de tous les Sujets de
ressentiment, qu'il avoit contre
le Prince.

3. Il faut, que l'afection
du complice soit bien grande, si le danger, où il s'expose, ne lui paroit pas encore plus grand, dit Ma-
chiavel (Disc. lib. 3. c. 6.)

4. Tacite marque dans le
15. Livre de ses Annales
tout ce qui fait avorter
une Conspiration. 1. L'es-
perance de l'impunité, toujours contraire aux grans
desseins. *Impunitis cupido,*
magnis semper conatibus ad-
versa; &, promissu impuni-
tat. 2. L'espérance & la
crainte *spes ac metus.* 3. La
lenteur. *Accendere conjura-*
tos, lentitudinis eorum per-
tæsa. 4. La crainte d'être
trahi. *Metus proditionis.* 5. La
jalousie. Car il dit, que
Pison refusa de tuer Néron
dans sa Maison de Campagne,
où Néron venoit souvent,
de peur que Silanus ne fût
mis sur le Trône, ou que
le Consul Vestinus ne voulût rétablir la Liberté, ou
faire un Empereur à sa mode. 6. *Proditio.* La Trahison,

qu'il n'en est pas de mê-
me de l'amour des peu-
ples. Lequel des deux
est le véritable senti-
ment de l'Auteur ? Il
parle le langage des O-
racles, on peut l'inter-
préter comme on le
veut ; mais ce langage
des Oracles, soit dit en
passant, est celui des
Fourbes.

Je dois dire en géné-
ral à cette occasion que
les conjurations & les
assassinats ne se commet-
tent plus guéres dans le
monde. Les Princes sont
en sûreté de ce côté-là :
ces crimes sont usés,
ils sont sortis de mode,
& les raisons qu'en al-
legue Machiavel, sont
très bonnes ; il n'y a
tout au plus que le Fa-
natisme qui puisse faire
commettre un crime
aussi épouvantable.

Parmi les bonnes cho-
ses que Machiavel dit à
l'occasion des conspira-
tions, il y en a une très-
bonne ; mais qui de-
vient mauvaise dans sa
bouche, la voici. ,, Un
,, Conjurateur, dit-il,
,, est troublé par l'ap-
,, préhension des châti-
,, mens qui le mena-
,, cent, & les Rois sont
,, soutenus par la majes-
,, té

lieu que le Prince a de son côté la Majesté de l'Etat,

les hison, qui arive souvent sur le point de l'éxécution. *Pri-die infidiarum.* 7. *Præmia perfidiæ, immensa pecunia & potentia.* L'espoir de la recompense, comme aussi la crainte de la laisser aller à un autre, en se laissant prevenir. *Multos affistiffe, qui eadem viderint: nihil profuturum unius filentium. At præmia penes unum fore, qui indicio prævenisset.* Il y a encore une autre sorte de trahison, qui est celle du Visage & de la Contenance, qui découvre quelquefois ce qui est caché dans le cœur d'un Conjuré. *Ipse mæstus, & magnæ cogitationis manifestus erat.* 8. L'imprudence, par éxemple, de faire de certains préparatifs devant des Valets, de leur faire éguiser un poignard. *Pugionem afperari faxo, & in mucronem ardefcere juffit.* Ce qui leur donne du soupçon, *arreptis fuspicionibus de confequentibus.* 9. La vûe des tourmens *tormentorum aspectus ac minæ.* 10. La créance, que l'on a, que quelqu'un de ses Compagnons a tout dit, & qu'il est inutile de garder le silence. *Cuncta jam patefacta credens, nec ullum filentii emolumentum, edidit cæteros.* Ajoutés à cela le hazard, qui domine affés souvent dans ces Afat-

„té de l'Empire & par „l'autorité des Loix. „ Il me semble que l'Auteur politique n'a pas bonne grace à parler des Loix, lui qui n'insinue que l'intérêt, la cruauté, le despotisme & l'usurpation.

Machiavel conseille donc aux Princes de se faire aimer, de se ménager pour cette raison, & de gagner également la bienveillance des Grands & des peuples. Il a raison de leur conseiller de se décharger sur d'autres de ce qui pourroit leur attirer la haine d'un de ces deux états, & d'établir pour cet effet des Magistrats, Juges entre le peuple & les Grands, il allegue le Gouvernement de France pour modèle. Cet ami outré du despotisme & de l'usurpation d'autorité approuve la puissance que les Parlemens de France avoient autrefois. Il me semble que s'il y a un Gouvernement dont on pourroit de nos jours proposer la sagesse pour modèle, sans blâmer les autres, c'est celui d'Angleterre. Là le Parlement est l'Arbitre du peu-

les Loix , ses Amis & ses Alliés. De sorte que s'il a encore l'afection du peuple , il est impossible , que personne soit assés téméraire , pour conjurer contre lui. Car au lieu que d'ordinaire les Conjurés ont fort à craindre avant que d'en venir au fait , pour lors ils ont encore plus à craindre après , dautant qu'ils ont le peuple à dos , & par conséquent point de refuge. J'en pourrois donner mille éxemples , mais je me contenterai d'un seul , arivé de nôtre tems. Hannibal Bentivole , Aïeul de celui d'aujourdhui , lequel étoit Prince de Bologne , aïant été tué par les Cannesques , le peuple se souleva aussi tôt , & massacra tous les Cannesques. Tant les Bentivoles étoient alors aimés à Bologne. Et comme il n'en restoit aucun , qui pût gouverner l'Etat , le fils qu'Hannibal laissoit étant en*

Afaires. Le Comte de Licestre manqua l'entreprise de Leiden , sur ce qu'un des Conjurés aïant été arrêté pour déte , la plûpart des autres s'enfuirent , croïant , que quelqu'un d'entre eux les avoit trahis.

* Famille rivale des Bentivoles. (en 1445.)

peuple & du Roi , & le Roi a tout le pouvoir de faire du bien ; mais il n'en a point pour faire le mal.

Machiavel entre ensuite dans une grande discussion sur la Vie des Empereurs Romains, depuis Marc-Aurele jusqu'aux deux Gordiens. Il attribue la caufe de ces changemens fréquens à la vénalité de l'Empire ; mais ce n'en est pas la seule cause. Caligula, Claude, Neron, Galba, Othon, Vitellius firent une fin funeste, fans avoir acheté Rome comme Didius Julianus. La vénalité fut enfin une raison de plus pour affaffiner les Empereurs ; mais le fond véritable de ces révolutions étoit la forme du Gouvernement. Les Gardes Prétoriennes devinrent ce qu'ont été depuis les Mameloucs en Egypte, les Janissaires en Turquie, les Strélitz en Moscovie. Constantin caffa habilement les Gardes Prétoriennes ; mais enfin les malheurs de l'Empire exposerent encore ses Maitrès à l'affaffinat & à l'empoifonnement. Je re-

en maillot *, Bologne en
envoia demander un, qu'elle avoit apris qui étoit à
Florence, & qui jusque-là
avoit passé pour le fils d'un
Artisan †, & lui donna
la direction des Afaires,
jusqu'à ce que le fils d'Hannibal fût en âge de gouver-
verner. D'où je conclus,
que le Prince se doit peu
mêtre en peine des Conju-
rations, quand le peuple
lui est afectionné, mais aussi
doit avoir peur de tout, &
d'un chacun, quand il est
bas. Et ç'a toujours été le
principal souci des Princes
Sages, & des Etats bien
ordonnés, de contenter le
peuple, & de ne pas dé-
sespérer les Grans. Des
Roiaumes bien policés la
France en est un ‡, &
de

* Au livre 6. de son Histoire,
il dit que cet enfant, qui s'apelloit Jean, avoit six ans.
† Il étoit fils naturel d'un
Hercule Bentivole, cousin d'Hannibal, & s'apelloit Santi, &
passoit à Florence pour le fils
d'un Agnolo da Cassese, Car-
deur. Machiavel ibid. où il
ajoute, que la conduite de Santi
fut si prudente, qu'au lieu que
ses Ancêtres avoient tous été
tués par leurs ennemis, il vécut
en paix, & mourut tres-glorieu-
sement.
‡ Ce Roiaume, dit il,
obeit plus aux Loix que pas un
autre, Lib. 3. Disc. cap. 1.

remarquerai seulement
que les mauvais Empe-
reurs périrent de morts
violentes; mais un Thé-
odose mourut dans son
lit, & Justinien vécut
heureux quatre-vingt-
quatre ans. Voilà sur
quoi j'insiste. Il n'y a
presque point de mé-
chans Princes heureux,
& Auguste ne fut paisi-
ble que quand il devint
vertueux. Le Tyran
Commode, successeur
du divin Marc-Aurele,
fut mis à mort malgré
le respect qu'on avoit
pour son pere; Caracala
ne put se soutenir à cau-
se de sa cruauté; Alex-
andre Sévére fut tué par
la trahison de ce Maxi-
min de Thrace qui passe
pour un Géant; & Ma-
ximin, aiant soulevé
tout le monde par ses
barbaries, fut assassiné
à son tour. Machiavel
prétend que celui-là pé-
rit par le mépris qu'on
faisoit de sa basse nais-
sance, Machiavel a grand
tort. Un homme, éle-
vé à l'Empire par son
courage, n'a plus de pa-
rens; on songe à son
pouvoir, & non à son
extraction. Puppien é-
toit fils d'un Maréchal
de village, Probus d'un
Jar-

de mille excellentes choses, qui s'y trouvent établies pour la Sûreté du Roi, & la Liberté des Sujets, la meilleure est sans doute, l'autorité du Parlement *. Car celui, qui a policé ce Roiaume, connoissant l'ambition & l'insolence des Grans, & par conséquent la nécessité de les tenir en bride: mais aussi voulant les défendre contre la haine du peuple fondée sur ce qu'il les redoutoit, il ne trouva pas à propos, que le Roi s'en mêlât, de peur de l'exposer à la haine des Grans, s'il favorisoit les Populaires; ou à celle des Populaires, s'il favorisoit les Grans. Et pour cet éfet il établit un juge tiers, pour réprimer les Grans & défendre les Petits, sans que le Prince fût chargé de l'envie des uns, ni des autres. Ce qui aprend aux Princes à se réserver la distribution de toutes les graces, & à laisser à leurs Oficiers † la disposition des peines ſ. Et de

Jardinier, Dioclétien d'un Esclave, Valentinien d'un Cordier; ils furent tous respectés. Le Sforce qui conquit Milan, étoit un Païsan; Cromwel qui assujettit l'Angleterre & fit trembler l'Europe, étoit un simple Citoien; le grand Mahomet, Fondateur de l'Empire le plus florissant de l'Univers, avoit été un Garçon Marchand; Samon, premier Roi d'Esclavonie, étoit un Marchand Français; le fameux Piast, dont le nom est si révéré en Pologne, fut élu Roi, aiant encore aux pieds ses sabots, & il vécut respecté jusqu'à cent ans. Que de Généraux d'armée, que de Ministres & de Chanceliers roturiers! L'Europe en est pleine, & n'en est que plus heureuse; car ces places sont données au mérite. Je ne dis pas cela pour mépriser le sang des Witikinds, des Charlemagnes, & des Ottomans; je dois au contraire par plus d'une raison aimer le sang des Héros, mais j'aime encore plus le mérite.

On ne doit pas ici oublier que Machiavel

* Il ne parle, que de celui de Paris, qui donne le branle à tous les autres, & qu'il dit être l'éxécuteur inviolable des Loix. Disc. lib. 3. cap. 1.
† Aux Magistrats.
ſ. Viro Principi, ubi panarum res est, aliis id delegat

I se

de toutes les choses, qui sont sujétes à l'envie. Je dis encore, que le Prince doit considérer les Grans, mais sans se faire haïr du peuple. Plusieurs diront peut-être, que les accidens arivés à divers Empereurs Romains sont des éxemples, qui infirment mon opinion, y en aïant quelques-uns, qui ont perdu l'Empire, ou la vie, quoiqu'ils se fussent toujours trés-bien comportés. Pour répondre à cète objection, j'examinerai les qualités des Empereurs Marc le Filosofe & Commode, son Fils, Pertinax, Julien, Sévére, Antonin-Caracalla, son Fils, Macrin, Héliogabale, Aléxandre & Maximin. Par où l'on vera, que ce que j'ai dit revient assés à ce qui leur est arivé : Et par ocasion je ferai des réflexions sur les choses, qui sont à remarquer dans leurs actions. Il faut premiérement observer, qu'au lieu que les autres Princes n'ont à combatre, que l'ambition des Grans, & l'insolence de peuples, les Empereurs Romains avoient une troisiéme

gandum, ubi præmiorum, aut munerum, ipsi obeundum. (Xenophon.)

se trompe beaucoup lorsqu'il croit que du tems de Sévere il suffisoit de ménager les soldats pour se soutenir ; l'Histoire des Empereurs le contredit. Plus on ménageoit les Prétoriens indisciplinables, plus ils sentoient leur force ; & il étoit également dangereux de les flatter, & de les vouloir réprimer. Les troupes aujourd'hui ne sont pas à craindre, parce qu'elles sont toutes divisées en petits Corps qui veillent les uns sur les autres, parce que les Rois nomment à tous les emplois, & que la force des Loix est plus établie. Les Empereurs Turcs ne sont si exposés au cordeau que parce qu'ils n'ont pas sû encore se servir de cette politique. Les Turcs sont Esclaves du Sultan, & le Sultan est Esclave des Janissaires. Dans l'Europe Chrétienne il faut qu'un Prince traite également bien tous les Ordres de ceux à qui il commande, sans faire de différences qui causent des jalousies funestes à ses intérêts.

Le modèle de Sévere, proposé par Machiavel

fiéme dificulté à furmonter, la cruauté & l'avarice des foldats, d'où vint la ruine de plufieurs de ces Princes, étant très-dificile de contenter la Milice & les peuples. Car ceux-ci aiment le repos, &, pour cet éfet, veulens un Prince modefte: mais les foldats en veulent un d'humeur guerriére, & qui foit infolent, cruel, & voleur 6. *Et c'eft comme le vouloient les Légions Romaines, pour avoir double paie, & de quoi affouvir leur avarice & leur cruauté. Ce qui fit, que les Empereurs, qui n'avoient pas affés de crédit, ou d'adreffé, pour tenir les uns & les autres en bride, périffoient toujours. Et comme la plufpart d'eux, & principalement ceux qui d'une condition privée étoient mon-*

vel à ceux qui s'éleveront à l'Empire, eft donc tout auffi mauvais, que celui de Marc-Aurele leur peut être avantageux. Mais comment peut-on propofer enfemble Sévere, Céfar Borgia, & Marc-Aurele pour modéles? C'eft vouloir réunir la fageffe & la vertu la plus pure avec la plus affreufe fcéleratefse. Je ne puis finir, fans infifter encore que Céfar Borgia avec fa cruauté fi habile, fit une fin très malheureufe, & que Marc-Aurele, ce Philofophe couronné, toujours bon, toujours vertueux, n'éprouva jufqu'à fa mort aucun revers de fortune.

6. *Erant quos memoria Neronis, ac defiderium prioris licentiæ accenderes.* (Hift. 1.) *Neque exercitus, aut Legatos ac Duces, magna ex parte luxus, egeftatis, fcelerum fibi confcios, nifi pollutum obftrictumque meritis fuis Principem paffuros.* (Hift. 2.) Galba perdit l'Empire & la vie, pour avoir dit, qu'il ne prétendoit point acheter l'afection des foldats, *legi à fe militem, non emi.* (Hift. 1.) Et avoir ufé de plus de fe-vérité qu'il n'en faloit à des gens, qui avoient oublié l'ancienne Difcipline, & que Néron avoit acoutumés à la licence. *Nocuit antiquus rigor, & nimia feveritas cui jam pares non fumus.* Et dans un autre endroit. *Severitas ejus angebat confpernantes veterem difciplinam, atque ita 14 annis à Nerone affuefactos, ut haud minus vitia Principum amarent, quàm olim virtutes verebantur.* (Hift. 1.)

I 3

montés au Trône, connoissoient cête dificulté, ils tour-
noient du côté des soldats, sans se soucier beaucoup d'o-
fenser le peuple. Et c'étoit une nécessité. Car les Princes ne pouvant jamais manquer d'être haïs de quelqu'un, ils doivent tâcher de ne l'être pas de la multitude : Et lors qu'ils n'y peuvent pas réüssir, il faut,
à quelque prix que ce soit, qu'ils évitent la haine du
parti qui est le plus fort. Or les Empereurs, dont la
Fortune étoit nouvelle, aiant besoin d'une faveur extraordinaire, pour se maintenir, adhéroient plus volontiers à la Milice, qu'au peuple. Ce qui néanmoins
leur tournoit à profit, ou à dommage, selon qu'ils
savoient se tenir en crédit auprès d'elle. Pertinax &
Aléxandre périrent tous deux, parce qu'ils étoient
modérés, clémens, Amateurs de la justice, & ennemis de la Violence. Marc vécut & mourut très-hono-
ré, parce qu'étant venu à l'Empire par succession, il
n'en devoit point de reconnoissance aux soldats, ni
au peuple. Joint qu'aiant des vertus, qui le rendoient
vénérable, il sut si bien faire, que l'un & l'autre
parti se tinrent toujours dans le devoir, & qu'il
ne fut jamais haï, ni méprisé. Mais Pertinax
périt dans les premiers commencemens de son Regne *, parceque la Milice, acoutumée à vivre licen-
tieusement sous Commode, ne put s'assujettir à cête vie
honnête qu'il vouloit introduire. Outre qu'aiant été
fait Empereur malgré eux, & étant vieux, ils le mé-
prisoient 7 encore autant qu'ils le haïssoient. Où il
est

* Dans le 3. mois.

7. L'âge rend les Princes méprisables. *Ipsa ætas Galbæ & irrisui, & fastidio erat assuetis juventæ Neronis.* (Hist. 1.) Soit parce qu'ils font alors moins entrepre-nans ; *Reputante Tiberio extremam ætatem* (Ann. 6.) ou parceque leurs ennemis ne les croient pas en état de se défendre. *Artabanus senectutem Tiberii, ut inermem despiciens.* (Ann. 6.) ou que l'on croit, que leur esprit décline. *Fluxam Senio mentem objectando.* (Ibidem.) Outre que la Vieillesse est souvent cause, qu'ils se laissent gouverner. *Invalidum senem, odio flagitiorum one-ratum, contemptu inertiæ destrus-*

est à remarquer, que l'on encourt aussi bien la haine
en faisant bien, qu'en faisant mal *. Et c'est pour
cela, qu'un Prince, qui veut maintenir son Etat,
est souvent contraint de n'être pas bon. Car lors que
le parti dont tu crois avoir besoin, est corrompu, soit
le Peuple, la Milice, ou les Grans, il faut le contenter, & pour lors tu n'as pas la liberté de bien-faire.
Mais parlons d'Aléxandre, de qui, entre les autres
louanges, qu'on lui donne, il est raconté, qu'en 14. ans,
qu'il regna il ne fit jamais mourir personne que dans
les formes de la justice. Et néanmoins il tomba dans le
mépris, sous couleur, qu'il étoit éféminé, & qu'il se
laissoit gouverner à sa Mère, puis il fut tué * par
ses soldats. Au contraire, Commode, Sevère, Cara-
calle & Maximin furent très-cruels, &, pour contenter les soldats, firent toutes les violences, & tous
les outrages imaginables au peuple, & pourtant ils périrent tous malheureusement, excepté Sevère, dont le Regne fut heureux, quoiqu'il oprimât les peuples, parce
qu'il avoit des qualités excellentes, qui le faisoient
admirer des peuples, & révérer & aimer des soldats. Or comme ses actions, pour un Prince nouveau,
ont été grandes, je veux dire en peu de mots, comme il fut contrefaire le Renard & le Lion, qui sont
les deux Natures, que j'ai dit, & que je dis encore,
que les Princes ont besoin d'imiter.

Sevère, aiant reconnu la lâcheté de l'Empereur Julien, persuada à l'Armée, qu'il commandoit en Illirie,
qu'il faloit aler à Rome vanger la mort de Pertinax, qui avoit été tué par les soldats Prétoriens, &,
fous

struebant. (Hist. 1.) Et que
ceux, qui entrent dans le
Ministère, sur la fin de leur
regne, se hâtent de s'enrichir par toutes sortes de rapines. Afferebant venalia
cuncta præpotentes Liberti.
Servorum manus subitis avi-
dæ, & tanquam apud Senem
festinantes. Et ce d'autant

plus que l'on ne craint guère un Maitre-caduc. Cùm
apud infirmum & credulum
minore metu, & majore præmio peccaretur. (Hist. 1.)

8. Et quia ipsorum moribus
aliena, perinde odium pravis
& honestis. (Ann. 2.)

h Avec sa Mère à Malence.

I 3

sous cête couleur, sans montrer nullement, qu'il prétendoit à l'Empire, il prit le chemin de Rome, avec tant de diligence, qu'il fut en Italie avec son Armée, avant qu'on sût son départ. Et quand il fut à Rome, il fit mourir Julien [9], & se fit élire Empereur les Armes à la main. Mais il avoit encore deux obstacles à se saisir de tout l'Empire, l'un en Asie, où Pescennius Niger, qui commandoit les Légions, avoit pris le titre d'Empereur; l'autre en Occident [*], où il avoit un Compétiteur, nommé Clodius Albinus. Mais y aiant du danger à les ataquer tous deux à la fois, il résolut de tromper l'un, & de combatre l'autre. Il écrivit donc à Albinus, que le Sénat l'aiant fait Empereur, il vouloit l'avoir pour Colégue, ce qu'il fit, en lui donnant le titre de Cesar, & l'autre l'accepta sans façon. Mais après que Sevère eut vaincu & fait tuer Niger, & qu'il eut pacifié l'Orient, étant de retour à Rome, il se plaignit de l'ingratitude d'Albinus, qui, disoit-il, avoit atenté à sa vie. Ce qui l'obligeoit d'aler en France pour le punir, comme il fit ensuite, en lui ôtant son Etat & la vie. Si l'on éxamine de près ce procédé, l'on y trouvera la férocité du Lion & la ruse du Renard. On verra, que Sevère fut craint & réspecté d'un chacun, sans être haï des soldats: & l'on ne s'étonnera plus,

[9]. Scelus, cujus ultor est, quisquis successit. (Hist. 1.) Omnes conquiri & interfici jussit, non honore Galbæ, sed tradito Principibus more munimentum ad presens, in posterum ultionem. (ibid.) C'est la coutume des Princes de vanger la mort de leur Prédécesseur, non pas pour l'amour de lui, mais pour assurer leur propre vie. Claudius fit mourir Chereas & Lupus, qui avoient tué Caligula, quoique cet Atentat

l'eût fait monter au Trône, Vitellius punit de mort tous les coupables du meurtre de Galba & de Pison. Et Domitien fit mourir Epaphrodite, pour avoir aidé Néron à se tuer, quoique Néron eût été condamné par un Arrest du Sénat. Ferdinand, Gran-Duc de Toscane, punit de mort Bianca Capella sa Belle-sœur, qui avoit empoisonné le Gran-Duc François, son Mari.

[*] En France.

plus, comment un homme nouveau put garder un si grand Empire, attendu que la haute réputation lui servit toujours de bouclier contre la haine que ses rapines lui pouvoient avoir attirée.

Caracalla, son Fils, avoit aussi de très-excellentes parties, qui le rendoient admirable au peuple, & agréable aux soldats. Il étoit homme de guerre, infatigable, ennemi de la molesse & de la bonne chère. Ce qui le faisoit aimer dans toutes les Armées. Mais il fut si féroce, & si cruel, qu'il fit comme une boucherie du peuple d'Aléxandrie, & de celui de Rome. Par où il devint odieux à tout le Monde, & jusqu'à ses propres Oficiers. De sorte qu'à la fin un Centurion le tua au milieu de son Armée. Où il est à observer, que ces sortes d'atentats, qui viennent d'un courage ostiné ne se sauroient éviter par les Princes, tous ceux, qui ne se soucient point de leur vie, étant maîtres de la leur [10]. Mais comme ces atentats sont très-rares, le Prince ne s'en doit pas aussi tant mettre en peine. Il doit seulement se garder d'ofenser grièvement aucun de ceux, qui le servent dans sa Maison, ou dans les Afaires de son Etat. Qui est la faute que fit Caracalla, qui retint parmi ses Gardes du Corps un Centurion, dont il avoit fait mourir le frère d'une mort ignominieuse, & à qui il faisoit tous les jours des menaces [*]. Ce qui lui couta la vie.

Quant à Commode, pour tenir l'Empire, à la satisfaction du peuple, & des soldats, il n'avoit qu'à suivre les traces de son Père. Mais comme il étoit cruel & brutal, & qu'il vouloit vivre de rapines, il donna toute sorte de licence à ses soldats. D'ailleurs, oubliant son rang, jusqu'à descendre dans l'Arene, & à faire mille autres bassesses indignes de la Majesté, il devint méprisable aux soldats. Et ce mépris, joint à la haine du peuple, fut cause de la conspiration, où il perdit la vie. Il ne nous reste plus qu'à parler de Maximin.

La

[10]. Quisquis vitam suam contemplit, tuæ dominus est. (Seneca Ep. 4.)

[*] Menacer, c'est fournir des armes à celui qu'on menace.

La Milice aiant tué Aléxandre, qu'elle trouvoit éféminé, comme je l'ai déja dit, elle mit en fa place Maximin, qui étoit grand-guerrier. Mais il ne garda pas longtems l'Empire *, parcequ'il devint odieux & méprisable. La bassesse de fa Naissance l'exposa au mépris Universel, un chacun fachant, qu'il avoit été Berger en Thrace. Les Cruautés, que fes Lieutenans éxercèrent à Rome, & dans tous les autres Lieux de l'Empire, avant qu'il en fût venu prendre possession, le firent passer lui même pour très-cruel. De forte que de la peur & du mépris l'Afrique, Rome, & toute l'Italie, passèrent à la conspiration, où ils furent secondés par fes propres foldats, qui, barassés de la longueur du Siége d'Aquilée, & las de fes cruautés, le tuérent d'autant plus hardiment, qu'ils le vojoient haï de tout le Monde †.

Je ne parlerai point d'Héliogable, de Macrin, ni de Julien, qui n'aiant rien que de méprisable furent promtement exterminés. Mais, pour conclusion, je dirai, que les Princes de nôtre tems n'ont pas fi grand befoin de ménager les foldats, pas un d'eux n'aiant des Armées en Corps, qui foient enracinées dans les Provinces, comme l'étoient celles de l'Empire Romain, où il étoit plus nécessaire de contenter les foldats, que les peuples, parceque ceux-ci n'avoient pas tant de pouvoir que les autres 11. Mais aujourd'hui tous les Princes ont plus befoin de contenter les peuples, que les foldats, parceque les peuples font les plus forts. J'excepte le Gran-Seigneur & le Sultan d'Egipte : le premier, à caufe qu'il entretient toujours environ douze mille hommes d'Infanterie, & quinze mille de Cavalerie, de qui dépend la fûreté & la force

de

---

* Guére plus de deux ans.
† Ils tuérent auffi fon fils encore enfant, difant, que d'une fi méchante race il n'en faloit rien garder.

11. Témoin les Légions d'Alemagne, qui fe vantoient d'avoir l'Empire entre leurs mains. Sua in manu fitam rem Romanam, fuis victoriis augeri Remp. in fuum cognomentum adfcifci Imperatorer. (Ann. 1.) Evulgato Imperii arcano, poffe Principem alibi, quam Romæ fieri. (Hift. 1.) & poffe ab exercitu Principem fieri. (Hift. 2.)

de son Etat, & de qui, par conséquent, il est nécessaire, qu'il conserve l'afection. Le second, d'autant que son Etat étant tout entre les mains des soldats,
il faut de nécessité, qu'il se les conserve amis, sans se
soucier du peuple. Où vous remarquerés, que l'Etat
du Sultan est diférent de toutes les autres Principautés, & semblable au Pontificat Romain. Car ce ne
sont pas les enfans du Prince mort qui succédent, mais
celui qui est élu par les Grans. Et céte coutume
étant très-ancienne, céte Principauté ne peut pas
être apellée nouvelle, non plus que la Papauté, puisqu'il ne s'y rencontre aucune des dificultés, qui sont
dans les Etats nouveaux. Car bien que le Prince soit
nouveau, il est reçu, comme s'il étoit héréditaire,
dautant que la forme du Gouvernement est ancienne.
Mais, pour retourner à mon sujet, je dis, que, si l'on
pese tout ce discours, on verra, que la ruine des
Empereurs, que j'ai nommés, n'est venüe, que de
la haine, ou du mépris, & l'on reconnoitra, pourquoi
les uns procédant d'une façon, & les autres d'une
autre, de part & d'autre quelqu'un a fini heureuse-
ment, & quelqu'un malheureusement. Car il fut
inutile, & même pernicieux à Pertinax, & à Aléxandre, qui étoient des Princes nouveaux, de vouloir imiter Marc, qui en étoit un héréditaire; & pareillemens
à Caracalla, Commode, & Maximin, de marcher
sur les traces de Sevére, faute d'en avoir eu l'habileté. Donc un Prince, établi de nouveau dans un
Etat, ne sauroit imiter les actions de Marc, ni aussi
n'a pas besoin d'imiter celles de Sevére, mais doit
emprunter de celui-ci les qualités nécessaires, pour
devenir Prince; & de l'autre, celles, qui le sont,
pour se maintenir avec honneur dans un Etat, où l'on
se trouve déja bien établi.

~~~~~~~~~~~~~~~~~~~~~~~~~~~

CHAPITRE XX.

Plusieurs Questions de politique.

QUelques Princes, pour s'assurer de leur Etat, ont désarmé leurs Sujets : d'autres ont entretenu la division dans leurs Villes. Quelques - uns se sont fait des ennemis à dessein : Quelques autres se sont apliqués à gagner ceux, qui leur étoient suspects au commencement de leur Regne. Les uns ont bâti des Forteresses, d'autres les ont démolies. Et bien qu'on ne puisse rien décider sur toutes ces choses, à moins que de considérer séparément la Nature de chaque Etat, où l'on a à prendre de telles délibérations : Néanmoins je parlerai de tout cela en général, autant que la Matiére le poura permétre. Il n'est jamais arivé, qu'un Prince nouveau ait désarmé ses Sujets : au contraire, quand il les a trouvés désarmés, il a toujours pratiqué de les armer. Car lors qu'il les arme, ces Armes sont toutes à lui, ceux, qui lui sont suspects, lui

LE Paganisme représentoit Janus avec deux visages ; ce qui signifioit la connoissance parfaite qu'il avoit du passé & de l'avenir. L'image de ce Dieu, prise en un sens allegorique, peut très bien s'appliquer aux Princes. Ils doivent, comme Janus, voir derriére eux dans l'Histoire de tous les siécles qui se sont écoulés, & qui leur fournissent des leçons salutaires de conduite & de devoir ; ils doivent, comme Janus, voir en avant par leur pénétration, & par cet esprit de force & de jugement qui combine tous les rapports, & qui lit dans les conjonctures présentes celles qui doivent les suivre.

Machiavel propose cinq questions aux Princes, tant à ceux qui auront fait de nouvelles conquêtes, qu'à ceux dont la politique ne deman-

lui deviennent fidéles , &
ceux , qui l'étoient, conti-
nüent de l'être, & ses Su-
jets se font ses partisans.
Il est vrai , que tous les
Sujets ne se peuvent pas
armer , mais si tu fais du
bien à ceux que tu armes ,
tu peux être en sûreté du
coté des autres. Joint que
ceux , que tu emploies , te
font obligés à cause de la
préférence , & que les au-
tres t'excusent , supposant
plus de mérite en ceux ,
qui courent plus de danger.
Mais quand tu les désar-
mes , tu les ofenses , en leur
donnant lieu de croire , que
tu te défies d'eux. Ce qui
leur fait concevoir de la
haine contre toi. Et com-
me tu ne peux pas demeu-
rer désarmé , il faut , que
tu aies recours à la Milice
Mercenaire , dont j'ai dit
ci-dessus le fort & le foi-
ble. Et quand même elle
seroit bonne , elle ne le se-
ra jamais tant , qu'elle te
puisse défendre contre des
ennemis puissans , & des
Sujets suspects. Et c'est
pour cela , qu'un Prince
nouveau , dans une Prin-
cipauté nouvelle , a toujours
pris une Milice domestique.
Et l'Histoire en fournit mil-
le exemples. Mais quand
tu acquers un Etat nou-
veau , que tu unis à un
Etat

mande qu'à s'affermir
dans leurs possessions.
Voions ce que la pru-
dence pourra conseiller
de meilleur en combi-
nant le passé avec le fu-
tur , & en se détermi-
nant toujours par la rai-
son & la justice.

Voici la premiére ques-
tion : Si un Prince doit
desarmer des peuples
conquis, ou non ?

Il faut toujours fon-
ger combien la manié-
re de faire la guerre a
changé depuis Machia-
vel. Ce font toujours
des armées disciplinées ,
plus ou moins fortes ,
qui défendent leur Païs;
on mépriseroit beau-
coup une troupe de Païs-
sans armés. Si quelque-
fois dans des siéges la
Bourgeoisie prend les ar-
mes , les Assiégeans ne le
souffrent pas ; & pour
les en empêcher , on les
menace du bombarde-
ment & des boulets rou-
ges. Il paraît d'ailleurs
qu'il est de la prudence
de desarmer pour les
premiers tems les Bour-
geois d'une ville prise ,
principalement si l'on a
quelque chose à crain-
dre de leur part. Les
Romains , qui avoient
conquis la Grande-Bre-
tagne ,

Etat *héréditaire*, alors il est nécessaire de désarmer tes nouveaux Sujets, excepté ceux, qui se sont déclarés pour toi avant l'acquisition. Encore faut-il, dans la suite du tems, les énerver & les amolir en sorte, que toute la force des Armes consiste dans la Milice propre, que tu as coutume d'entretenir dans ton Etat héréditaire. Nos Anciens, & particuliérement ceux, qui passoient pour être les plus Sages du tems, tenoient pour maxime, qu'il faloit des factions domestiques, pour garder Pistoie, & des Forteresses, pour garder Pise, &, selon ce principe, fomentoient les divisions dans quelques Villes, pour les conserver plus facilement. Et cela étoit bon pour ce tems-là, que toute l'Italie étoit comme en balance. Mais je ne crois pas, que cela fût bon aujourd'hui. Car bien loin, que les divisions produisent jamais rien de bon, il faut, que les Villes divisées périssent, quand l'ennemi en approche, parceque le parti le plus foible se joindra toujours avec lui; & que l'autre ne poura plus résister. Les Vénitiens fomentoient les Guelfes & les Gibelins dans leurs Villes: & bien

tagne, & qui ne pouvoient la retenir en paix à cause de l'humeur turbulente & belliqueuse de ces peuples, prirent le parti de les efféminer, afin de moderer en eux cet instinct belliqueux & farouche; ce qui reussit comme on le desiroit à Rome. Les Corses sont une poignée d'hommes, aussi braves & aussi déliberes que ces Anglais; on ne les domptera, je crois, que par la prudence & la bonté. Pour maintenir la Souveraineté de cette Isle, il me paraît d'une nécessité indispensable de desarmer les Habitans, & d'adoucir leurs mœurs. Je dis en passant, & à l'occasion des Corses, que l'on peut voir par leur exemple quel courage, quelle vertu donne aux hommes l'amour de la liberté, & qu'il est dangereux & injuste de l'opprimer.

La seconde question roule sur la confiance qu'un Prince doit avoir, après s'être rendu maitre d'un nouvel Etat, ou en ceux de ses nouveaux Sujets qui lui ont aidé à s'en rendre le maitre, ou en ceux qui ont été

bien qu'ils ne les laiffaffent jamais venir aux mains, fi eft-ce qu'ils nouriffoient des queréles entre eux, pour ocuper, à ce que je crois le loifir de leurs Sujets à raifonner de ces diférends, & leur ôter par là le tems de penfer à fe foulever. Ce qui tourna depuis à leur dommage. Car aprés qu'ils eurent été défaits à Vaila, une de ces factions leva le mafque, & les dépoüilla de tout leur Etat. Je dis donc, que cête conduite montre la foibleffe d'un Prince, & qu'un, qui fera puiffant, ne foufrira ces divifions 1, qui véritablement lui fervent en tems de paix à amufer fes Sujets, mais auffi qui nuifent en tems de Guerre. Sans doute, les Princes deviennent grans, quand ils furmontent les dificultés, & les opofitions qu'on leur fait. Auffi, [*] la Fortune, lors qu'elle veut grandir un Prince nouveau, qui

été fidèles à leur Prince légitime.

Lorfqu'on prend une ville par intelligence, & par la trahifon de quelques Citoïens, il y auroit beaucoup d'imprudence à fe fier aux Traitres, qui probablement vous trahiront : & on doit préfumer que ceux qui ont été fidèles à leurs anciens Maîtres, le feront à leurs nouveaux Souverains ; car ce font d'ordinaire des efprits fages, des hommes domiciliés qui ont du bien dans le Païs, qui aiment l'ordre, à qui tout changement eft nuifible. Cependant il ne faut fe confier légérement à perfonne.

Mais fuppofons un moment que des peuples, opprimés & forcés à fecoüer le joug de leurs Tyrans, appellaifent un autre Prince pour les gouverner, je crois que le Prince doit répondre en tout à la confiance qu'on lui témoigne ; & que s'il en manquoit en cette occafion envers ceux qui lui ont confié ce qu'ils avoient de plus précieux, ce feroit une ingratitude funefte à fon pouvoir

1. Témoin le Roi de France, dit Machiavel (Difc. lib. 3. cap. 27.) qui ne foufriroit jamais, que perfonne fe dift être du parti du Roi, parceque cela fignifieroit, qu'il y auroit un autre parti que celui du Roi : au lieu que le Roi ne veut point de partis.

[*] Ou, Auffi, lorsque la Fortune veut, &c.

K &

qui a plus besoin de réputation, qu'un Prince héréditaire, elle lui suscite des ennemis & des ligues, pour exercer son courage, & son industrie, &, par cête échelle le faire monter à un plus haut degré de puissance ². A raison de quoi plusieurs croient, qu'un Prince sage doit, par finesse, se susciter quelques ennemis, selon qu'il

2. Comme elle fit à Tibére, dont la vie, avant qu'il parvinst à l'Empire, fut pleine de dangers & de traverses. *Cajus prima ab infantia ancipites.... Ubi domum Augusti privignus introiit, multis æmulis conflictatus est, dùm Marcellus & Agrippa, mox Caius Luciusque Cæsares viguere.... Sed maxime in lubrico egit, accepta in matrimonium Julia, impudicitiam uxoris tolerans, aut declinans.* (Tac. Ann. 6.) Et à Caractacus, *quem multa ambigua, multa prospera extulerant, ut cæteros Britannorum Imperatores præmineret.* (Ann. 12.) & à ce Capitaine Romain, qui devint intrépide à force d'avoir éprouvé la bonne & la mauvaise fortune. *Cæcina secundarum ambiguarumque rerum sciens, eòque interritus.* (Ann. 1.)

& à sa gloire. Guillaume, Prince d'Orange, conserva jusqu'à la fin de sa vie son amitié & sa confiance à ceux qui lui avoient mis entre les mains les rênes du Gouvernement d'Angleterre, & ceux qui lui étoient opposés, abandonnerent leur patrie & suivirent le Roi Jaques.

Dans les Roiaumes électifs, où la plûpart des élections se font par brigues, & où le Trône est vénal, quoiqu'on en dise, je crois que le nouveau Souverain trouvera la facilité, après son élevation, d'acheter ceux qui lui ont été opposés, comme il s'est rendu favorables ceux qui l'ont élu.

La Pologne nous en fournit des exemples. On y trafiqua si souvent du Trône, qu'il sembloit que cet achat se fit aux Marchés public. La libéralité d'un Roi de Pologne écarte de son chemin toute opposition, il est le maitre de gagner les grandes Familles par des Palatinats, des Starosties, & d'autres Charges qu'il confere; mais comme les hommes ont sur le sujet

qu'il en trouve l'ocafion, pour en devenir plus eſtimé & plus puiſſant, quand il les aura oprimés ³. Les Princes, & particuliérement les Princes Nouveaux, ont trouvé plus de fidélité & d'utilité dans les hommes, qui, au commencement de leur Regne, leur étoient ſuſpects, qu'en ceux, à qui alors ils ſe fioient le plus. Pandolfe Petrucci, Prince de Sienne, ſe ſervoit plus de ceux, qui lui avoient été ſuſpects, que des autres. Mais comme cela change ſelon les ocaſions, je dirai ſeulement, que, ſi les hommes, que le Prince avoit au commencement pour ennemis, ſont tels, qu'ils aient beſoin d'apui, pour ſe maintenir, le Prince les poura toujours gagner aiſément: & qu'ils lui ſeront d'autant plus fidéles, qu'ils voudront éfacer, par leurs ſervices, la mauvaiſe opinion qu'il avoit conçûe [*].
De

jet des bienfaits la mémoire très courte, il faut revenir ſouvent à la charge. En un mot, la République de Pologne eſt comme le tonneau des Danaïdes, le Roi le plus généreux répandra vainement ſes bienfaits ſur eux, il ne les remplira jamais. Cependant, comme un Roi de Pologne a beaucoup de graces à faire, il peut ſe ménager des reſſources fréquentes, en ne faiſant ſes libéralités que dans les occaſions où il a beſoin des Familles qu'il enrichit.

La troiſiéme queſtion de Machiavel regarde proprement la ſureté d'un Prince dans un Roïaume héréditaire, s'il vaut mieux qu'il entretienne l'union ou la mes-intelligence parmi ſes Sujets?

Cette queſtion pouvoit peut-être avoir lieu du tems des Ancêtres de Machiavel à Florence; mais à préſent je ne penſe pas qu'aucun Politique l'adoptât ſans la mitiger. Je n'aurois qu'à citer le bel Apologue ſi connu, de Menenius Agrippa, par lequel il réünit le peu-

---

3. C'eſt en ce ſens, que Diogéne diſoit, qu'il étoit néceſſaire d'avoir de rudes ennemis.

[*] Ou, Et ces gens-là ſont d'autant plus fidéles qu'ils connoiſſent le beſoin qu'ils ont de détruire, par leurs bonnes actions, l'opinion ſiniſtre, que l'on avoit d'eux.

De sorte que le Prince en tire toujours plus de service, que des autres, qui n'aiant rien à craindre de lui, ont moins de soin de cultiver sa bienveillance 4. *A ce propos, je ne saurois me passer d'avertir le Prince, qui vient d'aquérir un État par la faveur de ceux du païs, de bien considérer les motifs, qu'ils ont eus de le favoriser, & si ce n'a point été en haine du précédent Gouvernement, plûtot que par inclination pour lui*[^5], *qu'ils l'ont fait; auquel cas il lui sera très-dificile de se les conserver amis, parcequ'il sera impossible de les contenter. Et s'il veut parcourir les éxemples anciens & modernes, il verra, qu'il est beaucoup plus facile de gagner l'Amitié de ceux, qui se conten-*

4. Témoin ce Marius Celsus, qui fut si fidéle à Oton, quoiqu'il eût été ami inviolable de Galba. *Marium Celsum Cons. Galbæ usque in extremas res amicum fidumque.* (Hist. 1.) *Otho intra intimos amicos habuit. . . . . Mansitque Celso velut fataliser etiam pro Othone fides integrâ.* (Ibid.)
5. *Multi odio præsentium, & cupidine mutationis.* (Ann. 3.)

peuple Romain. Les Républiques cependant doivent en quelque façon entretenir de la jalousie entre leurs Membres; car si aucun Parti ne veille sur l'autre, la forme du Gouvernement se change en Monarchie.

Il y a des Princes qui croient la desunion de leurs Ministres nécessaire pour leur intérêt, ils pensent être moins trompés par des hommes qu'une haine mutuelle tient réciproquement en garde : mais si ces haines produisent cet effet, elles en produisent aussi un fort dangereux; car au lieu que ces Ministres devroient concourir au service du Prince, il arrive que par des vûes de se nuire, ils se contrecarent continuellement, & qu'ils confondent dans leurs querelles particuliéres l'avantage du Prince & le salut des peuples.

Rien ne contribue donc plus à la force d'une Monarchie, que l'union intime & inséparable de tous ses Membres; & ce doit être le but d'un Prince sage de l'établir. Ce que je viens de répon-

tentoient de l'Administra-
tion précédente, & qui par
conféquent étoient fes ennemis, que de ceux, qui, faute d'en être contens, fe font
faits fes amis, & l'ont aidé à s'emparer de l'Etat.
C'a été la Coutume des
Princes de bâtir des Fortereffes, pour tenir les Mutins en bride, & pouvoir
foutenir le premier éfort
d'une révolte. Je loüe cête
méthode, parcequ'elle a été
en Ufage chés les Anciens.
Mais de notre tems nous a-
vons vu Nicolas Vitelli
démolir deux Fortereffes
de Città-di-Caftello, pour
conferver cête Place. Gui-
baud, Duc d'Urbin, aiant
recouvré fon Duché, d'où
Cefar Borgia l'avoit chaf-
fé, rafa toutes les Forterefles
de cête Province ⁶, per-
fuadé, qu'il feroit plus dificile de la reperdre, quand
il n'y auroit plus de Citadelles.

6. Au Chapitre 24. du
Livre 2. de fes Difcours,
il dit, que le Duc d'Urbin
les démolit, parcequ'étant
aimé de fes fujets il craignoit de s'en faire haïr en
montrant de fe défier d'eux:
& que d'ailleurs il ne pouvoit pas défendre ces fortereffes contre les ennemis
à moins que d'avoir une Armée en Campagne.

pondre à la troifiéme
queftion de Machiavel,
peut en quelque forte
fervir de folution à fon
quatriéme problême. Ex-
aminons cependant, &
jugeons en deux mots
fi un Prince doit fomen-
ter des Factions contre
lui-même, ou s'il doit
gagner l'amitié de fes
Sujets

C'eft forger des Mon-
ftres pour les combat-
tre, que de fe faire des
ennemis pour les vain-
cre; il eft plus naturel,
plus raifonnable, plus
humain de fe faire des a-
mis. Heureux font les
Princes qui connoiffent
les douceurs de l'amitié,
plus heureux font ceux
qui méritent l'amour &
l'affection des peuples.

Nous voici à la derniè-
re queftion de Machia-
vel; favoir, fi un Prin-
ce doit avoir des forte-
reffes & des citadelles,
ou s'il doit les rafer !

Je crois avoir dit
mon fentiment dans le
Chapitre X. pour ce
qui regarde les petits
Princes, venons à pré-
fent à ce qui intéreffe la
conduite des Rois.

Dans le tems de Ma-
chiavel, le monde étoit
dans une fermentation
K 3 géné-

delles. *Les Bentivoles fi-*
rent la même chose à Bo-
logne, après y être retour-
nés 7. *Les Forteresses sont*
donc utiles, ou non, selon
les tems : & si d'un coté
elles servent, elles nuisent
d'un autre. Et voici com-
ment. Le Prince, qui a
plus de peur de ses peuples,
que des Etrangers, doit fai-
re des Forteresses : mais ce-
lui, qui craint plus les E-
trangers, que les peuples,
s'en dois passer. Le Cha-
teau, que François Sforce
a bâti à Milan, a déja
fait & fera plus de mal à
la Maison Sforce, que pas-
un autre désordre de cet
Etat 3. *Il n'y a donc point*
de

7. Les Bentivoles devin-
rent sages aux dépens du Pape Jules II. qui aiant fait une
Citadelle à Bologne, & mis
un Gouverneur, qui faisoit
assassiner les Bourgeois, perdit & la forteresse & la Ville, aussi tôt qu'ils se furent
soulevés. Ibid.

8. Parceque les Sforces
en devinrent plus hardis,
& par conséquent plus violens. Si tu fais des forteresses, dit il au même Chap.
elles te servent en tems de
paix, parcequ'elles te rendent plus hardi à maltraiter
tes sujets : mais en tems de
guerre, elles ne te servent
de

générale; l'esprit de sé-
dition & de révolte re-
gnoit par tout, l'on ne
voioit que des Factions
& des Tyrans. Les ré-
volutions fréquentes &
continuelles obligerent
les Princes de bâtir des
citadelles sur les hau-
teurs des villes, pour
contenir par ce moien
l'esprit inquiet des Ha-
bitans.

Dépuis ce siécle bar-
bare, soit que les hom-
mes se soient lassés de
s'entre-détruire, soit
plûtôt parce que les
Souverains ont dans
leurs Etats un pouvoir
plus despotique, on n'en-
tend plus tant parler de
séditions & de révoltes:
& l'on diroit que cet
esprit d'inquiétude, a-
près avoir assez travail-
lé, s'est mis à présent
dans une assiette tran-
quille; de sorte qu'on
n'a plus besoin de cita-
delles pour répondre
de la fidélité d'un Païs.
Il n'en est pas de
même des fortifications
pour se garantir des en-
nemis, & pour assûrer
davantage le repos de
l'Etat.

Les armées & les for-
teresses sont d'une uti-
lité égale pour les Prin-
ces;

de meilleure Forteresse, que de n'être point haï du peuple. Car si tu en es haï, quelque Forteresse, que tu aies, tu n'es point en sûreté, atendu que le peuple ne prendra pas plus-tôt les Armes, qu'il sera sécouru des Etrangers. Il ne se voit point, que les Forteresses aient servi à d'autres Princes de nôtre tems, qu'à la Comtesse de Furli, à qui la sienne, après le Massacre du Comté Jérome, son Mari *, donna

na

de rien, parcequ'elles sont ataquées, & par les ennemis, & par tes Sujets : & qu'il est impossible, qu'elles tiennent contre les uns & les autres. . . . . Et si tu veux recouvrer un Etat perdu, ce ne sera point par tes Forteresses que tu le recouvreras, si tu n'as une Armée, qui puisse combatre celui, qui t'a dépoüillé. Or si tu as une Armée, tu le peux recouvrer, quand même tu n'aurois point de Forteresses. Quant au Chateau de Milan, Machiavel ajoute, qu'il ne servit dans l'Adversité, ni aux Sforces, ni aux François, mais au contraire leur nuisit, l'orgeüil de la Forteresse leur aiant fait négliger aux uns, & aux autres, de traiter plus honnêtement le peuple.

* *Jérome* Riari *neveu de Sixte*

ces ; car s'ils peuvent opposer leurs armées à leurs ennemis, ils peuvent sauver cette armée sous le canon de leurs forteresses en cas de bataille perdue, & le siége que l'ennemi entreprend de cette forteresse, leur donne le tems de se refaire & de ramasser de nouvelles forces, qu'ils peuvent encore, s'ils les amassent à tems, emploier pour faire lever le siége à l'ennemi.

Les derniéres guerres en Flandre entre l'Empereur & la France, n'avançoient presque point à cause de la multitude des places fortes; & des batailles de cent mille hommes n'étoient suivies que par la prise d'une ou de deux villes. La campagne d'après l'Adversaire, aiant eu le tems de réparer ses pertes, reparaissoit de nouveau, & l'on remettoit en dispute ce que l'on avoit décidé l'année d'auparavant. Dans des Païs où il y a beaucoup de places fortes, des armées qui couvrent deux milles de terre, feront la guerre trente années,

&

na le moien d'atendre le fecours de Milan, & de re-
couvrer fon Etat, & ce,
dans une conjonêture d'A-
faires, où les Etrangers ne
pouvoient pas fecourir le
peuple. Mais depuis, quand
elle fut ataquée par Cefar
Borgia, & que fes Sujets
fe joignirent avec l'Etranger, elle éprouva, qu'elle
eût mieux fait de fe faire
aimer du peuple, que d'a-
voir des Fortereffes. Je
loüe donc & ceux, qui en
font, & ceux, qui n'en
font point: mais je blâme-
rai toujours ceux, qui, s'y
fiant trop, fe foucieront peu
d'être haïs de leurs peuples.

Sixte IV. fa femme étoit Cata-
rine Sforce, fille de François,
Duc de Milan, & fœur de Louis
dit le More.

& gagneront, fi elles font
heureufes, pour le prix
de vingt batailles, dix
milles de terrein.

Dans des Païs ouverts
le fort d'un combat, ou
de deux campagnes,
décide de la fortune du
Vainqueur, & lui fou-
met des Roïaumes en-
tiers. Alexandre, Céfar,
Gengifckam, Charles
XII. devoient leur gloi-
re à ce qu'ils trouverent
peu de places fortifiées
dans les Païs qu'ils
conquirent. Le Vain-
queur de l'Inde ne fit
que deux fiéges en fes
glorieufes campagnes,
l'Arbitre de la Pologne
n'en fit jamais davan-
tage. Eugene, Villars,
Marlbouroug, Luxem-

bourg étoient de grands Capitaines; mais les fortereffes émoufferent en quelque façon le bril-
lant de leurs fuccès. Les Français connoiffent
bien l'utilité des fortereffes, car depuis le Brabant jufqu'au Dauphiné, c'eft une double chaine de
places fortes; la frontiére de la France du côté de
l'Allemagne, eft comme une gueule ouverte de
lion, qui préfente deux rangées de dents mena-
çantes, prête à tout engloutir. Cela fuffit pour
faire voir le grand ufage des villes fortifiées.

CHA-

CHAPITRE XXI.

Comment le Prince doit se gouverner pour se mettre en estime.

Rien ne fait tant estimer un Prince, que les grandes entreprises, & les actions extraordinaires. Nous avons aujourd'hui Ferdinand, Roi d'Espagne, lequel nous pouvons presque appeller Prince nouveau, attendu que de petit Roi d'Arragon, qu'il étoit, il est devenu, par sa réputation, & par sa gloire, le premier Roi de la Chrétienté. Si nous considérons ses actions, nous trouverons, qu'elles ont toutes été grandes, & quelques-unes extraordinaires. Au commencement de son regne, il tourna ses armes contre le Roiaume de Grenade, & cette guerre fut le fondement de sa grandeur, d'autant que les Grands de Castille ne pensant qu'à combattre, il n'avoit rien à craindre d'eux, qui ne s'appercevoient pas même de l'autorité, qu'il acqueroit à leurs dépens, en nourrissant avec les deniers de l'Eglise & du peuple, des Armées, qui le rendirent depuis si celebre.

Outre cela, pour pouvoir entreprendre de plus grandes choses, il se servit du prétexte

CE Chapitre de Machiavel contient du bon & du mauvais. Je releverai premiérement les fautes de Machiavel, je confirmerai ce qu'il dit de bon & de loüable, & je hazarderai ensuite mon sentiment sur quelques sujets qui appartiennent naturellement à cette matière.

L'Auteur propose la conduite de Ferdinand d'Arragon, & de Bernard de Milan pour modèle à ceux qui veulent se distinguer par de grandes entreprises, & par des actions rares & extraordinaires. Machiavel cherche ce merveilleux dans la hardiesse des entreprises, & dans la rapidité de l'exécution. Cela est grand, j'en conviens; mais cela n'est loüable qu'à proportion que l'entreprise du Conquerant est juste. ,, Toi, qui te van-
,, tes d'exterminer les Vo-
,, leurs, disoient les Ambas-
,, sadeurs Scythes à Alexan-
,, dre, tu es toi-même le
,, plus grand Voleur de la
,, terre; car tu as pillé &
,, saccagé toutes les Nations

L ,, que

te de la Religion, & par une piété cruelle, il chassa les Maranes de ses Etats. Il ne se peut pas trouver un exemple plus rare.

Sous le même prétexte, il attaqua l'Afrique, puis l'Italie, & enfin la France, ourdissant toujours de nouveaux desseins, qui tenoient les esprits dans l'attente de l'événement, & ne leur laissoient pas le tems de raisonner d'autre chose, ni par conséquent de machiner contre lui.

Il est encore très utile à un Prince, de donner des exemples singuliers, soit de punition, ou de récompense, desquels on ait à parler long-tems, comme étoient ceux, qu'on vous raconte de Barnabé, Seigneur de Milan 1.

Mais sur-tout un Prince doit s'étudier à paroître excellent dans toutes ses actions 2. Il se fait encore estimer, quand il

1. Et ceux, que Philippe de Commines rapporte de Louis Onzième, son Maître. Il faisoit, dit-il, d'après punitions, pour être craint, & de peur de perdre obéissance. Il renvoioit Officiers, & cassoit Gendarmes, rognoit pensions, & passoit tems à faire & défaire gens; & faisoit plus parler de lui parmi le Roiaume, que ne fit jamais Roi. Dans ses Mem. liv. 6. chap. 8.

2. Præcipua rerum ad famam dirigenda, dit Tac. Ann. 5. Il doit être comme Mucien, qui savoit donner de l'agrément à tout ce qu'il disoit, & à ce qu'il faisoit. On-

,, que tu as vaincues. Si tu ,, es un Dieu, tu dois faire ,, le bien des Mortels, & ,, non pas leur ravir ce qu'ils ,, ont; si tu es un homme, ,, songes toujours à ce que ,, tu es. ,,

Ferdinand d'Arragon ne se contentoit pas toujours de faire simplement la guerre; mais il se servoit de la Religion, comme d'un voile pour couvrir ses desseins. Il abusoit de la foi des sermens, il ne parloit que de justice, & ne commettoit que des injustices. Machiavel loüe en lui tout ce qu'on y blâme.

Machiavel allegue en second lieu l'exemple de Bernard de Milan, pour insinuer aux Princes qu'ils doivent récompenser & punir d'une maniére éclatante, afin que toutes leurs actions aient un caractére de grandeur imprimé en elles. Les Princes généreux ne manqueront point de réputation, principalement lorsque leur libéralité sera une suite de leur grandeur d'ame, & non de leur amour propre.

La bonté peut les rendre plus grands que toutes les autres vertus. Ciceron disoit à César, ,, Vous n'avez rien ,, de plus grand dans votre ,, fortune que le pouvoir de ,, sauver tant de Citoiens, ni ,, de plus digne de votre ,, bonté que la volonté de ,, le

il est grand ami, & grand ennemi, c'est-à-dire, quand il se déclare nettement en faveur de quelqu'un contre un autre ; qui est toujours un meilleur parti, que d'être neutre.

Car si deux puissans Voisins de ton Etat en viennent aux mains, soit que tu aies à craindre de celui, qui sera vainqueur, ou non, dans l'un & l'autre cas il te sera toujours plus avantageux de te déclarer, & de faire une bonne guerre. Si tu ne te déclares pas, tu seras toujours la proie du vainqueur, au grand contentement du vaincu, & tu n'auras personne, qui te plaigne, ni qui te protége ; car le vainqueur ne veut point d'amis suspects, ni incapables de le secourir dans l'adversité ; & celui, qui perd, ne veut point de toi, après que tu n'as pas voulu être le compagnon de sa fortune dans les Armes [*].

Lorsqu'Antiochus passa en Grece où les Etoliens l'appelloient, pour chasser les Romains, ses Ambassadeurs prierent ceux d'Achaie, qui étoient amis des Romains d'être neutres ; au contraire les Romains demandoient, qu'on se déclarât pour eux ; il en fut délibéré dans le Conseil d'Achaie : Et

Omnium quæ dicerent, aique agerent, arte quadam ostentator. Hist. 2.
[*] La Guerre.

„ le faire. „ Il faudroit donc que les peines qu'un Prince inflige, fussent toujours au-dessous de l'offense, & que les récompenses qu'il donne, fussent toujours au-dessus du service.

Mais voici une contradiction. Le Docteur de la politique veut en ce Chapitre que les Princes tiennent leurs Alliances, & dans le XVIII. Chapitre il les dégage formellement de leur parole. Il fait comme ces Diseurs de bonne avanture, qui disent blanc aux uns, & noir aux autres.

Si Machiavel raisonne mal sur tout ce que nous venons de dire, il parle bien sur la prudence que les Princes doivent avoir de ne se point engager legérement avec d'autres Princes plus puissans qu'eux, qui, au lieu de les secourir, pourroient les accabler.

C'est ce que savoit un grand Prince d'Allemagne, également estimé de ses amis & de ses ennemis. Les Suédois entrerent dans ses Etats lorsqu'il en étoit éloigné avec toutes ses troupes pour secourir l'Empereur au bas du Rhin, dans la guerre qu'il soutenoit contre la France. Les Ministres de ce Prince lui conseillerent, à la nouvelle de cette irruption soudaine, d'appeller le Czar

Et comme l'Ambassadeur d'Antiochus les exhortoit à la neutralité, celui des Romains leur dit, On vous dit, que le meilleur parti, que vous puissiez prendre, est de ne vous point embarquer dans notre guerre; & moi je vous dis, que vous n'en sauriez prendre un pire, car si vous vous tenez neutres, vous resterez à la discretion du vainqueur, sans que personne vous soit obligé [1].

Il arrivera toujours, que celui qui n'est point ton ami, te priera d'être neutre, & l'autre de ne l'être pas. Les Princes mal-résolus embrassent d'ordinaire la neutralité, pour se tirer de l'embarras présent, & le plus souvent ils se perdent.

Mais quand tu te déclares hautement en faveur de l'une des parties, si ton ami reste vainqueur, il t'est obligé, & même affectionné, quoique tu sois à sa discrétion; car les hommes ne sont jamais si malhonnêtes, qu'ils veüillent opprimer, avec tant d'ingratitude,

Czar de Russie à son secours; mais ce Prince, plus pénétrant qu'eux, leur répandit que les Moscovites étoient comme des ours qu'il ne falloit point déchaîner, de crainte de ne pouvoir remettre leurs chaînes. Il prit généreusement sur lui les soins de la vengeance, & il n'eut pas lieu de s'en repentir.

Si je vivois dans le siécle futur, j'allongerois sûrement cet article par quelques réflexions qui pourroient y convenir; mais ce n'est pas à moi à juger de la conduite des Princes modernes, & dans le monde il faut savoir parler & se taire à propos.

La matiére de la neutralité est aussi bien traitée par Machiavel, que celle des engagemens des Princes. L'expérience a démontré depuis long-tems qu'un Prince neutre expose son Païs aux injures des deux Parties belligérantes; que ses Etats deviennent le théatre de la guerre, & qu'il perd toujours par la neutralité, sans que jamais il y ait rien de solide à y gagner.

Il y a deux maniéres par lesquelles un Prince peut s'agrandir: l'une est celle de la conquête, lorsqu'un Prince guerrier recule par la force de ses armes les limites de

---

[1]. *Quippe sua dignitate praevisam victoris crisis.* Livius Lib. 35. La Neutralité n'est bonne, que pour le Prince, qui est plus fort que ceux qui se battent, car il se fait, quand il veut, leur arbitre & leur juge; au contraire, elle nuit toujours aux petits Princes. C'est pourquoi il faut être ou le plus fort, ou avec le plus fort.

*tade, celui, qui les a obligez.
Outre que les victoires ne sont
jamais si entières, que le
vainqueur n'ait encore besoin
de garder quelques mesures de
bienséance. Si ton ami est
vaincu, tu deviens le compagnon d'une fortune, qui se
peut relever, & tu as un a-
mi, qui te sert quand il peut.*

*Si ceux, qui se battent en-
semble, sont tels, que tu n'aies
rien à craindre de celui, qui
vaincra, tu fais d'autant plus
sagement de te déclarer, parce que tu concours à la ruine
d'un voisin, avec celui, qui
lui devroit sauver s'il étoit sage, d'autant qu'il reste à ta
discrétion, si tu demeures
vainqueur, comme il est impossible, que tu ne le sois.*

*C'est ici, qu'il faut aver-
tir le Prince, de ne s'asso-
cier jamais avec un plus puissant que lui, pour en offenser
d'autres, si ce n'est, que la
necessité l'y contraigne, comme je l'ai dit ci-dessus *, car
s'il vient à vaincre, tu te mets
à sa discrétion, qui est ce que
les Princes doivent toujours
éviter. Les Vénitiens s'asso-
cièrent, sans nul besoin, avec
la France, contre le Duc de
Milan, d'où s'ensuivit la
ruine de leur Etat.*

*Mais quand on ne peut pas
s'exempter de cette compagnie,
ainsi*

* Au Chapitre 13.

de sa domination; l'autre est
celle du bon gouvernement,
lorsqu'un Prince laborieux
fait fleurir dans ses Etats
tous les Arts, & toutes les
Sciences qui les rendent
plus puissans & plus policés.

Tout ce Livre n'est rempli
que de raisonnemens sur
cette première manière de
s'agrandir, disons quelque
chose de la seconde, plus
innocente, plus juste, &
toute aussi utile que la première.

Les Arts les plus nécessaires à la vie, sont l'Agriculture, le Commerce,
les Manufactures. Ceux qui
font le plus d'honneur à
l'esprit humain, sont la
Géométrie, la Philosophie,
l'Astronomie, l'Eloquence,
la Poësie, la Peinture, la
Musique, la Sculpture,
l'Architecture, la Gravûre,
& ce qu'on entend sous le
nom de Beaux-Arts.

Comme tous les Païs sont
très différens, il y en a où
le fort consiste dans l'Agriculture; d'autres dans les
Vendanges; d'autres dans
les Manufactures, & d'au-
tres dans le Commerce. Ces
Arts se trouvent même prosp-
perer ensemble en quelque
Païs.

Les Souverains qui choi-
siront cette manière douce
& aimable de se rendre plus

ainsi qu'il arriva aux Floren-
tins , lors que le Pape & le
Roi d'Espagne assaillirent la
Lombardie ; le Prince doit
alors se joindre avec les autres ,
pour les raisons , que j'ai di-
tes.

  Ne t'imagines point , qu'il y
ait de parti plus sûr ; au con-
traire , sois assuré , que tu
n'en prendras que de hazar-
deux , car il est fatal de ne
fuir jamais un inconvénient ,
sans tomber dans un autre.
Or la prudence consiste à bien
connoitre la nature des incon-
véniens , & à prendre le moin-
dre mal pour un bien 4.

  Le Prince doit encore ho-
norer tous ceux , qui excel-
lent en leur art , sur-tout si
c'est dans le Trafic , & dans
l'Agriculture ; & les exciter
par des récompenses à inventer
tout ce qui peut enrichir sa
Ville , ou son Etat , afin que
les uns ne s'abstiennent point
d'ouvrir un bon commerce par
la crainte de payer des droits ;
ni les autres de cultiver leurs
ter-

  4. Celui , qui attend toutes les
commodités , (dit Machiavel , au
liv. 2. de son Histoire) ou n'entreprend jamais rien , ou ce qu'il
entreprend tourne le plus souvent
à son desavantage. J'ai observé ,
dans toutes les affaires du Monde ,
dit un autre Politique Italien , que
rien ne précipite plûtôt dans le
peril , que le trop grand soin de
s'en eloigner , & que le trop de
prudence dégénère ordinairement
en imprudence. (*Fra Paolo*)

puissans , seront obligés d'é-
tudier principalement la constitution de leur Païs , afin
de savoir lesquels de ces
Arts seront les plus propres
à y réussir , & par conséquent
lesquels ils doivent le plus
encourager. Les Français
& les Espagnols se sont ap-
perçus que le Commerce
leur manquoit , & ils ont
médité par cette raison sur
le moïen de ruiner celui
des Anglais. S'ils réussis-
sent , la France augmentera
sa puissance plus considérablement , que la conquête
de vingt villes , & d'un mil-
lier de villages ne l'auroit pû
faire ; & l'Angleterre & la
Hollande , ces deux plus
beaux & plus riches Païs du
Monde , dépériront insensi-
blement comme un Mala-
de qui meurt de consomp-
tion.

  Les Païs , dont les bleds
& les vignes sont les richesses , ont deux choses à observer. L'une est de défricher
soigneusement toutes les terres , afin de mettre jusqu'au
moindre terrein à profit ;
l'autre est de rafiner sur un
plus grand , un plus vaste
débit , sur les moïens de
transporter ces marchandises
à moins de fraix , & de pouvoir les vendre à meilleur
marché.

  Quant aux Manufactures
de toute espéce , c'est peut-
être

terres, *de peur d'en être dépouillez, après les avoir embellies* *.

Enfin, il doit, en certains tems de l'année, tenir le Peuple en réjouissance par des jeux, & des spectacles [5]. Et comme chaque Ville est partagée en divers corps de métier, il est bon qu'il assiste quelquefois à leurs assemblées [6], & qu'il y

---

* M. le Chevalier *Temple* observe très-bien, que le Commerce ne fleurit jamais dans un Gouvernement despotique, parce que personne n'est assuré de jouir long-tems de ce qu'il possede; au lieu que cela n'est pas à craindre dans les Républiques. A raison de quoi il conclut, que leur Gouvernement est plus propre, que celui des Monarchies, à cultiver & conserver le Commerce; témoin Tyr, Carthage, Athenes, Siracuse, Agrigenti, Rhodes, où il commença de déchoir, dès que ces villes furent tombées en la puissance d'un Prince. Chap. 6. de ses Remarques sur la Hollande.

[5]. Comme faisoient les Romains, qui selon la remarque de Tacite, domptoient plus les peuples par les voluptez, que par les armes. *Voluptatibus, quibus Romani plus adversus subjectos, quam armis valent.* Hist. 4. Et *Agricola*, qui amollit le courage féroce des Anglois par le luxe, à tel point, qu'ils appelloient en lui douceur & moderation ce qui faisoit une partie de leur servitude. *Ut homines dispersi ac rudes, eoque bello faciles, quieti & otio per voluptates assuescerent..... Idque apud imperitos humanitas vocabatur, cùm pars servitutis esset.*

[6]. Comme faisoit Auguste. *Indulserat ei ludicra Augustus..... neque ipse abhorrebat talibus studiis, & civili rebatur misceri voluptatibus*

être ce qu'il y a de plus utile & de plus profitable à un Etat, puisque par elles on suffit aux besoins & au luxe des habitans, & que les Voisins sont même obligés de païer tribut à votre industrie. Elles empêchent d'un côté que l'argent sorte du Païs, & elles en font rentrer de l'autre.

Je me suis toujours persuadé que le défaut de Manufactures avoit causé en partie ces prodigieuses émigrations des Païs du Nord, de ces Goths, de ces Vandales qui inonderent si souvent les Païs Méridionaux. On ne connoissoit d'Art dans ces tems reculés, en Suéde, en Dannemark, & dans la plus grande partie de l'Allemagne, que l'Agriculture, ou la Chasse. Les terres labourables étoient partagées entre un certain nombre de Propriétaires qui les cultivoient, & qu'elles pouvoient nourrir.

Mais comme la race humaine a de tout tems été très feconde dans ces Climats froids, il arrivoit qu'il y avoit deux fois plus d'habitans dans un Païs, qu'il n'en pouvoit subsister par le labourage. Les Indigens s'attroupoient alors, ils étoient d'illustres Brigands par nécessité,

L 4

y faſſe parade de ſa magnificence & de ſa bonté, mais
ſans oublier jamais la majeſté
de Prince 7, qui le doit accompagner par-tout.

inſtaribus vulgi. Ann. 1. Car le
peuple, qui aime ſon plaiſir, eſt
ravi d'y avoir le Prince pour compagnon. *Ut eſt vulgus cupiens vo-
luptatum, &, ſi eodem princeps
trahat, lætum.* Ann. 14. Et Vitellius, qui, dans l'election des
Conſuls, ſe mêloit indifferem-
ment parmi les prétendans, &
tâchoit de ſe concilier l'affection
& la voix du peuple, en préſi-
dant aux ſpectacles du Theatre &
du Cirque. *Comitia conſulum cum
candidatis civiliter celebrans, om-
nem infimæ plebis rumorem in thea-
tro, ut ſpectator; in Circo, ut fau-
tor, affectavit.* Hiſt. 2.
7. *Ita ut nec illi, aut facilitas
auctoritatem, aut ſeveritas amorem
deminuat.* In Agricola.

té, ils ravageoient d'autres
Païs & en dépoſſedoient les
Maîtres; auſſi voit-on dans
l'Empire d'Orient & d'Oc-
cident que ces Barbares ne
demandoient pour l'ordinaire que des champs pour cultiver, afin de fournir à leur
ſubſiſtance. Les Païs du
Nord ne ſont pas moins peu-
plés qu'ils l'étoient alors;
mais comme le luxe a très
heureuſement multiplié nos
beſoins, il a donné lieu à des
Manufactures & à tous ces
Arts qui font ſubſiſter des
peuples entiers, qui autrement ſeroient obligés de
chercher leur ſubſiſtance
ailleurs.

Ces maniéres donc de fai-
re proſperer un Etat, ſont comme des talens confiés à
la ſageſſe du Souverain, qu'il doit mettre à uſure & faire
valoir. La marque la plus ſûre qu'un Païs eſt ſous un
gouvernement ſage & heureux, c'eſt lorſque les Beaux-Arts
naiſſent dans ſon ſein; ce ſont des fleurs qui viennent dans
un terrein gras & ſous un ciel heureux; mais que la ſé-
chereſſe, ou le ſouffle des Aquilons fait mourir.

Rien n'illuſtre plus un Regne que les Arts qui fleuriſ-
ſent ſous ſon abri. Le ſiécle de Periclès eſt auſſi fameux
par les grands Génies qui vivoient à Athenes, que par les
batailles que les Athéniens donnerent alors. Celui d'Au-
guſte eſt mieux connu par Ciceron, Ovide, Horace,
Virgile, &c. que par les proſcriptions de ce cruel Empereur, qui doit après tout une grande partie de ſa réputation à la Lire d'Horace. Celui de Louis XIV. eſt plus
célèbre par les Corneilles, les Racines, les Mollières,
les Boileau, les Deſcartes, les le Bruns, les Girardon,
que par ce paſſage du Rhin tant exagéré, par les ſiéges où
Louis ſe trouva en perſonne, & par la bataille de Turin
que Monſieur de Marſin fit perdre au Duc d'Orléans par
ordre du Cabinet.

Les

Les Rois honorent l'humanité lorsqu'ils distinguent &
récompensent ceux qui lui font le plus d'honneur , &
qu'ils encouragent ces esprits supérieurs qui s'emploient
à perfectionner nos connaissances, & qui se dévouent au
culte de la vérité.

Heureux sont les Souverains qui cultivent eux-mêmes
ces Sciences, qui pensent avec Ciceron, ce Consul Romain , Libérateur de sa patrie & Pere de l'éloquence.
,, Les Lettres forment la Jeunesse, & sont le charme de
,, l'âge avancé. La prosperité en est plus brillante, l'adver-
,, sité en reçoit des consolations ; & dans nos maisons, &
,, dans celles des autres, dans les voïages, & dans la soli-
,, tude, en tout tems & en tous lieux, elles sont la dou-
,, ceur de notre vie. ,,

Laurent de Médicis, le plus grand homme de sa Nation, étoit le Pacificateur de l'Italie, & le Restaurateur des
Sciences. Sa probité lui concilia la confiance générale de
tous les Princes; & Marc-Aurele, un des plus grands Empereurs de Rome, étoit non moins heureux Guerrier que
sage Philosophe, & joignoit la pratique la plus sévère de
la morale, à la profession qu'il en faisoit. Finissons par
ces paroles : ,, Un Roi que la justice conduit, a l'Univers
,, pour son Temple, & les gens de bien en font les Prêtres
,, & les Sacrificateurs. ,,

CHAPITRE XXII.

Des Secretaires des Princes.

CE n'est pas une chose de
peu d'importance, que de
choisir des Ministres, car c'est
par les gens , que le Prince
tient auprès de sa personne ,
que l'on juge de son esprit &
de sa prudence *.

Quand

IL y a deux espéces de
Princes dans le Mon-
de ; ceux qui voient tout
par leurs propres yeux & gouvernent leurs Etats par eux-
mêmes , & ceux qui se repo-
sent sur la bonne foi de leurs
Ministres, & qui se laissent
gouverner par ceux qui ont

pris

* Tacite dit , qu'on prit bon
au-

L 5

Quand ils font habiles &
fidéles, on doit toujours le
croire fage, pour avoir fû
connoître leur prix. Mais
quand ils ne le font pas, on ne
peut jamais juger favorable-
ment de lui, après qu'il a fait
un fi mauvais choix. Tous
ceux, qui connoiffoient An-
toine da Venafro, *reconnoif-*
foient, que Pandolfe Petrucci, *Prince de Sienne, étoit*
un très-prudent homme, pour
avoir pris un fi habile Minif-
tre.

Or il y a trois fortes d'ef-
prits: Les uns entendent par
eux-

pris l'afcendant fur leur efprit,

Les Souverains de la pre-
miére efpéce font comme
l'ame de leurs Etats; le poids
de leur Gouvernement re-
pofe fur eux feuls, comme
le Monde fur le dos d'Atlas.
Ils réglent les affaires inté-
rieures comme les étrangéres; ils rempliffent à la fois
les poftes des premiers Ma-
giftrats de la Juftice, de Général des armées, de Grands-
Thréforiers. Ils ont, à l'exemple de Dieu qui fe fert
d'Intelligences fupérieures à
l'homme pour operer fes vo-
lontés, des efprits pénétrans
& laborieux pour exécuter
leurs deffeins, & pour remplir en détail ce qu'ils ont
projetté en grand. Leurs Miniftres font proprement des
inftrumens dans les mains
d'un fage & habile Ouvrier.

Les Souverains du fecond
ordre n'aiant pas reçu les
mêmes talens de la Provi-
dence, peuvent y fuppléer par
un choix heureux.

Le Roi qui a affez de fan-
té, des organes en même
tems affez vigoureux & affez
déliés pour foutenir le péni-
ble travail du Cabinet, manque à fon devoir s'il fe donne
un premier Miniftre; mais
je crois qu'un Prince qui n'a
pas ces dons de la nature, fe
manque à lui-même, & à
fon peuple s'il n'emploie
pas tout ce qu'il a de raifon
achoifie

---

augufte du regne de Néron fur le
choix, qu'il fit de Corbulon pour
Général de fes Armées, ce choix
montrant que la porte étant ouverte au mérite, & qu'il fe gou-
vernoit par un bon Confeil. *Da-*
turum plané documentum, honeftis,
an fecus, amicis uteretur, fi ducem
egregium, quàm fi pecuniofum &
gratia fubnixum deligeret. Et quelques lignes après, *Læti, quod De-*
mitium Corbulonem præpofuerat,
videbaturque locus virtutibus pate-
factus. Ann. 13. Et me femble,
(dit Commines au chapitre 2, du
livre 2. de fes Mémoires) que
l'un des plus grands fens, que
puiffe montrer un Seigneur, c'eft
de s'acointer & approcher de lui
gens vertueux & honnêtes; car il
fera jugé, à l'opinion des gens,
d'être de la condition & nature de
ceux qu'il tiendra les plus pro-
chains de lui. Et c'eft où fe
Prince d'Orange fe fondoit, quand
il difoit, qu'il falloit juger de la
cruauté du Roi Philippe II. par
toutes celles, que le Duc d'Albe
exerçoit impunément dans les Pais-
Bas.

eux-mêmes : les autres comprennent tout ce qu'on leur montre, & quelques-uns n'entendent, ni par eux, ni par autrui. Les premiers font très excellens, les seconds font bons, & les derniers inutiles.

Si Pandolfe n'étoit pas du premier rang, sans doute qu'il étoit du second; car toutes les fois qu'un Prince a l'esprit de discerner le bien & le mal, que quelqu'un fait, on dit, quoique de lui-même il n'ait pas de pénétration, il connoît les bonnes & les mauvaises actions de son Ministre, & pour approuver les unes, & blâmer les autres, il lui impose la nécessité d'être homme-de-bien [*] ².

Mais comment connoître bien un Ministre? En voici la pierre-de-touche. Quand tu vois, que ton Ministre pense plus à lui, qu'à toi, & que toutes ses actions tendent à son profit, tu ne dois jamais t'y fier ³; car celui, qui manie

à choisir un homme sage qui porte le fardeau, dont le poids seroit trop fort pour son Maître. Tout homme n'a pas les talens; mais tout homme, s'il veut, aura assez de discernement pour les reconnoître dans autrui, & pour en faire usage. La science la plus universelle des hommes, est de distinguer assez vite la portée du génie des autres; on ne voit que faibles Artistes qui jugent très bien les plus grands Maîtres. Les moindres soldats connoissent tout ce que valent leurs Officiers, les plus grands Ministres sont appréciés par leurs Commis. Un Roi seroit donc bien aveugle s'il ne distinguoit pas le génie de ceux qu'il emploie. Il n'est pas si facile de connoître tout d'un coup l'étendue de leur probité: un Ignorant ne peut cacher son ignorance; mais un cœur faux peut en imposer long-tems à un Roi, qu'il a tant d'intérêt de tromper, & qu'il assiége par ses artifices.

Si Sixte V, a pû tromper soixante-&-dix Cardinaux qui devoient le connoître, combien à plus forte raison n'est-il pas plus facile à un Particulier de surprendre la pénétration du Souverain qui a manqué d'occasions pour le démêler?

Un Prince d'esprit peut juger sans peine du génie, & de

---

² C'est pour cela, que Sejanus, qui connoissoit l'habileté & la pénétration de Tibère, mettoit au commencement tout son esprit à lui donner de bons conseils. *Sejanus, incipiente adhuc potentia, bonis consiliis notescere volebat.* Ann. 4.

³ Après que Sejanus eut sauvé la vie à Tibère dans la grotte de la Spélonque, Tacite dit que Tibère prit une entière confiance en lui, comme en un homme qui a-
vout

nie les affaires d'un Etat, ne doit jamais penser aux siennes, ni même entretenir le Prince d'autre chose, que de ce-qui regarde son Etat 4.

Mais aussi le Prince doit penser à son Ministre, pour l'obliger à bien faire 5; il le doit

voit en plus de soin de la vie du du Prince, que de la sienne, *Major ex eo, &, ut non sui anxius, cum fide audiebatur.* Ann. 4. Et Tigellin, pour détruire les rivaux, difoit à Néron, qu'il ne faifoit pas comme Burrhus, qui avoit des prétentions, & des efpérances; & que toute fon ambition étoit de veiller à la fûreté du Prince. *Non fe, ut Burrhus, diverfas fpes, fed folam incolumitatem Neronis fpectare.* Ann. 14. Tous les Miniftres tiennent ce langage, mais leur cœur & leurs actions démentent fouvent leur bouche.

4. C'eft-pourquoi Tibére tourna en ridicule un Sénateur, qui ofa parler des intérêts de fa famille dans le Sénat, difant, que le Sénat avoit été établi, pour délibérer des affaires publiques, & non pas pour écouter les demandes impertinentes des particuliers. *Nec idem à majoribus conceffum eft, egredi aliquando relationem, & quod in commune conducat loco fententiæ preferre, ut privata negotia, res familiares noftras hîc augeamus...... Efflagitatio intempeftiva & improvifa, cùm aliis de rebus conventint Patres, confurgere.* Ann. 2.

5 C'eft comme Tibére l'entendoit, quand il difoit à Sejanus, *Ipfe, quid intra animum volutaverim, quibus adhuc neceffitudinibus immifcere te mihi parem, omittam ad præfens referre. Id tantum aperiam, nihil effe tam excelfum, quod non virtutes iftæ, tufque in me animus, mereantur, datoque tempore,*

la capacité de ceux qui le fervent; mais il lui eft prefque impoffible de bien juger de leur defintéreffement & de leur fidélité.

On a vû fouvent que des hommes paraiffent vertueux faute d'occafions pour fe démentir; mais qui ont renoncé à l'honnêteté dès que leur vertu a été mife à l'épreuve. On ne parla point mal à Rome des Tiberes, des Nérons, des Caligula avant qu'ils parviffent au Trône: peut-être que leur fcélerateffe feroit reftée fans effet, fi elle n'avoit été mife en œuvre par l'occafion qui développa le germe de leur méchanceté.

Il fe trouve des hommes qui joignent à beaucoup d'efprit, de foupleffe, & de talens, l'ame la plus noire & la plus ingrate; il s'en trouve d'autres qui poffedent un cœur bon & généreux.

Les Princes prudens ont ordinairement donné la préference à ceux, chez qui les qualités du cœur prévaloient, pour les emploier dans l'intérieur de leur Païs. Ils leur ont préferé au contraire ceux qui avoient plus de foupleffe, pour s'en fervir dans des négociations. Car puifqu'il ne s'agit que de maintenir l'ordre & la juftice dans leurs Etats, il fuffit de l'honnêteté; & s'il faut perfuader les Voifins & nouer

la

dois combler d'honneurs, de charges, & de richesses, en forte qu'il ne puisse desirer, ni d'autres honneurs ni d'autres richesses, & qu'il connoisse, qu'il lui seroit impossible de se maintenir sous un autre maître.

Le Prince & le Ministre, qui en useront ainsi, pourront se fier l'un à l'autre ; mais quand ils feront autrement, il en arrivera toujours mal au Prince, ou au Ministre.

pere, vel in senatu, vel in carceri-bus sis retineto. Ann. 4. Comme pour lui dire : Ne te mets point en peine des affaires de ta famil-le, j'y pense pour toi, & je ne t'en dirai pas davantage à cette heure, si ne qu'en tems & lieu, je ne tairai point les services, que tu m'as rendus. Philippe II. Roi d'Espagne disoit à Ruy Gomez, son Premier Ministre, *faites mes Affaires, & je ferai les vôtres.*

des intrigues, on sent bien que la probité n'y est pas tant re-quité que l'adresse & l'esprit.

Il me semble qu'un Prin-ce ne sauroit assez récom-penser la fidélité de ceux qui le servent avec zèle ; il y a un certain sentiment de justice en nous, qui nous pousse à la reconnaissance, & qu'il faut suivre. Mais d'ailleurs les intérêts des Grands demandent absolu-ment qu'ils récompensent avec autant de générosité, qu'ils punissent avec clémen-ce ; car les Ministres qui s'apperçoivent que la vertu sera l'instrument de leur for-tune, n'auront point assuré-ment recours au crime, & ils préféreront naturellement les bienfaits de leur Maître aux corruptions étrangères.

La voie de la justice & la sagesse du monde s'accor-dent donc parfaitement sur ce sujet, & il est aussi impru-dent que dur de mettre, faute de récompense & de géné-rosité, l'attachement des Ministres à une dangereuse épreuve.

Il se trouve des Princes qui donnent dans un autre dé-faut aussi dangereux, ils changent de Ministres avec une legéreté infinie, & ils punissent avec trop de rigueur la moin-dre irrégularité de leur conduite.

Les Ministres qui travaillent immédiatement sous les yeux du Prince, lorsqu'ils ont été quelque tems en place, ne sauroient pas tout-à-fait lui déguiser leurs défauts ; plus le Prince est pénétrant, & plus facilement il les saisit.

Les Souverains qui ne font pas Philosophes, s'impa-tientent bientôt ; ils se révoltent contre les faiblesses de ceux qui les servent, ils les disgracient & les perdent.

Les Princes qui raisonnent plus profondément, con-noissent mieux les hommes ; ils savent qu'ils font tous mar-qués au coin de l'humanité, qu'il n'y a rien de parfait en

ce

ce Monde, que les grandes qualités, sont pour ainsi dire, mises en équilibre par des grands défauts, & que l'homme de génie doit tirer parti de tout. C'est pourquoi, a moins de prévarication, ils conservent leurs Ministres avec leurs bonnes & leurs mauvaises qualités, & ils préferent ceux qu'ils ont approfondis, aux nouveaux qu'ils pourroient avoir, à-peu-près comme d'habiles Musiciens qui aiment mieux joüer avec des instrumens dont ils connoissent le fort & le faible, qu'avec de nouveaux dont la bonté leur est inconnue.

CHAPITRE XXIII.

Comment il faut fuir les Flateurs.

JE ne saurois me passer de parler ici d'un mal, que les Princes ont bien de la peine à éviter, à moins qu'ils n'aient beaucoup de prudence & de discernement ; & ce mal est la Flaterie, qui regne dans toutes les Cours *. Car les hommes ont tant d'amour propre, & se trompent si fort dans la bonne opinion, qu'ils ont d'eux-mêmes, qu'il leur est très-difficile de se préserver de cette contagion ; & d'ailleurs, ceux, qui veulent s'en garantir, courent risque de devenir méprisables.

Car

IL n'y a pas un Livre de Morale, il n'y a pas un Livre d'Histoire, où la faiblesse des Princes sur la flaterie ne soit rudement censurée. On veut que les Rois aiment la verité, on veut que leurs oreilles s'accoutument à l'entendre, & l'on a raison ; mais on veut encore, selon la coutume des hommes, des choses un peu contradictoires. On veut que les Princes aient assez d'amour propre pour aimer la gloire, pour faire de grandes actions, & qu'en même tems ils soient assez indifférens pour renoncer de leur gré au salaire de leurs travaux ; le même principe doit les pousser à mériter la loüange, & à la méprisér. C'est

pré-

* Tacite dit, que la flaterie est un mal aussi ancien, que la domination. *Adulationes . . . . . Vetus id in republica malum.* Ann. 1.

Car comme tu n'as point d'autre moien de te garder des Flateurs, si-non, de faire croire, que tu ne t'offenses point d'entendre la vérité; si chacun a la liberté de te la dire, on te perd bien-tôt le respect 1. *C'est-pourquoi, le Prince prudent doit tenir un milieu, en choisissant des gens sages, à qui seulement il donne toute permission de lui dire la vérité sur les choses, qu'il leur demandera, sans se mêler du reste. Mais il doit les interroger de tout, entendre leurs avis, & puis en faire à sa mode, se gouvernant envers eux de manière, que chacun connoisse & croie, que plus on lui parle librement, & plus on lui plait* *. *Après ceux-là, il n'en doit plus écouter d'autres, mais demeurer ferme dans ce qu'il aura deliberé.*

Si le Prince fait autrement, ou les flatteurs le per-

1. C'est pour cela, que Tibère, qui haïssoit la flaterie, ne pouvoit neanmoins souffrir la liberté; de sorte que l'on ne savoit comment parler devant lui. *Augusta & libera oratio sub principe, qui libertatem metuebat, adulationem oderat.* Ann. 2.

* A l'exemple de *Jean II. Roi de Portugal,* qui prié par un de ses courtisans de lui accorder une charge vacante, répondit, je la garde à un homme qui ne m'a jamais flatté.

prétendre beaucoup de l'humanité, on leur fait bien de l'honneur de supposer qu'ils doivent avoir sur eux-mêmes plus de pouvoir encore que sur les autres.

Contemptus virtutis ex contemptu famæ.

Les Princes, insensibles à leur réputation, n'ont été que des indolens, ou des voluptueux abandonnés à la mollesse; c'étoient des masses d'une matière vile qu'aucune vertu n'animoit. Des Tyrans très cruels ont aimé, il est vrai, la loüange: mais c'étoit en eux une vanité odieuse, un vice de plus; ils vouloient l'estime en méritant l'opprobre. Chez les Princes vicieux la flatterie est un poison mortel qui multiplie les semences de leur corruption; chez les Princes de mérite, la flatterie est comme une rouille qui s'attache à leur gloire, & qui en diminue l'éclat. Un homme d'esprit se révolte contre la flatterie grossiére, il repousse l'adulateur mal-adroit.

Il est une autre sorte de flatterie, elle est la sophiste des défauts, sa réthorique les diminue; c'est elle qui fournit des argumens aux passions, qui donne à l'austérité le caractère de la justice, qui fait une ressem-

perdent, ou bien il varie souvent, selon la diversité des
avis ²; ce qui le fait mépriser.

A ce propos, je veux rap-
porter ce que le Prêtre Luc
disoit un jour de l'Empereur
Maximilien, son Maître, qui
regne aujourd'hui; Qu'il ne
prenoit conseil de personne,
& que néanmoins il ne faisoit jamais rien à sa mode.
*Et cela vient de ce qu'il tient
une route contraire à celle,
que je viens de marquer;
car comme il ne communique
ses secrets à personne, quand
on vient à découvrir ses desseins, les gens de son Conseil y contredisent, & lui,
qui a l'humeur facile, se
rend à leur avis; si bien
qu'il n'y a point de fond à
faire sur ses délibérations,
d'autant que ce qu'il fait un
jour, il le défait un au-
tre* ³.

Il faut donc, qu'un Prince
prenne conseil de tout, mais
quand il lui plaît, & non
pas quand il plaît aux autres.

ressemblance si parfaite de
la libéralité à la profusion
qu'on s'y méprend, qui cou-
vre les débauches du voile
de l'amusement & du plai-
sir; elle amplifie sur-tout les
vices des autres, pour en
ériger un trophée à ceux de
son Héros. La plûpart des
hommes donnent dans cette
flatterie, qui justifie leur
goût, & qui n'est pas tout-à-
fait mensonge; ils ne sauroient avoir de la rigueur
pour ceux qui leur disent un
bien d'eux-mêmes dont ils
sont convaincus. La flatterie qui se fonde sur une base
solide, est la plus subtile de
toutes; il faut avoir le discernement très fin pour appercevoir la nuance qu'elle
ajoute à la vérité. Elle ne
sera point accompagner un
Roi à la tranchée par des
Poëtes qui doivent être les
Historiens, elle ne compo-
sera point des Prologues d'O-
pera remplis d'hyperboles,
des Préfaces fades & des E-
pitres rampantes. Elle n'é-
tourdira point un Héros du
recit emponlé de ses victoires, mais elle prendra l'air
du sentiment; elle se ména-
gera délicatement des en-
trées, elle paraîtra franche
& naïve. Comment un grand
homme, comment un Hé-
ros, comment un Prince
spirituel peut-il se fâcher de
s'entendre dire une vérité
que

1. Comme font les Princes imbé-
cilles. *Igse modò huc modò illuc, ut
quemque faustorum audierat,
promptus*, dit Tacite de Claudius.
Ann. 12. *huc illuc circumagi, quæ
jusserat vetare, quæ vetuerat jubere.*
Hist. 1.
3. Défaut, que l'on dit que
l'Empereur Léopold, qui regne
aujourd'hui, a hérité de Maximilien I.

tres ; en sorte que personne n'ose le conseiller, sans en être requis. Il doit être grand questionneur, & puis entendre patiemment tout ce qu'on lui répond ; & s'il voit quelqu'un biaiser à lui dire la vérité, il doit en montrer du ressentiment.

Ceux-là se trompent fort, qui croient qu'un Prince, qui prend conseil, passe pour un homme, qui n'est pas prudent par lui-même, mais seulement par les bons conseils, qu'on lui donne *.

Car c'est une règle générale & infaillible, que le Prince, qui n'est pas sage de lui-même, ne sauroit être bien conseillé, à moins que par hazard il se laissât gouverner à un homme, qui fût très-prudent ; & en ce cas il pourroit être bien gouverné, mais non pas se maintenir, parce qu'un tel Ministre le dépouilleroit bien vîte de son Etat.

Mais

* L'excellence du Ministre, dit un habile Espagnol, n'a jamais diminué la gloire du Maître ; au-contraire, tout l'honneur du succès retourne à la cause principale, & pareillement tout le blâme. La Renommée s'adresse toujours aux premiers auteurs, elle ne dit jamais : Cet homme a eu de bons, ou de mauvais Ministres ; mais il a été bon ou mauvais Gouverneur. Il faut donc tâcher de bien choisir les Ministres, puisque c'est d'eux, que dépend l'immortalité de la réputation. Gracian, dans ses Oracle manuels.

que la vivacité d'un ami semble laisser échapper ? Comment Louïs XIV. qui sentoit que son air seul en imposoit aux hommes, & qui se complaisoit dans cette supériorité, pouvoit-il se fâcher contre un vieil Officier, qui en lui parlant trembloit & begayoit, & qui en s'arrêtant au milieu de son discours, lui dit, au-moins, Sire, je ne tremble pas ainsi devant vos ennemis ?

Les Princes qui ont été hommes avant de devenir Rois, peuvent se ressouvenir de ce qu'ils ont été, & ne s'accoutument pas si facilement aux alimens de la flatterie. Ceux qui ont regné toute leur vie, ont toujours été nourris d'encens comme les Dieux, & ils mourroient d'inanition, s'ils manquoient de loüange.

Il seroit donc plus juste, ce me semble, de plaindre les Rois que de les condamner : ce sont les flatteurs, & plus qu'eux encore les calomniateurs, qui méritent la condamnation & la haine du Public ; de même que tous ceux qui sont assez ennemis des Princes pour leur déguiser la vérité. Mais que l'on distingue la flatterie de la loüange. Trajan étoit encouragé à la vertu par le Panégyrique de Pline. Tibère

M   étoit

étoit confirmé dans le vice par les flatteries des Séna- teurs. *Mais si un Prince, qui n'est pas sage, a plusieurs conseillers, il ne sera pas ca-* *pable de concilier leurs divers avis 1; & ils ne penseront tous qu'à leurs intérêts 2, & même sans qu'il s'en apperçoi- ve. Et comme c'est l'ordinaire des hommes d'être toujours méchans, si l'on ne leur impose une nécessité d'être bons, le Prince, qui ne se connoîtra pas en gens, ne sera jamais bien servi.*

Je conclus donc, que c'est la prudence du Prince, qui pro- duit les bons conseils, & non les bons conseils, qui font la pru- dence du Prince.

1. *Neque alienis consiliis regi, neque sui expedire.* Hist. 3.
2. *Sibi quisque tendentes.* Hist. 1.
quia apud infirmum metu, & majo- re præmio peccetur. Ibid.

CHAPITRE XXIV,

Pourquoi les Princes d'Italie ont perdu leurs Etats.

LE Prince nouveau, qui *observera prudemment les choses, que j'ai dites, en pa- roîtra un ancien, & sera mê- me plus en sûreté dans son Etat, que s'il étoit Prince héréditaire ; car comme l'on épluche de plus près les actions d'un Prince nouveau, que celles d'un Prince successif, quand on vient à reconnoître, qu'il est sage, son mérite lui concilie plus l'affection des sujets, que ne feroit la suc- cession de pere en fils, d'autant que les hommes s'arrêtent bien plus au présent, qu'au passé.* &

LA Fable de Cadmus, qui sema en terre les dents du serpent qu'il ve- noit de vaincre, & dont nâ- quit un peuple de Guerriers qui se détruisirent, est l'em- blême de ce qu'étoient les Princes Italiens du tems de Machiavel. Les perfidies & les trahisons qu'ils com- mettoient les uns envers les autres, ruinèrent leurs affai- res. Qu'on lise l'Histoi- re d'Italie de la fin du XIV. siécle jusqu'au commence- ment du XV., ce ne sont que cruautés, séditions, violences, ligues pour s'en- tre-détruire, usurpations, al-

& ne cherchent point à chan-
ger, quand ils se trouvent
bien 1. Au contraire ils dé-
fendent le Prince à toute for-
ce, pourvû qu'il ne manque
point à son devoir dans les au-
tres choses.

Et pour-lors, le Prince
aura une double gloire d'avoir
donné commencement à une
nouvelle Principauté, de l'a-
voir munie de bonnes loix, de
bonnes armes, de bons amis,
& de bons exemples; au-lieu
que celui-là sera doublement
infame, qui étant né Prince,
aura perdu son Etat par son
peu de prudence.

Si l'on considére le Roi de
Naples, le Duc de Milan,
& d'autres, qui ont perdu le
leur de nôtre tems, on trou-
vera prémiérement en eux un
commun défaut, quant à la
disposition de leurs armes,
comme je l'ai montré ample-
ment ci-dessus; & puis on
verra qu'ils se sont perdus,
ou pour s'être fait hair du peu-
ple, ou pour n'avoir pas sû
s'assurer des Grans.

Car à moins que de tomber
dans quelqu'une de ces fautes,
on ne perd point des Etats,
qui peuvent tenir une bonne
Armée en campagne. Philip-
pe

assassinats, en un mot un
assemblage énorme de cri-
mes, dont l'idée seule inspire de l'horreur.

Si à l'exemple de Machia-
vel on s'avisoit de renverser la justice & l'humanité,
on bouleverseroit tout l'Univers; l'inondation des crimes
réduiroit dans peu ce Continent dans une vaste solitude. C'étoit l'iniquité & la
barbarie des Princes d'Italie
qui leur firent perdre leurs
Etats, ainsi que les faux
principes de Machiavel per-
dront à coup sûr ceux qui
auront la folie de les suivre.

Je ne déguise rien; la lâcheté de quelques-uns de
ces Princes d'Italie peut a-
voir également avec leur
méchanceté concouru à leur
perte. La faiblesse des Rois
de Naples, il est sûr, ruina
leurs affaires; mais qu'on me
dise d'ailleurs en Politique
tout ce que l'on voudra; ar-
gumentez, faites des systê-
mes, alleguez des exemples,
emploiez toutes les subtili-
tés, vous serez obligé d'en revenir à la justice malgré vous.

Je demande à Machiavel
ce qu'il veut dire par ces paroles: ,, Si l'on remarque en
,, un Souverain, nouvelle-
,, ment élevé sur le Trône,
,, (ce qui veut dire dans un
,, Usurpateur) de la pruden-
,, ce & du mérite, on s'at-
,, tachera bien plus à lui
M 2 ,, qu'à

1 Tuta & praesentia quàm ve-
tera & periculosa malueri. Ann. 1.
antiponunt praesentia dubiis. Hist. 1.

pe de Macédoine *, non pas
le pere d'Alexandre-le-Grand,
mais celui, qui fut vaincu par
Titus Quintus, n'avoit pas
un grand Etat en comparaison des Romains, & des Grecs,
qui l'attaquoient; néanmoins,
comme il étoit homme-de-
guerre, & qui savoit entretenir le peuple, & s'assurer des
Grands, il soutint plusieurs
années la guerre; & si, à la
fin, il perdit quelques villes,
il conserva pourtant son Roiaume.

Ce n'est donc point à la Fortune, que nos Princes se doivent prendre d'avoir perdu
leurs Etats, mais à leur lâcheté; car faute d'avoir pensé
au changement, qui pouvoit
arriver (étant l'ordinaire des
hommes de ne point craindre
la tempête durant la bonace),
quand ils ont vu approcher
l'ennemi, au-lieu de se défendre, ils ont pris la fuite, sur
l'espérance, que leurs peuples,
dégoutés de l'insolence du
vainqueur, ne manqueroient
pas de les rappeller. Parti,
qui est bon à prendre, lorsqu'il n'y en a point d'autres;
mais qui est honteux, quand
on a des moiens plus honnêtes.

C'est folie à toi de vouloir
bien tomber, parce que tu crois
trou-

* Le pere de Persée, dernier Roi
de Macédoine.

„ qu'à ceux qui ne sont re-
„ devables de leur grandeur
„ qu'à leur naissance. La
„ raison de cela, c'est qu'on
„ est bien plus touché du
„ présent que du passé, &
„ quand on y trouve de
„ quoi se satisfaire, on ne
„ va pas plus loin? „

Machiavel suppose-t-il que
de deux hommes également
valeureux & sages, toute
une Nation préferera l'Usurpateur au Prince légitime?
ou l'entend-t-il d'un Souverain sans vertus, & d'un Ra-
visseur vaillant, & plein de
capacité? Il ne se peut point
que la première supposition
soit celle de l'Auteur, elle est opposée aux notions les
plus ordinaires du bon sens;
ce seroit un effet sans cause,
que la prédilection d'un peuple en faveur d'un hom-
me qui commet une action
violente pour se rendre leur
Maître, & qui d'ailleurs
n'auroit aucun mérite préferable à celui du Souverain
légitime.

Ce ne sauroit être non
plus la seconde supposition;
car quelque qualité qu'on
donne à un Usurpateur, on
m'avoüera que l'action violente par laquelle il élève sa
puissance, est une injustice.

A quoi peut-on s'attendre
d'un homme qui débute par
le crime, si ce n'est à un
gouvernement violent & ty-
ran-

trouver quelqu'un, qui te relevera; car ou cela n'arrive pas, ou, si cela arrive, c'est à tes dépens, d'autant que tu es à la merci de celui, qui te défend. Or, il n'y a point de bonnes, ni de sûres défenses, que celles, qui viennent de toi-même, & de ton propre courage.

tannique? Il en est de même que d'un homme qui se marieroit, & qui éprouveroit une infidélité de sa femme le jour même de ses nôces; je ne pense pas qu'il augurât bien de la vertu de sa nouvelle épouse pour le reste de sa vie.

Machiavel prononce sa condamnation en ce Chapitre. Il dit clairement que sans l'amour des peuples, sans l'affection des Grands, & sans une armée bien disciplinée, il est impossible à un Prince de se soutenir sur le Trône. La vérité semble le forcer à rendre cet hommage, à peu près comme les Théologiens l'assûrent des Anges maudits, qui reconnoissent un Dieu, mais qui le blasphement.

Pour gagner l'affection des peuples & des Grands, il faut avoir un fond de vertu; il faut que le Prince soit humain & bienfaisant, & qu'avec ces qualités du cœur on trouve en lui de la capacité pour s'acquitter des pénibles fonctions de sa charge.

Il en est de cette charge comme de toutes les autres; les hommes, quelque emploi qu'ils exercent, n'obtiennent jamais la confiance s'ils ne sont justes & éclairés. Les plus corrompus souhaitent toujours d'avoir à faire à un homme de bien, de même que les plus incapables de se gouverner s'en rapportent à celui qui passe pour le plus prudent. Quoi! le moindre Bourguemaître, le moindre Echevin d'une ville aura besoin d'être honnête homme & laborieux, s'il veut réussir, & la Roiauté seroit le seul emploi où le vice seroit autorisé! Il faut être tel que je viens de le dire, pour gagner les cœurs, & non pas comme Machiavel l'enseigne dans le cours de cet Ouvrage, injuste, cruel, ambitieux, & uniquement occupé du soin de son agrandissement.

C'est ainsi qu'on peut voir démasqué ce Politique, que son siécle fit passer pour un grand homme; que beaucoup de Ministres ont reconnu dangereux, mais qu'ils ont suivi; dont on a fait étudier les abominables maximes aux Princes; à qui personne n'avoit encore répondu en forme,

M 3 &

& que beaucoup de Politiques fuivent fans vouloir qu'on les en accufe.

Heureux feroit celui qui pourroit détruire entiérement le Machiavelifme dans le monde! J'en ai fait voir l'inconféquence, c'eft à ceux qui gouvernent la terre, à la convaincre par leurs exemples: ils font obligés de guérir le Public de la fauffe idée dans laquelle on fe trouve fur la politique, qui ne doit être que le fyftême de la fageffe, mais que l'on foupçonne communément d'être le bréviaire de la fourberie. C'eft à eux de bannir les fubtilités & la mauvaife foi des Traités, & de rendre la vigueur à l'honnêteté & à la candeur, qui, à dire vrai, ne fe trouve guéres entre les Souverains ; c'eft à eux de montrer qu'ils font auffi peu envieux des Provinces de leurs Voifins, que jaloux de la confervation de leurs propres Etats. Le Prince qui veut tout poffeder, eft comme un eftomac qui fe furcharge de viandes, fans fonger qu'il ne pourra pas les digérer ; le Prince qui fe borne à bien gouverner, eft comme un homme qui mange fobrement, & dont l'eftomac digére bien.

CHAPITRE XXV.

Combien la Fortune a de pouvoir dans les affaires du Monde, & comment on lui peut réfifter.

JE fais, que plufieurs ont cru, & croient encore, que les affaires du Monde font gouvernées de telle manière, foit par la Providence Divine, ou par la Fortune, que la prudence des hommes n'y a point de part, d'où il s'enfuit, qu'il faut fe laiffer aller au fort & à l'avanture, fans fe foucier de

LA queftion fur la liberté de l'homme, eft un de ces problêmes qui pouffe la raifon des Philofophes à bout, & qui a fouvent tiré des anathêmes de la bouche des Théologiens. Les Partifans de la liberté difent que fi les hommes ne font pas libres, Dieu agit en eux,

de rien 1. Cette opinion a eu grand cours en ces tems-ci,

1. Tacite, qui étoit Epicurien, dit quelque chose de semblable dans le 6. livre de ses Annales. *In incerto judicium est, fate-ne res mortalium, & necessitate immutabili, an forte volvantur.* Et puis il ajoute: quelques uns croient, qu'il y a une fatalité inévitable, & que cette fatalité n'est autre chose, qu'une liaison des causes naturelles avec leurs effets, laquelle fait que, depuis que nous avons choisi un certain genre de vie, nous ne saurions jamais éviter les accidens, qui se rencontrent dans cet état. *Fatum quidem congruere rebus putant, sed non è vagis stellis, verùm apud principia & nexus naturalium causarum; ac tamen electionem vitæ nobis relinquunt: quam ubi elegeris, certum imminentium ordinem.* Quant à ce que Machiavel dit, que la prudence humaine n'a point de part, dans les affaires du Monde, ou du moins très peu, Tacite en donne un bel exemple, en parlant de Claudius, que la Fortune destinoit à l'Empire, pendant que les hommes pensoient à tout autre. *Mihi,* dit-il, *quanto plura recentium, seu veterum revolvo, tanto magis ludibria rerum mortalium cunctis in negotiis observantur, quippe fama, spe, veneratione, potiùs omnes destinabantur imperio, quàm quem futurum principem fortuna in occulto tenebat.* Ann. 3. La Fortune, dit Gracian, si célèbre & si peu connue, n'est autre chose, que cette grande mere d'accidens, & cette grande fille de la souveraine Providence, qui concourt avec toutes les causes secondes, soit en les mouvant, soit en permettant qu'elles agissent. C'est cette Reine, si absolue, si impénétrable, si inexorable, qui rit aux uns, tourne le dos aux autres, tantôt mere, tantôt marâtre, *non*

eux, que c'est Dieu qui par leur ministère commet les meurtres, les vols & tous les crimes; ce qui est manifestement opposé à sa sainteté. En second lieu, que si l'Etre suprême est le Pere des vices, & l'Auteur des iniquités qui se commettent, on ne pourra plus punir les Coupables, & il n'y aura ni crimes, ni vertus dans le Monde. Or, comme on ne sauroit penser à ce Dogme affreux, sans en appercevoir toutes les contradictions, on ne sauroit prendre de meilleur parti qu'en se déclarant pour la liberté de l'homme.

Les Partisans de la nécessité absolue disent au contraire, que Dieu seroit pire qu'un Ouvrier aveugle, & qui travaille dans l'obscurité, si après avoir créé ce Monde, il eût ignoré ce qui devoit s'y faire. Un Horloger, disent-ils, connoît l'action de la moindre rouë d'une montre, puisqu'il fait le mouvement qu'il lui a imprimé, & à quelle destination il l'a faite: & Dieu, cet Etre infiniment sage, seroit le Spectateur curieux & impuissant des actions des hommes! Comment ce même Dieu, dont les ouvrages portent tous un caractère d'ordre, & qui sont tous asservis à de certaines

ci, à cause des révolutions étranges, qui s'y sont vûes, & qui arrivent encore de jour en jour tout à rebours de la pensée des hommes [*], & quelque fois que j'y pense, je me sens du penchant à cette opinion.

Mais comme notre franc-arbitre n'est pas encore perdu, il me semble, que l'on pourroit dire, que la Fortune est la maîtresse de la moitié de nos actions, & nous en laisse presque gouverner l'autre 2.

Pour moi, je la compare à un fleuve rapide, qui venant à se déborder, inonde le plat-païs, déracine les arbres, entraîne les maisons, & transporte le terrain d'un endroit à un autre, sans que personne ôse, ni puisse s'opposer à sa fureur; ce qui n'empêche pas, que, lorsqu'il est tranquille, l'on ne puisse faire des chaussées, & des digues, qui une autre fois arrêtent les inondations, ou du moins retardent l'impétuosité de son cours.

Il en est de même de la Fortune;

non pas par un effet de la passion, mais par un decret incompréhensible des jugemens de Dieu. Dans le Chap. 10. de son Héros.

[*] De toutes les conjectures humaines.

2. Le succés, dit Sénéque ep. 14. n'est pas de la juridiction du sage; nous commençons les choses, la fortune les acheve.

nes loix immuables & constantes, auroit-il laissé jouir l'homme seul de l'indépendance? Ce ne seroit plus la Providence qui gouverneroit le Monde, mais le caprice des hommes. Puis donc qu'il faut opter entre le Créateur & la Créature, lequel des deux est l'Automate? Il est plus raisonnable de croire que c'est l'Etre, en qui réside la faiblesse, que l'Etre en qui réside la puissance: ainsi la raison & les passions sont comme des chaînes invisibles, par lesquelles la main de la Providence conduit le genre-humain, pour concourir aux événemens que la sagesse éternelle avoit résolus.

C'est ainsi que pour éviter Charybde, on s'approche de Scylla, & que les Philosophes se poussent mutuellement dans l'abyme de l'absurdité, tandis que les Théologiens ferraillent dans l'obscurité, & se damnent dévotement par charité. Ces Partis se font la guerre à peu près comme les Carthaginois & les Romains se la faisoient. Lorsqu'on appréhendoit de voir les troupes Romaines en Afrique, on portoit le flambeau de la guerre en Italie; & lorsqu'à Rome on voulut se défaire d'Han-

tune, elle exerce toute sa puissance, lorsqu'elle ne trouve rien de prêt à lui résister; elle jette toute sa violence sur les lieux, où elle sait, qu'il n'y a ni digne, ni barrière pour la retenir.

Si vous considérez l'Italie, qui est le théâtre de ces révolutions, & qui leur a donné le branle, vous verrez, que c'est une campagne, sans défense; au-lieu que si elle eût été sur ses gardes, comme l'Allemagne, l'Espagne, & la France, elle n'eût pas été inondée des Étrangers, ou du-moins cette irruption n'eût pas fait de si grands progrès [*].

Je n'en dirai pas davantage, quant à ce qui est de résister à la fortune en général. Mais, pour entrer dans le particulier: d'où vient qu'un Prince, que l'on voit prospérer aujourd'hui, périt demain, sans qu'il ait changé d'esprit, ni de conduite? C'est, à mon avis, comme je l'ai déja montré, parce que le Prince, qui ne s'appuie, que sur la fortune, tombe aussitôt qu'elle change.

Je crois aussi, que celui-là est heureux, qui règle sa conduite selon les tems, & que par

[*] Ou, au du moins ils n'y eussent pas fait de si grands progrès.

d'Hannibal que l'on craignoit, on envoia Scipion à la tête des Légions assiéger Carthage. Les Philosophes, les Théologiens, & la plûpart des Héros d'arguments ont le génie de la Nation Françaíse: ils attaquent vigoureusement, mais ils sont perdus s'ils sont réduits à la guerre défensive. C'est ce qui fit dire à un bel Esprit que Dieu étoit le Pere de toutes les Sectes, puisqu'il leur leur avoit donné à toutes des armes égales, de même qu'un bon côté & un revers. Cette question sur la liberté & sur la prédestination des hommes, est transportée par Machiavel de la Métaphysique dans la Politique: c'est cependant un terrein qui lui est tout étranger & qui ne sauroit le nourrir; car en Politique, au lieu de raisonner si nous sommes libres, ou si nous ne le sommes point, si la fortune & le hazard peuvent quelque chose, ou s'ils ne peuvent rien, il ne faut proprement penser qu'à perfectionner sa pénétration & sa prudence.

La fortune & le hazard sont des mots vuides de sens, qui, selon toute apparence, doivent leur origine à la profonde ignorance dans laquelle croupissoit le monde, lorsqu'on donna des noms vagues aux effets dont

M 5   les

par conséquent il n'arrive que malheur à celui, qui ne sait pas s'accorder avec le tems ; car il se voit, que les hommes, pour arriver à la fin qu'ils se proposent (qui est toujours d'acquérir de la gloire & des richesses), tiennent tous une route différente.

L'un garde des mesures, l'autre n'en garde point ; l'un emploie la force, l'autre la ruse ; l'un la patience, l'autre l'impétuosité ; moiens, par où les uns & les autres peuvent réussir. Il se voit aussi, que de deux, qui vont par un même chemin, l'un arrive à sa fin, & l'autre non ; & que deux autres, qui auront été d'esprit tout contraire, l'un modéré, l'autre impétueux, prospéreront tous deux également : ce qui ne sauroit venir, que de la diversité des tems, qui sont favorables, ou contraires à leur conduite.

D'où il arrive ce que j'ai dit, que deux, qui procèdent diversement, ont une même issüe, & que deux, qui procèdent également pour une même fin, ont un succès tout contraire. C'est encore de là que dépend le bien, ou le mal ; car si à un, qui se gouverne avec patience & circonspection, les tems & les affaires viennent si à point, que son gouvernement soit bon, il prospère, mais si les tems & les as-

les causes étoient inconnues.

Ce qu'on appelle vulgairement la fortune de Céfar, signifie proprement toutes les conjonctures qui ont favorisé les desseins de cet Ambitieux. Ce que l'on entend par l'infortune de Caton, ce sont les malheurs inopinés qui lui arriverent, ces contre-tems où les effets suivirent si subitement les causes, que sa prudence ne put ni les prévoir, ni les combattre.

Ce qu'on entend par le hazard, ne sauroit mieux s'expliquer que par le jeu des dez. Le hazard, dit-on, a fait que mes dez ont porté plûtôt douze que sept. Pour décomposer ce Phénomène physiquement, il faudroit avoir les yeux assez bons pour voir la manière dont on a fait entrer les dez dans le cornet, les mouvemens de la main plus ou moins forts, plus ou moins réiterés qui les font tourner, & qui impriment aux dez un mouvement plus vif ou plus lent ; ce sont ces causes, qui, prises ensemble, s'appellent le hazard.

Tant que nous ne serons que des hommes, c'est-à-dire des Etres très bornés, nous ne serons jamais supérieurs à ce qu'on appelle les coups de la Fortune. Nous devons ravir ce que nous pouvons au hazard, des é-

affaires changent, il se perd,
d'autant qu'il ne change pas
de conduite 3.

Or il n'y a point d'homme
si prudent, qu'il sache toujours accorder la sienne avec
les tems, soit parce que l'on
ne sauroit résister à son propre penchant; ou parce que
l'on ne peut guères se résoudre
à quitter une route, par où
l'on est toujours arrivé à bon
port: de-là vient aussi, que
l'homme posé, ne sait pas être
impétueux, quand il le faut
être, ce qui le perd; au-lieu
que s'il changeoit de conduite,
selon les tems & les affaires,
la Fortune ne changeroit
pas 4.

Le

3. Pierre Sodérin, dit Machiavel, procédoit en toutes choses,
avec douceur & patience, & lui,
& sa patrie s'en trouverent bien,
tandis que son procédé fut convenable au tems. Mais quand vint
le tems, qu'il falloit user de rigueur, il ne s'y put résoudre,
d'où s'ensuivit sa perte, & celle
de sa patrie. Liv. 3. de ses Discours chap. 6. & 3. *C'est qu'il
eût voulu se servir de toute l'autorité, que lui donnoit la dignité de
Gonfalonier à vie, il eût pû ruiner
tous les Médicis, &, par conséquent, maintenir sa patrie en liberté.*

4. Ce qui fait, (ajoute Machiavel au même chap. 9.) que la
Fortune abandonne un homme,
c'est qu'elle change les tems, &
que lui ne change pas ses mesures, ni ses brisées. Comme l'on
raconte d'un Roi de Sparte d'être
changeant. *Ce n'est pas moi qui
change*, dit-il, *ce sont les affaires*.
Ce

vénemens; mais notre vie
est trop courte pour tout appercevoir, & notre esprit
trop étroit pour tout combiner.

Voici des faits qui fe-
ront voir clairement qu'il
est impossible à la sagesse humaine de tout prévoir.
Le premier événement est
celui de la surprise de Cre-
mone par le Prince Eu-
gene, entreprise concer-
tée avec toute la prudence
imaginable, & exécutée avec
une valeur infinie. Voici
comment ce dessein échoüa.
Le Prince s'introduisit dans
la ville vers le matin, par
un canal à immondices que
lui ouvrit un Curé avec lequel il étoit en intelligence;
il se seroit infailliblement
rendu maître de la place, si
deux choses inopinées ne fus-
sen arrivées.

Premiérement le Régi-
ment des Vaisseaux qui devoit
faire l'exercice le même matin, se trouva sous les armes
plûtôt qu'il ne devoit y être,
& lui fit résistance, jusqu'à
ce que le reste de la garnison s'assemblât. En second
lieu, le guide qui devoit me-
ner le Prince de Vandemont
à une porte de la Ville, dont
ce Prince devoit s'emparer,
manqua le chemin; ce qui
fit que ce détachement arriva trop tard.

Le second événement
dont

Le Pape Jules II. procéda toujours impétueusement, & cela lui réüssit toujours, parce que le tems & les affaires le demandoient ainsi ; témoin la première entreprise, qu'il fit sur Bologne, du vivant de Jean Bentivole.

Les Vénitiens en prenoient ombrage, les Rois de France & d'Espagne en raisonnoient, & néanmoins il alla lui-même à Bologne, sans que Venise, ni l'Espagne ôsassent branler, l'une aiant peur, & l'autre songeant à recouvrer tout le Roiaume de Naples : d'ailleurs, le Roi de France, qui vouloit se concilier Jules, pour humilier les Vénitiens, n'ôsa lui refuser du secours de peur de l'offenser.

De sorte que Jules, avec son humeur feroce & impétueuse, fit ce qu'un autre Pape n'eût jamais fait avec toute la prudence humaine ; au lieu que s'il eût attendu à partir de Rome, jusqu'à ce qu'il eût fait tous les préparatifs nécessaires, comme tout autre Pape auroit fait, son entreprise eût échoüé ;

Ce qui montre qu'il faut s'accommoder au tems, *morem accommodari, pro-ut conducat. Ann. 12. Remissum aliquid & mitigatum, quia expedierit. Ann. 3.* L'on a toujours estimé sages ceux, qui ont sû ceder au tems, dit Cicéron, *Tempori cedere, id est, necessitati parere, semper sapientis est habitum.*

dont j'ai voulu parler, est celui de la paix particuliére que les Anglais firent avec la France vers la fin de la guerre de la succession d'Espagne. Ni les Ministres de l'Empereur Joseph, ni les plus grands Philosophes, ni les plus habiles Politiques n'auroient pû soupçonner qu'une paire de gans changeroit le destin de l'Europe : cela arriva cependant au pied de la lettre.

La Duchesse de Marlbourough exerçoit la charge de Grande-Maitresse de la Reine Anne à Londres, tandis que son époux faisoit dans les Campagnes de Brabant une double moisson de lauriers & de richesses. Cette Duchesse soutenoit par sa faveur le Parti du Héros, & le Héros soutenoit le crédit de son épouse par ses victoires. Le Parti des Toris qui leur étoit opposé, & qui souhaitoit la paix, ne pouvoit rien tandis que cette Duchesse étoit toute-puissante auprès de la Reine. Elle perdit cette faveur par une cause assez legére. La Reine avoit commandé des gans, & la Duchesse en avoit commandé en même tems. L'impatience de les avoir, lui fit presser la Gantiére de la servir avant la Reine ; cependant Anne voulut avoir ses gans.

échoüé; car la France eût trouvé mille excuses, & les autres lui euffent fait mille peurs.

Je ne parlerai point de ses autres actions, qui ont toutes été semblables, & toutes également heureuses; la mort ne lui a pas donné le loisir de voir un changement *: car s'il fût venu un tems, qu'il eût fallu procéder avec ménagement, il étoit perdu, d'autant qu'il n'eût jamais pû se defaire de sa violence naturelle.

Je conclus donc, que les hommes, qui s'obstinent à tenir toujours la même route, sont heureux, tant que leur conduite s'accorde avec la Fortune; mais sont malheureux, quand elle vient à changer, & qu'ils ne veülent pas changer aussi.

Au reste, je tiens, qu'il vaut mieux être impétueux, que circonspect; parce que la Fortune est une femme, de qui l'on ne sauroit venir à bout, qu'on ne la batte, & qu'on ne la tourmente; & l'on voit par expérience, qu'elle

gans. Une Dame*, qui étoit ennemie de Miledi Marlbourough, informa la Reine de tout ce qui s'étoit passé, & s'en prévalut avec tant de de malignité, que la Reine dès ce moment regarda la Duchesse comme une Favorite dont elle ne pouvoit plus supporter l'insolence. La Gantiére acheva d'aigrir cette Princesse par l'histoire des gans, qu'elle lui conta avec toute la noirceur possible. Ce levain, quoique leger, fut suffisant pour mettre toutes les humeurs en fermentation, & pour assaisonner tout ce qui doit accompagner une disgrace. Les Toris, & le Maréchal de Tallard à leur tête, se prévalurent de cette affaire, qui devint un coup de partie pour eux.

La Duchesse de Marlbourough fut disgraciée peu de tems après, & avec elle tomba le Parti des Wighs & celui des Alliés de l'Empereur. Tel est le jeu des choses les plus graves du monde, la Providence se rit de la sagesse & des grandeurs humaines; des causes frivoles, & quelquefois ridicules changent souvent la fortune des Monarchies entiéres.

Dans

---

* Mardi dit, que tout lui réussit plûtôt par bonheur, que par prudence, & qu'il ne pouvoit jamais mourir dans un tems plus heureux, ni plus glorieux pour son Pontificat. Livre 6. de son Histoire. C'est de lui qu'il est vrai de dire le mot de Paterculu, Virtutibus, & ultra fortem temeritati.

* Madame Masham.

le se laisse bien plus dompter aux esprits féroces, qu'aux gens froids ; & qu'elle est toujours amie des jeunes-gens, parce qu'ils sont moins circonspects, plus violens & plus hardis 6.

6. Témoin ce que Tacite dit de Cerialis, l'un des parens, & des Généraux de Vespasien. *Cerialis parum temporis ad exsequenda imperia dabat, subitus consiliis, sed eventu clarus ; aderat fortuna, etiam ubi artes defuissent.* (Hist. 5.) c'est-à-dire : Cerialis donnoit très-peu de tems, pour exécuter ses ordres : quoique ses entreprises fussent toujours precipitées, elles lui réüssissoient presque toujours. La fortune le favorisoit, jusque dans les choses, où l'expérience lui manquoit. C'est pourquoi Hannibal avoit raison d'appeller la Fortune la marâtre de la Prudence. Le Marquis de Marignan disoit à Charle-quint, qu'elle n'étoit pas seulement inconstante comme la femme, mais folle & badine comme la jeunesse. *Gracian, chap. 11. de son Héros.*

Dans cette occasion, des petites miséres de femmes sauverent Louis XIV. d'un pas, dont la sagesse, ses forces & sa puissance ne l'auroient peut-être pû tirer, & obligerent les Alliés à faire la paix malgré eux.

Ces sortes d'évenemens arrivent, mais j'avoüe que c'est rarement, & que leur autorité n'est pas suffisante pour décréditer entiérement la prudence & la pénétration. Il en est comme des maladies qui altérent quelquefois la santé des hommes ; mais qui ne les empêchent pas de jouir la plûpart du tems des avantages d'un tempérament robuste.

Il faut donc nécessairement que ceux qui doivent gouverner le Monde, cultivent leur pénétration & leur prudence.

Mais ce n'est pas tout : car s'ils veulent captiver la fortune, il faut qu'ils apprennent à plier leur tempérament sous les conjonctures ; ce qui est très difficile.

Je ne parle en général que de deux sortes de tempéramens, celui d'une vivacité hardie, & celui d'une lenteur circonspecte ; & comme ces causes morales ont une cause physique, il est presque impossible qu'un Prince soit si fort maître de lui-même, qu'il prenne toutes les couleurs comme un Caméléon. Il y a des siécles qui favorisent la gloire des Conquerans & de ces hommes hardis & entreprenans, qui semblent nés pour operer des changemens extraordinaires dans l'Univers, des révolutions, des guerres, & principalement je ne sais quel esprit de vertige & de défiance, qui brouillent les Souverains, fournissent à un Conquerant des occasions de profiter de leurs querelles. Il n'y a pas jusqu'à Fernand Cortez, qui dans la conquête

du

du Mexique n'ait été favorisé par les guerres civiles des Américains.

Il y a d'autres tems où le monde, moins agité, ne paraît vouloir être régi que par la douceur, où il ne faut que de la prudence & de la circonspection ; c'est une espéce de calme heureux dans la politique, qui succéde ordinairement après l'orage. C'est alors que les négociations sont plus efficaces que les batailles, & qu'il faut gagner par la plume ce que l'on ne sauroit acquerir par l'épée.

Afin qu'un Souverain pût profiter de toutes les conjonctures, il faudroit qu'il apprît à se conformer au tems comme un habile Pilote.

Si un Général d'armée étoit hardi & circonspect à propos, il seroit presque indomptable. Fabius minoit Hannibal par ses longueurs. Ce Romain n'ignoroit pas que les Carthaginois manquoient d'argent & de recrües, & que sans combattre, il suffisoit de voir tranquillement fondre cette armée pour la faire périr, pour ainsi dire, d'inanition. La politique d'Hannibal étoit au contraire de combattre ; sa puissance n'étoit qu'une force d'accident, dont il falloit tirer avec promptitude tous les avantages possibles, afin de lui donner de la solidité par la terreur qu'impriment les actions brillantes & vives, & par les ressources qu'on tire des conquêtes.

En l'an 1704. si l'Electeur de Baviére & le Maréchal de Tallard n'étoient point sortis de Baviére pour s'avancer jusqu'à Blenheim & Hoghstet, ils seroient restés les maîtres de toute la Suabe; car l'armée des Alliés, ne pouvant subsister en Baviére faute de vivres, auroit été obligée de se retirer vers le Mein, & de se séparer. Ce fut donc manque de circonspection lorsqu'il en étoit tems, que l'Electeur confia au sort d'une bataille, à jamais mémorable & glorieuse pour la Nation Allemande, ce qui ne dépendoit que de lui de conserver. Cette imprudence fut punie par la défaite totale des Français & des Bavarois, & par la perte de la Baviére, & de tout ce Païs qui est entre le haut Palatinat & le Rhin.

On ne parle point d'ordinaire des Téméraires qui ont péri, on ne parle que de ceux qui ont été secondés de la Fortune. Il en est comme des rêves & des prophéties, entre mille qui ont été fausses & que l'on oublie, on ne se ressouvient que du très

petit

petit nombre qui a été accompli. Le monde devroit juger des évènemens par leurs causes, & non pas des causes par l'événement.

Je conclus qu'un peuple risque beaucoup avec un Prince hardi, que c'est un danger continuel qui le menace, & que le Souverain circonspect, s'il n'est pas propre pour les grands exploits, semble plus né pour le Gouvernement. L'un hazarde, mais l'autre conserve.

Pour que les uns & les autres soient grands hommes, il faut qu'ils viennent à propos au Monde, sans quoi, leurs talens leur sont plus pernicieux que profitables.

Tout homme raisonnable, & principalement ceux que le Ciel a destinés pour gouverner les autres, devroient se faire un plan de conduite, aussi bien raisonné & lié qu'une démonstration géométrique En suivant en tout un pareil système, ce seroit le moïen d'agir conséquemment, & de ne jamais s'écarter de son but; on pourroit ramener par-là toutes les conjonctures & tous les évènemens à l'acheminement de ses desseins, tout concourroit pour exécuter les projets que l'on auroit médités.

Mais qui sont ces Princes, desquels nous prétendons tant de rares talens? Ce ne seront que des hommes, & il sera vrai de dire que selon leur nature il leur est impossible de satisfaire à tant de devoirs; on trouveroit plûtôt le Phœnix des Poëtes & les unités des Métaphysiciens, que l'homme de Platon. Il est juste que les peuples se contentent des efforts que font les Souverains pour parvenir à la perfection. Les plus accomplis d'entre eux seront ceux qui s'éloigneront plus que les autres, du *Prince* de Machiavel. Il est juste que l'on supporte leurs défauts lorsqu'ils sont contrebalancés par des qualités de cœur, & par de bonnes intentions. Il faut nous souvenir sans cesse qu'il n'y a rien de parfait au Monde, & que l'erreur & la faiblesse sont le partage de tous les hommes. Le Païs le plus heureux est celui, où une indulgence mutuelle du Souverain & des Sujets, répandroit sur la Société cette douceur, sans laquelle la vie est un poids qui devient à charge, & le Monde une vallée d'amertumes.

CHA-

❊❊❊❊❊❊❊❊❊❊❊❊❊❊❊❊❊❊❊❊❊❊❊❊

CHAPITRE XXVI.

Des différentes sortes de Négociations, & des raisons, qu'on peut appeller justes, de faire la guerre.

REpassant dans mon esprit tout ce que j'ai dit dans les précédens Chapitres, & ruminant, si la conjoncture présente seroit favorable pour un Prince nouveau, qui voudroit introduire en Italie une forme de Gouvernement, qui fit honneur à sa personne, & profit à toute la Nation; je trouve tant de choses, qui concourent en faveur de cette entreprise, que je ne sai pas, s'il pourroit jamais venir un tems, qui fût plus propre à l'exécuter.

S'il falloit, que le peuple d'Israël fût esclave en Egipte, pour savoir ce que valoit Moïse; que les Perses fussent oprimés par les Mèdes, pour juger du courage de Cirus; & que les Athéniens fussent errans & vagabonds, pour bien connoître l'excellence de Thesée *: il falloit aussi, pour voir

NOus avons vû dans cet Ouvrage la fausseté des raisonnemens, par lesquels Machiavel a prétendu nous donner le change, en nous présentant des Scélerats sous le masque de grands hommes.

J'ai fait mes efforts pour arracher au crime le voile de la vertu dont Machiavel l'avoit enveloppé, & pour desabuser le monde de l'erreur où sont bien des personnes sur la politique des Princes. J'ai dit aux Rois que leur véritable politique consistoit à surpasser leurs sujets en vertu, afin qu'ils ne se vissent point obligés de condamner en d'autres ce qu'ils autorisent en leur personne. J'ai dit qu'il ne suffisoit point d'actions brillantes pour établir leur réputation; mais qu'il faut des actions qui tendent au bonheur du Genre humain.

J'ajouterai à ceci deux considérations, l'une regar-

* Voyez le Chapitre 6. où il parle de ces trois personnages.

N   de

voir toute l'étendüe d'un esprit Italien, que l'Italie fût
aujourd'hui si misérable, qu'elle fût plus maltraitée, que
les Perses, plus dispersée, que
les Athéniens; qu'elle fût sans
chef, & sans loix, méprisée,
déchirée, pilée, & asservie
par les Etrangers.

Quoique de tems en tems on
ait vu quelque grand courage,
que l'on croioit être envoié de
Dieu, pour la délivrer, si
est-ce qu'il est arrivé, que la
Fortune l'a toujours abandonné
dans le plus beau de sa
course.

Ainsi l'Italie, qui n'a plus
qu'un souffle de vie, attend,
qu'il vienne quelqu'un, qui
mette fin aux souffrances de
la Lombardie, du Roiaume
de Naples *, & de la Toscane †, & qui guérisse ses bles-
sures & ses ulcéres, que le
tems a renduës presque incu-
rables; elle prie Dieu, de lui
envoier quelqu'un, qui l'af-
franc-

* Il est à propos de remarquer,
que Machiavel parle ici à son pa-
tron Laurent de Médicis, selon
les productions, que les Astrolo-
gues lui avoient faites; les premiers
mois du Pontificat de Léon X,
que Julien, son frere, deviendroit
Roi de Naples, & Laurent, son
Neveu, Duc de Milan. Nardi
livre 8, de son Histoire de Florence.

† Le même Historien dit en
deux endroits du même livre, que
Laurent vouloit se rendre Souverain de Florence.

de les Négociations, &
l'autre les sujets d'entreprendre la guerre, qu'on
peut avec fondement appeler
justes.

Les Ministres des Princes
aux Cours étrangéres sont
des Espions privilégiés, qui
veillent sur la conduite des
Souverains chez lesquels ils
sont envoiés; ils doivent
pénétrer leurs desseins, approfondir leurs démarches,
& prévoir leurs actions, afin
d'en informer leurs Maîtres
à tems. L'objet principal
de leur mission, est de resser-
rer les liens d'amitié entre
les Souverains: mais au lieu
d'être les Artisans de la paix,
ils sont souvent les organes
de la guerre. Ils emploient
la flatterie, la ruse & la séduction pour arracher les
secrets de l'Etat aux Ministres: ils gagnent les foibles
par leur adresse, les Or-
gueilleux par leurs paroles,
& les Intéressés par leurs
présens, en un mot ils font
quelquefois tout le mal
qu'ils peuvent; car ils pensent pécher par devoir, &
ils sont sûrs de l'impu-
nité.

C'est contre les artifices
de ces Espions, que les
Princes doivent prendre de
justes mesures. Lorsque le
sujet de la Négociation devient plus important, c'est
alors que les Princes ont
lieu

franchisse du joug insupportable des Estrangers; on la voit toute prête de suivre un étendard, pourvu qu'un homme de valeur le prenne en main.

Mais il n'y a personne maintenant, sur qui elle puisse faire plus de fond, que sur vôtre illustre Maison, qui tenant aujourd'hui le Pontificat, & étant si visiblement favorisée de Dieu, peut, avec sa prudence & sa bonne fortune, se faire chef de cette glorieuse entreprise. Quant à vous, cela ne vous sera pas fort difficile, si vous envisagez l'exemple de ceux, de qui j'ai parlé; car bien que ce fussent des hommes extraordinaires & admirables, ils n'étoient pourtant qu'hommes, & pas-un d'eux n'a eu une si belle occasion, que celle d'aujourd'hui. Outre que leur Cause n'étoit pas meilleure que la vôtre, ni Dieu pour eux plus que pour vous. Il n'y a ici, que de la Justice [*].

Car toute Guerre, qui est nécessaire, est juste : & les armes, qui se prennent pour la défense d'un peuple, qui n'a point d'autre ressource, sont miséricordieuses. Tout concourt à ce dessein, & il n'y fau-

[*] *On, & c'est pitié, que de prendre les armes en faveur d'un peuple, qui ne sauroit trouver son salut ailleurs.*

lieu d'examiner à la rigueur la conduite de leurs Ministres, afin d'approfondir si quelque pluie de Danaé n'auroit point amolli l'austérité de leur vertu.

Dans ces tems de crise où l'on traite d'Alliances, il faut que la prudence des Souverains soit plus vigilante encore qu'à l'ordinaire. Il est nécessaire qu'ils différent avec attention la nature des choses qu'ils doivent promettre, pour qu'ils puissent remplir leurs engagemens.

Un Traité, envisagé sous toutes ses faces, déduit avec toutes ses conséquences, est tout autre chose que lorsqu'on se contente de le considérer en gros. Ce qui paraissoit un avantage réel, ne se trouve, lorsqu'on l'examine de près, qu'un misérable palliatif qui tend à la ruine de l'Etat. Il faut ajouter à ces précautions le soin de bien éclaircir les termes d'un Traité, & le Grammairien pointilleux doit toujours précéder le Politique habile, afin que cette distinction frauduleuse de la parole & de l'esprit du Traité ne puisse point avoir lieu.

En politique on devroit faire un Recueil de toutes les fautes que les Princes ont faites par précipitation, pour l'usage de ceux qui veulent

faire

fauroit avoir de grandes diffi-
cultez, où il y a de grandes
difpofitions, à moins que l'on
ne s'écarte de la route de ceux,
que j'ai propofez à imiter. De
plus, il fe voit des fignes ex-
traordinaires, la Mer s'eft
ouverte, une nuée a montré
le chemin, une pierre a jetté
de l'eau; la Manne eft tom-
bée d'en-haut; enfin tout a
concouru à vôtre aggrandiffe-
ment. C'eft à nous de faire
le refte, Dieu ne voulant pas
faire tout, pour ne nous pas
ôter nôtre franc-arbitre, ni
la part de la gloire, qui nous
appartient.

Ce n'eft pas merveille, fi
pas-un des Italiens, que j'ai
nommez, n'a encore pû faire
ce que l'on efpére que fera vo-
tre illuftre Famille; ni fi l'I-
talie a été fi malheureufe dans
fes guerres, qu'il fembleroit,
que la vertu militaire en fût
bannie; car cela ne vient, que
de ce que l'ancien ufage mili-
taire qu'elle obfervoit n'étoit
plus de faifon, & que per-
fonne n'a fû en inventer un
nouveau.

Rien ne fait tant d'honneur
à un homme, qui vient de
monter à la Principauté, que
de faire de nouvelles loix, &
d'inventer une nouvelle Dif-
cipline, d'autant que ces Or-
donnances le rendent admira-
ble, lors qu'elles font bien fon-
dées, & qu'elles donnent une
idée de grandeur.

faire des Traités ou des Alliances. Le tems qu'il leur
faudroit pour le lire, leur
donneroit celui de faire des
réflexions, qui ne fau-
roient que leur être falutai-
res.

Les Négociations ne fe font
pas toutes par des Miniftres
accrédités; on envoie fouvent des perfonnes fans caractére dans des lieux tiers,
où ils font des propofitions
avec d'autant plus de liberté, qu'ils commettent moins
la perfonne de leur Maître.
Les Préliminaires de la derniére Paix entre l'Empereur
& la France, furent conclus
de cette maniére, à l'infçu
de l'Empire & des Puiffan-
ces Maritimes. Cet accom-
modement fe fit chez un
Comte *, dont les terres
font au bord du Rhin.

Victor Amedée, le Prin-
ce le plus habile, & le plus
artificieux de fon tems, favoit mieux que perfonne,
l'art de diffimuler fes deffeins. L'Europe fut abufée
plus d'une fois par la fi-
neffe de fes rufes; entre autres lorfque le Maréchal de
Catinat, dans le froc d'un
Moine, & fous prétexte de
travailler au falut de cette
ame Roiale, retira ce Prince
du parti de l'Empereur, &
en

---

* Le Comte de Neuwied.

Or il y a en Italie assez de matière propre à recevoir telle forme qu'on voudra. Ce ne sont pas les membres, qui y manquent de valeur, mais les Chefs; témoin les duels, & les autres combats particuliers, où l'on voit, que les Italiens sont les plus adroits & les plus forts, au lieu qu'ils ne font rien dans les Armées; ce qui vient de la foiblesse des Chefs, à qui ceux, qui savent leur métier, ne veulent pas obéir. Or chacun se flatte de le savoir; & il ne s'est encore vu personne, à qui les autres aient voulu céder, quelque grand mérite qu'il eût.

C'est pour cela que, dans toutes les guerres, que nous avons eues depuis vingt ans en-çà, les Armées, qui n'ont été composées que d'Italiens, n'ont jamais rien fait, qui vaille; témoin le Tar, Alexandrie, Capoüe, Gennes, Vaila, Boügne, Mestre. Si donc la Maison de Médicis veut suivre les traces de ces excellens hommes, qui ont délivré leur pais de l'oppression étrangère, il faut avant toutes choses, comme c'est le vrai fondement de toutes les entreprises, avoir une Milice propre, n'y en aiant point ni de meilleure, ni de plus fidéle. Et quoique chaque soldat en soit bon, tous ensemble ils deviendront meilleurs, quand ils verront leur pro-

en fit un Prosélyte à la France. Cette Négociation entre le Roi & le Général, fut conduite avec tant de dextérité, que l'Alliance de la France & de la Savoye qui s'ensuivit, parut aux yeux de l'Europe comme un Phénomène de politique inopiné.

Ce n'est ni pour justifier, ni pour blâmer la conduite de Victor-Amedée, que j'ai proposé son exemple aux Rois; je n'ai prétendu loüer en sa conduite que l'habileté & la discrétion, qui, lorsqu'on s'en sert pour une fin honnête, sont des qualités absolument requises dans un Souverain.

C'est une régle générale qu'il faut choisir les esprits les plus transcendans, pour les emploïer à des Négociations difficiles; qu'il faut non seulement des sujets rusés pour l'intrigue, souples pour s'insinuer; mais qui aient encore le coup d'œil assez fin pour lire sur la physionomie des autres les secrets de leur cœur, afin que rien n'échappe à leur pénétration, & que tout se découvre par la force de leur raisonnement.

Il ne faut point abuser de la ruse & de la finesse; il en est comme des épiceries, dont l'usage trop fréquent dans les ragoûts émousse le goût,

propre Prince leur commander, les honorer, & les récompenser.

Il est donc nécessaire de se pourvoir d'armes domestiques, pour être en état de résister aux étrangères. L'Infanterie Suisse & l'Infanterie Espagnole sont estimées terribles, mais l'une & l'autre a ses défauts: & par conséquent une Milice mitoienne pourroit non seulement leur résister, mais encore les vaincre; les Espagnols ne pouvant soutenir la Cavalerie, & les Suisses étant sujets à avoir peur des fantassins, quand ils en rencontrent d'aussi obstinez qu'eux à combattre.

En effet, il s'est vû, & il se verra encore, que les Espagnols ne sauroient tenir contre la Cavalerie Françoise, & que les Suisses sont battus par l'Infanterie Espagnole. Et bien qu'il ne s'en soit pas vû une entière expérience quant aux Suisses, toutefois il s'en vit un échantillon à la Bataille de Ravenne, quand l'Infanterie Espagnole en vint aux prises avec les Allemans, qui gardent le même ordre que les Suisses, en ce que les Espagnols, moiennant leur agilité & leurs boucliers, s'étant jettez au-travers des piques des Allemans, ceux-ci furent battus, sans pouvoir se defendre, & alloient être entièrement défaits, sans la Cavalerie,

goût, & leur fait à la fin perdre ce piquant, qu'un palais qui s'y accoutume, ne sent à la fin plus.

La probité au contraire est pour tous les tems; elle est semblable à ces alimens simples & naturels qui conviennent à tous les tempéramens, & qui rendent le corps robuste sans l'échauffer.

Un Prince, dont la candeur sera connue, se conciliera infailliblement la confiance de l'Europe, il sera heureux sans fourberie, & puissant par sa seule vertu. La paix & le bonheur de l'Etat sont comme un centre, où tous les chemins de la politique doivent se réunir, & ce doit être le but de toutes ses Négociations.

La tranquillité de l'Europe se fonde principalement sur le maintien de ce sage équilibre, par lequel la force supérieure d'une Monarchie est contrebalancée par la puissance réunie de quelques autres Souverains. Si cet équilibre venoit à manquer, il seroit à craindre qu'il n'arrivât une révolution universelle, & qu'une nouvelle Monarchie ne s'établît sur les débris des Princes que leur desunion rendroit trop faibles.

La politique des Princes de

lerie , qui vint fondre sur les
Espagnols.

Connoissant donc le défaut
de l'une & de l'autre Infan-
terie, l'on pourroit en inven-
ter une nouvelle , qui tînt con-
tre la Cavalerie , & ne crai-
gnît point l'Infanterie ; & pour
cela , il n'y auroit qu'à chan-
ger la manière de combattre.
Et ce sont ces sortes d'inven-
tions , qui donnent de la répu-
tation & de l'autorité à un
Prince nouveau.

Il ne faut donc pas laisser
échapper cette occasion ; il est
tems , que l'Italie , après
de si longues souffrances , voie
enfin son libérateur. Je ne puis
exprimer avec quelle tendres-
se , & quelle reconnoissance ,
il seroit reçu dans toutes ces
Provinces , qui ont été inon-
dées du torrent des armes é-
trangéres , & qui , depuis
tant d'années , ne respirent
que vengeance. Où seroient
les Villes , qui lui fermeroient
leurs portes , & les peuples ,
qui refuseroient de lui obéir ?
Quelle envie auroit-il à sur-
monter ? y auroit-il un seul I-
talien , qui hésitât à lui ren-
dre hommage ? chacun est las
de cette domination barbare.
Que votre illustre Maison pren-
ne donc cette Cause en main ,
avec toutes les espérances , que
l'on peut concevoir de la réus-
site d'une juste entreprise , a-
fin que Notre Nation refleu-
risse sous son étendard , & que ,
       sous

de l'Europe semble donc
exiger d'eux qu'ils ne né-
gligent jamais les Alliances
& les Traités par lesquels
ils peuvent égaler les forces d'une Puissance ambi-
tieuse, & ils doivent se mé-
fier de ceux qui veulent semer parmi eux la désunion
& la zizanie. Qu'on se sou-
vienne de ce Consul, qui,
pour montrer combien l'u-
nion étoit nécessaire , prit
un cheval par la queuë , &
fit d'inutiles efforts pour la
lui arracher ; mais lorsqu'il
la prit crin à crin en les sé-
parant , il en vint facilement
à bout. Cette leçon est aussi
propre pour certains Souverains de nos jours, que pour
les Légionaires Romains ;
il n'y a que leur réunion qui
puisse les rendre formida-
bles, & maintenir en Europe la paix & la tranquillité.

Le monde seroit bienheu-
reux s'il n'y avoit d'autres
moïens que celui de la
Négociation, pour mainte-
nir la justice & pour rétablir
la paix & la bonne harmonie
entre les Nations. L'on em-
ploieroit les raisons, au lieu
d'armes, & l'on s'entre-dis-
puteroit seulement, au lieu
de s'entre-égorger ; une fâcheuse nécessité oblige les
Princes d'avoir recours à
une voïe beaucoup plus
cruelle. Il y a des occasions
où il faut défendre par les
N 4   armes

fous fes aufpices, il foit vrai de dire avec Pétrarque.

Virtù contra'l furore
Prendrà l'arme , & fia il
    combatter corto;
Che l'antico valore
Nell' Italici cuor non è an-
    cor morto.

C'eft-à-dire;

*La Juftice au combat dé-
    fiera la Fureur ,
Et faura lui donner une firu-
    de atteinte,
Que l'on verra bientôt , que
    l'ancienne valeur
Du cœur Italien n'eft pas
    encore éteinte.*

armes la liberté des peuples qu'on veut oprimer par injuftice , où il faut obtenir par violence ce que l'iniquité refufe à la douceur , où les Souverains doivent commettre la Caufe de leur Nation au fort des batailles. C'eft dans un des cas pareils que ce paradoxe devient véritable , qu'une bonne guerre donne & affermit une bonne paix.

C'eft le fujet de la guerre qui la rend jufte ou injufte. Les paffions & l'ambition des Princes leur offufquent fouvent les yeux , & leur peignent avec des couleurs avantageufes les actions les plus violentes. La guerre eft une reffource dans l'extrémité , il faut s'en fervir que dans des cas défefperés , & bien examiner fi l'on y eft porté par une illufion d'orgueil , ou par une raifon folide.

Il y a des guerres défenfives, & ce font fans contredit les plus juftes.

Il y a des guerres d'intérêt que les Rois font obligés de faire pour maintenir eux-mêmes les droits qu'on leur contefte; ils plaident les armes à la main , & les combats décident de la validité de leurs raifons.

Il y a des guerres de précaution que les Princes font fagement d'entreprendre. Elles font offenfives à la vérité; mais elles n'en font pas moins juftes. Lorfque la grandeur exceffive d'une Puiffance femble prête à fe déborder, & menace d'engloutir l'Univers, il eft de la prudence de lui oppofer des digues , & d'arrêter le cours du torrent, lors encore qu'on en eft le maître. On voit des nuages qui s'affemblent, un orage qui fe forme, les éclairs qui l'annoncent; & le Souverain que ce danger menace, ne pouvant tout feul conjurer la tempête, fe réunira, s'il eft fage, avec tous ceux que le même péril met dans les
                                                            mêmes

mêmes intérêts. Si les Rois d'Egypte, de Syrie, de Macedoine se fussent ligués contre la puissance Romaine,
jamais elle n'auroit pû bouleverser ces Empires; une Alliance sagement concertée, & une guerre vivement entreprise, auroit fait avorter ces desseins ambitieux dont l'ac-
complissement enchaîna l'Univers.

Il est de la prudence de préferer les moindres maux aux
plus grands, ainsi que de choisir le parti le plus sûr, à l'exclusion de celui qui est incertain. Il vaut donc mieux
qu'un Prince s'engage dans une guerre offensive, lorsqu'il
est le maître d'opter entre la branche d'olive & la branche
de laurier, que s'il attendoit à des tems désesperés, où une
declaration de guerre ne pourroit retarder que de quelques
momens son esclavage & sa ruine. C'est une maxime certaine qu'il vaut mieux prévenir que d'être prévenu : les
grands hommes s'en sont toujours bien trouvés.

Beaucoup de Princes ont été engagés dans les guerres de
leurs Alliés par des Traités, en conséquence desquels ils
ont été obligés de leur fournir un nombre de troupes auxiliaires. Comme les Souverains ne sauroient se passer d'Alliances, puisqu'il n'y en a aucun en Europe qui puisse se
soutenir par ses propres forces, ils s'engagent à se donner
un secours mutuel en cas de besoin ; ce qui contribue à
leur sûreté, à leur conservation. L'événement décide
lequel des Alliés retire les fruits de l'Alliance ; une heureuse occasion favorise une des Parties en un tems, une
conjoncture favorable seconde l'autre Partie contrac-
tante. L'honnêteté & la sagesse du monde exigent
donc également des Princes qu'ils observent religieu-
sement la foi des Traités, & qu'ils les accomplis-
sent même avec scrupule; d'autant plus, que par les Alliances ils rendent leur protection plus efficace à leurs
peuples.

Toutes les guerres donc qui n'auront pour but que de
repousser les Usurpateurs, de maintenir des droits légitimes, de garantir la liberté de l'Univers, seront conformes
à la justice. Les Souverains qui en entreprennent de
pareilles, n'ont point à se reprocher le sang répandu; la
nécessité les fait agir, & dans de pareilles circonstances
la guerre est un moindre malheur que la paix.

Autrefois quelques Princes, sans songer à se faire des
At-

Alliés, ne penſoient qu'à vendre leurs ſoldats, & à tra-
fiquer du ſang de leurs ſujets.

L'inſtitution du ſoldat eſt pour la défenſe de la patrie; les louer à d'autres, comme on vend des dogues &
des taureaux pour le combat, c'eſt, ce me ſemble, pervertir
à la fois le but du négoce & de la guerre. On dit qu'il
n'eſt pas permis de vendre les choſes ſaintes, eh! qu'y a-
t-il de plus ſacré que le ſang des hommes?

Pour les guerres de Religion, ſi ce ſont des guerres civiles, elles ſont preſque toujours la ſuite de l'imprudence
ce du Souverain, qui a mal-à-propos favoriſé une Secte
aux dépens d'une autre; qui a trop reſſerré, ou trop étendu
l'exercice public de certaines Religions; qui ſur-tout a
donné du poids à des querelles de Parti, leſquelles ne
ſont que des étincelles paſſagéres quand le Souverain ne
s'en mêle pas, & qui deviennent des embraſemens quand
il les fomente.

Maintenir le Gouvernement civil avec vigueur, & laiſ-
ſer à chacun la liberté de conſcience; être toujours Roi,
& ne jamais faire le Prêtre, eſt le ſûr moïen de préſer-
ver ſon Etat des tempêtes que l'eſprit dogmatique des
Théologiens cherche ſouvent à exciter.

Les guerres étrangères de Religion ſont le comble de
l'injuſtice & de l'abſurdité. Partir d'Aix-la-Chapelle pour
aller convertir les Saxons le fer à la main, comme
Charles-Magne, ou équipper une flotte pour aller propo-
ſer au Soudan d'Egypte de ſe faire Chrétien, ſont des en-
treprifes bien étranges. La fureur des Croiſades eſt paſſée;
faſſe le Ciel qu'elle ne revienne jamais!

La guerre en général eſt ſi féconde en malheurs, l'iſſue
en eſt ſi peu certaine, & les ſuites en ſont ſi ruineuſes
pour un Païs, que les Princes ne ſauroient aſſez réfléchir
avant que de s'y engager. Les violences que les troupes
commettent dans un Païs ennemi, ne ſont rien en com-
paraiſon des malheurs qui réjailliſſent directement ſur les
Etats des Princes qui entrent en guerre.

Je me perſuade que ſi les Monarques voioient un tableau vrai des miſères qu'attire ſur les peuples une
ſeule déclaration de guerre, ils n'y ſeroient point in-
ſenſibles. Leur imagination n'eſt pas aſſez vive pour leur
repréſenter au naturel des maux qu'ils n'ont point connus,

nus, & à l'abri desquels les met leur condition. Comment sentiront-ils ces impôts qui accablent les peuples; la privation de la Jeunesse du Païs que les recrües emportent; ces maladies contagieuses qui désolent les armées; l'horreur des batailles, & ces siéges plus meurtriers encore; la désolation des blessés que le fer ennemi a privés de quelques-uns de leurs membres, uniques instrumens de leur industrie & de leur subsistance; la douleur des Orphelins qui ont perdu par la mort de leur pere l'unique soutien de leur faiblesse; la perte de tant d'hommes utiles à l'Etat, que la mort moissonne avant le tems?

Les Souverains qui regardent leurs sujets comme leurs esclaves, les hazardent sans pitié, & les voient périr sans regret; mais les Princes qui considérent les hommes comme leurs égaux, & qui envisagent le peuple comme le corps dont ils sont l'ame, sont œconomes du sang de leurs sujets.

Je prie les Souverains, en finissant cet Ouvrage, de ne se point offenser de la liberté avec laquelle je leur parle; mon but est de dire la vérité, d'exciter à la vertu, & de ne flatter personne. La bonne opinion que j'ai des Princes qui regnent à présent dans le Monde, me les fait juger dignes d'entendre la vérité. C'est aux Nérons, aux Alexandres VI. aux Césars Borgia, aux Louis XI. qu'on n'oseroit la dire. Graces au Ciel, nous ne comptons point de tels hommes parmi les Princes de l'Europe, & c'est faire leur plus bel éloge, que de dire qu'on ôte hardiment blâmer devant eux tout ce qui dégrade la Roïauté, & ce qui offense la justice.

AVIS

AVIS
DE
L'EDITEUR.

Ans le tems qu'on finiſſoit cette Edition, il en a paru deux autres: l'une eſt intitulée de Londres, chez *Jean Mayer*; l'autre à la Haye chez *van Duren*. Elles ſont très différentes du Manuſcrit original; ce qu'il eſt aiſé de reconnaître aux indications ſuivantes.

1. Dans ces Editions le Titre eſt ANTI-MACHIAVEL, OU EXAMEN DU PRINCE &c. & celle-ci eſt intitulée, ANTI-MACHIAVEL, OU ESSAI DE CRITIQUE SUR LE PRINCE DE MACHIAVEL.

2. Le premier Chapitre dans ces Editions a pour titre, *Combien il y a de ſortes de Principautez* &c. & ici le Titre eſt, *Des différens Gouvernemens*. Le ſecond Chapitre de ces Editions eſt, *Des Principautez Héréditaires*, & ici *Des Etats héréditaires*.

Il y a d'ailleurs des omiſſions conſidérables, des interpollations des fautes en très grand nombre dans ces Editions que j'indique. Ainſi, lorſque les Libraires qui les ont faites, voudront réimprimer ce Livre, je les prie de ſuivre en tout la préſente Copie.

TABLE

TABLE

DES

CHAPITRES.

TABLE des CHAPITRES.

F I N.

www.ingramcontent.com/pod-product-compliance
Lightning Source LLC
Chambersburg PA
CBHW072218270326
41930CB00010B/1908